KB153429

가장 검은 눈동자

가장 검은 눈동자

한국 다문화 아동의 슬픈 자화상

김영천 지음

아카데미프레스

서문

<가장 검은 눈동자: 한국 다문화 아동의 슬픈 자화상>은 우리나라의 사회와 교육 분야에서 새로운 연구 주제로 등장한 다문화가정의 삶을 다룬 책이다. 다문화가정과 관련된 연구영역은 여러 가지이지만, 이 책에서는 다문화가정에서 자라고 있는 아동들을 중심으로 그들이 한국 사회와 학교에서 겪는 성장 문제를 연구주제로 선정하였다. 필자는 '한국 다문화 아동의 슬픈 자화상'이라는 책의 부제에 함축한 것처럼, 우리나라의 일반 가정 아동들과 달리 다문화가정에서 살고 있는 아동들이 주류 한국 사회의 문화와 교육 체제 속에서 어떻게 살아가고 있고, 어떻게 적응하고 있으며, 나아가 어떤 교육적 경험을 하는지 구체적으로 묘사하려고 하였다. 다문화와 관련된 다양한 연구 주제 중에서 특별히 다문화 아동들을 연구 주제로 상정한 이유는 우리나라에서는 다문화가정 아동들의 삶에 대한 실증적이고 경험적인

연구들이 거의 이루어지지 않았고, 그리하여 그들이 한국 사회에서 어떻게 살아가고 있는지를 알 수 있는 직접적인 현장자료가 미미하다고 인식하였기 때문이다.

이에 필자는 이러한 연구주제 아래 2009년 11월부터 2010년 10월까지 약 일 년에 걸쳐 다문화가정 아동 다섯 명을 대상으로 현장작업을 하게 되었다. 다문화 아동을 잘 알고 있는 주위 교사나 교육연구자들과의 섭외를 통하여 다섯 명의 아동과 그들의 학부모를 연구참여자로 선정하였고, 질적방법(참여관찰, 심층면담, 문서수집 등)을 활용하여 그들의 한국에서의 경험을 기록하고 분석하고자 하였다. 연구 내용으로는 다문화가정의 한국 정착 생활, 가정에서의 일상생활, 학교에서의 생활, 그 밖에 아동들이 겪는 교육 문제에 대한 것이 주류를 이루었다. 그 결과, 우리 사회의 새로운 구성원으로 자리 잡은 다문화가정 아동들의 삶은 어떻게 진행되고 있고, 이들의 학교생활은 어떠하며, 이들이 어떤 어려움과 꿈을 가지고 미래를 살아갈지에 대한 실제 이야기를 만들 수 있었다.

다섯 명의 다문화가정 아동들의 생애 발달 경험은 이 아동들이 우리나라의 일반 가정 아동들과 달리 어떻게 생활하고 있으며, 어떤 사회·문화·경제적 문제에 직면해 있는지를 전체적으로 이해하는 데 도움이 되었다. 그리고 그들이 일상생활에서 겪은 구체적인 경험의 이야기를 듣고 분석을 하면서 학교와 교실에서 담임 교사와 친구들, 나아가 학교의 다문화 담당 교사들이 취할 수 있는 좋은 방법과 전략이 있다는 점을 알게 되었다. 이러한 연구 결과는 앞으로의 다문화 교육 정책이 대규모의 학교 지원 정책이나 프로그램 개발, 일시적인 문화 체험 등으로 구성되는 관주도의 접근방식이 제공해 줄 수 없는 또 다른 형태의 해결책과 아이디어를 제공해 준다는 점에서 매우 시사적인 것이다.

필자가 의도한 연구 목적(우리와 그들이 어우러져 사는 한국 사회 그리고 이를 위하여 필요한 상호 이해와 배려심의 함양)이 이 책 한 권으로 달성되리라고는 생각하지 않는다. 다만 시작이 반이듯이, 다문화가정 아동들의 삶이 주류 교육학 탐구에서 주변으로 밀려나 있고 대부분의 다문화 교육연구가 현장 이야기를 다루지 않는 방식으로 진행되고 있다는 점에서 이 책이 그러한 숭고한 목적을 이룰 수 있기를 희망한다. 왜냐하면 그들은 우리나라에 잠깐 머물 여행자나 이방인이 아니라 며느리로서, 사위로서, 동료로서 우리와 함께 이 나라에서 살아갈 국민이기 때문이다. 필자의 연구 목적과 관련된 연구가 더 많이 이루어질 때, 우리의 앞날은 우리가 걱정하고 있는 것보다 훨씬 밝고 민주적이며 평등하게 될 것이다.

이와 같은 연구 목적을 가지고 이루어진 일 년의 연구가 성공적으로 끝날 수 있도록 많은 도움을 준 연구자들에게 깊은 감사를 보내지 않을 수 없다.

첫째, 자신의 생활 이야기를 공개하여 필자와 연구자들이 글로 쓸 수 있도록 연구에 참여해 준 다문화가정의 학부모와 아동들이 있다. 자신의 이야기를 하도록 그들을 설득하는 과정은 쉽기도 하였지만 때로는 여러 가지 어려움에 부딪혔다. 언어와 생계 문제로 여유가 없는 상황에서도 연구자들에게 필요한 정보를 기꺼이 제공해 준 연구참여자들에게 감사하지 않을 수 없다. 아울러 다문화가정 아동들과 학부모들을 소개하고 라포르 형성을 도와준 여러 교장 선생님들과 다문화 담당 선생님들, 그리고 다문화가정 아동들의 담임 선생님들에게 진심으로 고마움을 표하고 싶다.

둘째, 이 연구의 핵심 연구자로서 보조역을 맡아 연구참여자의 이야기를 수집하고 기록하고 해석하는 데 애쓴 두 명의 교육연구자가 있다. 교육사회학 분야에서 질적연구 방법론과 다문화교육을 연구하고 있는 이동성 박사와 캐나다의 University of British Columbia 박사과정에서 교육과정을 공부하고 있는 정정훈 선생님에게 감사드린다. 연구작업에 대한 많은 작업경험과 방법에 대한 고민 그리고 글쓰기 작업은 이 책을 마무리하는 데 상당한 공헌을 하였다.

아울러 질적연구 공부의 견습생으로서 이 연구기간 동안 다문화 아동들의 삶에 대한 이야기 작업에 직접 참여하면서 공부하고 아이디어를 제시해 준 현장 교사들에게도 감사드린다. 진주교육대학교 교육대학원 교육방법 전공 김무경 선생과 황철형 선생은 연구보조원으로서 최선을 다하였다. 마지막으로 필자가 몸담고 있는 한국 다문화 교육학회의 훌륭한 연구자들의 계속적인 격려 역시 잊을 수 없다.

2010년 11월 김영천 씀

차례

가장 검은 눈동자 – 한국 다문화 아동의 슬픈 자화상 --

가장 파란 눈동자: 라일락이 질 때

서양의 금발 여자와 동양의 남자가 미국의 거리를 다정하게 걷고 있는 모습을 보면 항상 드는 의문이 있다. 예쁜 여자가 왜 하필 인기 없는 동양 남자와 결혼하였을까? 무슨 개인적인 문제가 있었을까? 서양 남자들에게 사랑을 받지 못하였나? 그래서 쫓아 다니는 동양 남자에게 할 수 없이 결혼을 승낙한 것일까? 그리고 그 금발 여성의 얼굴에서 매우 불행한 삶의 단서를 찾으려고 애쓴다.

(1992년, 미국의 오하이오 주의 컬럼버스 시의 K-mart를 다녀온 후)

가장 파란 눈동자:
라일락이 질 때

나는 다시 태어나면 금발머리에 파란 눈을 가진 백인으로 태어나고 싶다. 흐트러져 버린 과거를 고쳐서 새로운 삶을 살아보고 싶다. 아니, 눈동자 색과 머리 색에 집착하는 것을 보면 나는 전생에 파란 눈의 백인이었는지도 모른다. 그렇지 않고서야 태어나서 50년이 지난 오늘날까지 백인에 대한 동경과 열망이 이렇게 강렬할 수 있을까?

나는 파란 눈에 노란 머리카락을 가진 사람만 좋아하는 것이 아니고 백인들 전체가 멋있다고 생각한다. 그중에서도 특별히 파란 눈의 백인은 참으로 매력적이다. 그래서 파란 눈의 백인이 옆을 지나가면 왠지 기분이 좋고 가슴이 뛴다. 어떻게 설명할 수 있을까? 백인의 아름다움을 감상하기 위하여 미국의 거리에서 몇 시간째 사람 구경을 하고 있거나, 우리나라 영화관에서 주인공에 관계없이 백인이 나오는 영화를 보러 갔다가 재미가 없어서 잠만 자다가 나오는 사람이 나 말고 또 있을까?

어느 해인가 살을 에이도록 추웠던 서울 천호동의 영화관이 아직도 기억난다. 1987년 12월 31일 천호동 근처의 오래된 영화관. 관객은 나 혼자였다. 12월 마지막 날에 갈 곳이 없었던 나는 그 동네 영화관에서 우연히 <나인 하프 위크>라는 영화를 보게 되었다. 탄사가 절로 나올 만큼 아름다운 여주인공의 몸매. 대부분의 사람들이 여주인공인 킴 베신저의 육감적인 몸매에 정신이 나갔겠지만 나는 그녀의 파란 눈의 신비로움에 넋을 잃었다.

나의 이런 생각이 틀린 것만은 아니다. 이 세상에서 아름다운 대부분의 사람은 모두 파란 눈을 가진 백인이지 않은가. 할리우드 불문율이라고 하였던가. 미국과 유럽 영화 주인공의 대부분은 파란 눈에 금발머리를 가졌다. 학창시절 밤잠을 설치게 만들었던 <Endless love>의 브룩 쉴즈부터 <맘마미아>의 아만다 사이프리드에 이르기까지.

이 외에도 내가 가장 좋아하는 여배우인 조디 포스터, 빅토리아 시크릿의 천사 모델인 지젤 번천, 원초적 본능의 샤론 스톤, 그 밖의 기네스 펠트로, 시에나 밀러, 카메론 디아즈, 모두 파란 눈 아니면 녹색 눈의 미인들이다. 남자 배우들 역시 예외가 아니다. 로버트 레드포드, 폴 뉴먼, 레오나르도 디카프리오, 브래드 피트 모두 파란 눈을 가지고 있다. 1980년 후반 우리나라를 풍미하였던 팝송 <Betty Davis' Eyes>에는 인기 여배우 Betty Davis의 파란 눈을 칭송하는 내용까지 담겨 있지 않은가.

그래서 그런지 유명 흑인 여배우들까지 푸른 색 콘택트 렌즈를 착용하고 금발로 머리를 염색한다. 검은 육체에 파란 눈이 대비되는 나오미 켐벨의 매력은 그지없이 신비로울 뿐이다. 그녀들의 정체성에 대하여 질문하고 싶지만 그래도 아름답다는 점에는 이견이 없다. 그런 이유 때문인지 아르마니 여성 향수 이름, 불가리 · 구찌 · 돌체 & 가바나, 심지어 샤넬의 남성 향수의 광고 이름은 모두 BLUE다. 겁이 많은 나는 콘택트 렌즈를 사용하지 않지만 미래 의학이 발달하여 눈동자 색을 바꿀 수 있다면 옅은 녹색으로 성형하고 싶다.

백인들은 파란 눈만큼이나 얼굴 생김새도 매력적이다. 오똑한 콧날, 두터운 쌍꺼풀, 조그마한 얼굴, 볼록한 뒤통수, 위로 말린 긴 눈썹, 육감적인 곱슬머리. 그래서 그들은 모자를 써도 예쁘다. 머리를 감지 않아도 머리에 물을 적셔 손으로 넘기면 머리는 미용실에 다녀온 듯 멋스럽다. 그래서 그들은 우리와 달리 아침에 머리를 감지 않아도 된다. 그들의 체형 역시 우리가 부러워할 만큼 균형이 있다. 떡 벌어진 큰 가슴, 삼각형의 짧은 상반신, 올라간 엉덩이, 긴 다리. 우리와 달리 다리의 근육 역시 알통이 있어 보이지 않고 장방형으로 길게 뻗어 있다. 그들이 청바지를 입은 모습은 겉치레 없는 패션이다. 우리처럼 다리를 길게 보이게 하기 위해 청바지 단을 구두까지 내릴 필요가 없다.

목소리 또한 감미롭다. 날마다 치즈를 먹어서 그런지 그들의 목소리는 우리보다 부드럽다. 듣다 보면 잠이 올 것 같다. 그에 비하여 우리 목소리는 탁하다. 아무리 가수 이은미가 노래를 잘 부르고 조성모의 발라드가 뛰어나다고 해도 그들의 고음처리는 실망스럽다. 그릇 깨지는 소리가 난다. 조수미가 노래를 잘 하지만 그녀의 특기는 최고 고음을 요구하는 모차르트의 마술피리에서만 오직 발휘될 뿐이다. 반면 셀린 디온의 고음은 맑다. 아마도 성악에서는 더욱 차이가 나리라. 집에서 낮잠을 자다가 아파트 바깥에서 들리는 미국 팝송은 자장가로 느껴지지만 우리나라 민요와 트로트는 잠을 깨우는 소음으로 느껴진다.

나는 백인에 대한 환상 때문인지 어려서부터 백인처럼 되고 싶었고, 나중에 어른이 되면 백인 나라로 이사 가려고 작정하였었다. 그래서 생각해 낸 미래 직업이 외교관이었고, 외교관이 되어 구미의 여러 나라에서 일하면서 그들과 함께 살 수 있을 것이라는 꿈을 꾸었다. 나는 중학교 때부터 영어공부에 최선을 다하였는데 꿈도 영어로 꿀 정도였다. 대학교에서도 영문학을 전공하려고 하였지만 학력고사 점수가 낮아서 할 수 없이 교육학과에 들어갔다. 그러나 꿈을 포기할 수가 없어서 나는 교육학보다는 영문학과 영어공부에 더 심혈을 기울였다.

대학 3학년부터는 부전공을 영문학으로 선택하여 교육학보다도 훨씬 더 힘들게 대학과정을 마쳤다. 영문학과 교수들이 왜 영문학과에 와서 공부하느냐고 불평을 하였지만 나는 아랑곳하지 않고 영어공부에 최선을 다하였다. 영문학과의 여러 강좌를 들으면서 백인 나라에 대한 역사와 언어, 문학에 대하여 많이 알수 있었고 타임지와 뉴스위크지 등을 계속 탐독하였다.

열심히 공부하면 내가 그러한 나라의 시민으로서 살 날이 올 것이라고 굳게 믿었다. 백인 나라 그리고 그들의 언어로 책을 읽는다는 것이 나를 살게 만들었고 희망을 북돋워 주었다.

드디어 꿈은 이루어졌다! 1990년 9월, 나는 파란 눈을 가진 사람들이 많이 사는 나라 미국에 유학생 자격으로 입국하였다. 박사과정에서 교육학을 공부하게 된 것이다. 처음 발을 디딘 곳은 미국 중서부의 오하이오였다.

정원이 잘 꾸며진 집들이 담 없이 이어져 있고 백인 아이들이 푸른 잔디밭에서 뛰어노는 풍경. 특히 예쁜 여성이 거리를 지나가면서 처음 보는 나에게 "Hi" 인사하며 웃어 줄 때는 하늘을 날아갈 것 같았다. 역시 이 사람들은 참으로 착하고 예절이 있구나 하고 생각하였다. 내가 미국 박사과정을 공부하면서 스트레스를 해결하는 방법은 세 가지였다. 주말에 영화 보기, 점심 먹고 맥도날드나 학교 벤치에서 백인 감상하기, 수영하기.

햇볕을 유난히 좋아하는 백인 학생들은 날씨가 포근해지는 4월 초면 반바지만 입은 채로 너나 할 것 없이 드넓은 학교 잔디밭에 누워서 선탠을 하였다. 어떤 여학생은 상의를 벗고 엎드린 채 하얀 피부를 드러내어 나에게 감상하는 즐거움을 주었다.

그 넓은 오하이오 주립대학교의 잔디밭에서 햇볕을 만끽하는 인종은 아시아인도 아니고 흑인도 아닌, 오직 백인뿐이었다. 한국의 대학에서 공부하러 온 방문 연구자인 한 음악전공 선생님이 저 넓은 잔디밭에 한국인 한 사람 없다고 그 뚱뚱한 몸매로 선탠을 하러 가잔다. 나는 몸매에 자신이 없고 피부가 노란색이어서 옷을 벗기 싫었다. 나중에 듣자 하니, 그 선생님은 오하이오 주립대학교 역사상 최초로 선탠을 한 한국인이었을 거라며 매우 자랑스러워했다고 한다. 나는 백인들이 과연 그 선생님을 어떤 시선으로 쳐다보았을까가 궁금했지만 말이다.

어쨌든 그 선생님이 시내 백화점에서 사온 망원경 덕분에 15층에서 내려다보이는 신입생 기숙사 앞마당의 잔디밭에서 선탠하고 있는 미국 여학생들의 아름다운 하얀 몸매를 음미할 수 있었다. 우리는 며칠 동안 잔디밭에 반라로 누워 있는 여학생들의 몸매를 감상하느라 정신이 없었다.

백인에 대한 감상과 신비스러운 감정은 힘든 박사과정 시절 유일한 낙이었다. 캠퍼스 건너편에 있는 서점이나 문구점을 갈 때 그리고 기숙사 식당에서 파란 눈의 백인 학생들을 만나면 감상하는 버릇이 생겼다. 처음에는 참으로 신기하다는 생각을 하였고 다음에는 저게 사람일까 하는 생각이 들었다. 아니면 조각인가? 한국인과는 다른 무슨 음식을 수천 년 또는 수만 년 동안 먹었길래 저런 신비스러운 형태로 변하였을까 알아보아야겠다고 생각하기도 하였다.

학부와 대학원생이 함께 식사하는 기숙사 식당에서 식사를 하는 것은 매우 즐거웠다. 왜냐하면 학부 학생들은 대부분 유학생이 아니기 때문에 오하이오 주의 다른 시나 시골에서 온 백인들이었다. 그들 중 유난히 노란 머리카락에 파란 눈을 가진 학생들이 많았다. 나는 그런 학생들이 지나갈 때 또는 내 앞에 줄 서 있을 때 도대체 어떻게 저렇게 생겼을까 생각하곤 하였다.

그래서 그런지 첫 번째 기숙사, 두 번째 학교 밖의 주택, 세 번째 기숙사에서 만나거나 함께 생활한 미국 친구들은 대부분 백인이었다. 그들과 대화하고 영어책의 모르는 부분에 대해 설명을 듣고 영어의 어려운 발음을 지도받을 때 나는 미국에 온 것은 참으로 행운이었고 이곳이야말로 내가 살 곳이라고 생각하였다.

기숙사와 학교에는 많은 인종과 국적을 가진 학생들이 있었지만 나의 친구들은 대부분 백인이었고 백인이 아닌 사람이나 한국 유학생은 일부러 만나지 않았다. 나는 그 어떤 한국 학생들보다도 더 백인이 되려고 노력하였고 백인 친구들을 더 많이 만드는 것이 나를 더 멋있게 만들어 준다고 생각하였다.

물론 그 넓은 미국에 파란 눈을 가진 사람만 있는 것은 아니었다. 대도시로 갈수록 금발머리나 파란 눈을 가진 사람은 적었고 오히려 혼혈이 많았다. 그러나 중서부나 시골로 갈수록 북구 백인의 정통적 특징을 물려받은 사람들이 많았다. 오하이오 주립대학교 역시 학생 수가 5만 명이 넘기 때문에 사람들의 눈동자 색은 다양하였다. 검은색 눈, 갈색 눈, 녹색 눈, 회색 눈, 파란색 눈, 심지어 노란색 눈을 가진 학생까지 있었다.

그럼에도 불구하고 색깔에 민감하였던 나는 그 많은 눈동자 색 중에서 파란 눈이 가장 아름답게 느껴졌고, 파란 눈에 노란색의 머리카락을 가진 백인의 얼굴이 가장 조화롭고 화려하다고 생각하였다. 물론 회색이나 하얀색 머리카락에 파란색 눈을 가진 사람은 더할 수 없이 신비스러웠다.

여느 때와 마찬가지로, 기숙사 식당에서 백인들을 쳐다보며 점심을 먹고 있을 때였다. 함께 식사하고 있던 대학원생들 중 나의 그런 취미를 알고 있는 마리아는 나에게 이렇게 말하였다.

"이 세상에서 가장 아름다운 눈이 꼭 파란 눈인 것만은 아니야. 그리고 금발도 아니야. 나는 검은색 머리카락과 눈동자가 더 아름다워."

이 말은 마치 나를 비난하는 듯하였다. 마리아는 뉴욕 Dance Theater에서 전문 댄서로 일하다가 나이가 들자 교수가 되기 위하여 이 대학교의 대학원 무용과에 들어온 학생이었다. 마리아가 나에게 선물한 20대 초반 사진을 보면 그녀는 나오미 켐벨이나 타이라 뱅크스처럼 아름답고 젊고 늘씬하였다. 그러나 나를 빗대서 한 말 '검은 머리카락과 눈동자'에 대하여 내가 반응이 없고 겨울 방학에 아버지 농장으로 놀러 가자는 제안을 거부하자 그녀는 더 이상 나를 좋아하지 않았다.

물론 파란 눈을 가진 모든 백인이 다 마음에 드는 것은 아니었다. 그들이 나에게 나쁜 짓을 하거나 도움을 요청하였을 때 도와주지 않거나 약속을 하지 않고 찾아왔다고 하여 기숙사 방문을 열어주지 않을 때는 그들이 미웠다. 잘은 모르겠지만 그들 역시 거짓말을 하는 것 같았고 멍청한 백인을 만나면 참으로 실망스러웠다. 그리고 파란 눈에 금발머리라도 못생긴 백인이 많았고 뚱뚱한 백인 역시 많다.

어느 날 기숙사에 살고 있는 백인 친구의 방에 놀러 갔다가 카펫과 화장실 바닥에 떨어져 있는 노란색 머리털을 보았을 때는 소스라치게 놀랐다. 그 머리털을 보고 떠오른 것은 '개'였다. 바로 우리나라 토종 견. 처음에 나는 미국의 어느 대학교 기숙사 학생 방안에 우리나라 누렁이의 털들이 빠져 있는 줄로 착각하였다. 누렁이가 이곳 미국까지 어떻게 왔을까?

노란색 머리카락이 예쁘거나 신비롭다기보다는 섬뜩하였다. 처음으로 백인이 인간이 아닌 개 같다는 생각이 들었다. 털이 없는 우리와 달리, 그들은 머리에서 발끝까지 온통 털로 뒤덮여 있지 않은가. 바닥에 흩어져 있는 노란 털을 보았을 때 처음에는 놀랐고 다음에는 웃음이 터져 나왔다. 미국 친구가 왜 그렇게 웃느냐고 물었지만 대답할 수가 없었다. 차마 당신의 머리카락이 개털 같다고 말할 수는 없었다.

'토종 견' 하면 떠오르는 추억이 있다. 고향 여수에서 초등학교를 다니던 시절에 친구들과 함께 바닷가에 놀러 갔을 때의 일이다. 멀리서 연기가 피어오르며 이상한 냄새가 나자 우리는 무슨 일인지 궁금해졌다. 다가가 보니 아저씨들이 누렁이를 불로 태우고 있었다. 누런 토종 견을 죽인 다음 커다란 높은 나무에 그 누렁이를 걸어 놓고, 불을 피워 익히고 있었다. 우리들은 털 타는 냄새가 싫었지만 타오르는 불꽃 속에서 검은색의 물체가 그을려지고 있음을 어렴풋이 볼 수 있었다. 당시 초등학생이었던 나는 큰 충격을 받았는데, 그때 가장 먼저 떠오른 이미지는 아프리카 영화 <몬도가네>였다.

아직까지 기억나는 이상한 화약품 같은 탄내는 기숙사에서 날마다 맡게 되는 백인들의 겨드랑이에서 나는 노린내와 비슷하였다. 그 누렁이 털이 타면서 일어난 시커먼 검은 연기는 멀리서 보일 정도로 고향 잿빛 바닷가의 하늘 끝까지 올라가고 있었다.

그럼에도 불구하고 파란색과 노란색은 참으로 마음에 들었다. 파란색과 하얀 피부에 대한 이러한 이유 없는 신비로움은 국제선 비행기 안에서도 느꼈다. 한국행 국제선 비행기 안에서는 기분이 가라앉는 것을 느꼈다. 처음에는 그 이유를 모르다가 왜 그럴까 생각하던 중 나중에 알게 되었다. 어둡고 무겁고 칙칙한 분위기. 승객 대부분이 한국인을 비롯한 아시아인이어서 검은 머리카락, 검은 눈동자, 그리고 누런 피부색이 실내 분위기를 어둡게 만들었다.

내가 색에 너무 예민한 것일까? 아니면 내가 하얀 피부를 너무 좋아하여 뇌가 그런 느낌을 갖게 만든 것일까? 이에 비하여 동양인이 없는 미국 국내선을 탈 때는 비록 흑인들이 간간이 있긴 했지만 기분이 좋았다. 실내가 밝고 화려하고 가벼웠다. 하얀 피부와 신비스러운 눈동자 색이 만들어 내는 실내의 다채로운 분위기.

검은 것이 아름답다고 주장한 Malcolm X의 이론적 주장에는 동의하지만 검은색이 파란색이나 하얀색보다 더 아름답다는 미학적 측면의 주장에는 의견을 달리한다. 진정한 멋쟁이라면 봄에 입을 흰색 바지를 가지고 있어야 한다는 이야기를 패션 잡지에서 읽은 적은 있지만 검은색 정장 바지를 가지고 있어야 한다는 말은 들어 본 적이 없다.

그러나 언제부터인지 파란 눈과 백인에 대한 신비로움과 맹목적인 동경은 점차 깨지기 시작하였다. 그 환상은 미국 생활 5년째 접어들면서 깨지기 시작하였고 애증과 함께 실망과 분노로 변해 갔다.

왜 그런 일이 일어났을까? 내가 잘못한 것일까? 아니면 애초에 잘못된 것이었을까? 아니면 가질 수 없어서 그들에 대한 감정이 애정에서 증오심으로 변한 것일까? 아니면 기대보다 실망이 컸던 것일까?

어렸을 적에 가졌던 순수한 감정 대신에 파란 눈, 노란 머리,

그리고 그들의 삶과 문화가 싫어지기 시작하였다. 사랑에 대한 열정이 큰 만큼 사랑이 떠나갈 때 남는 상처가 큰 것처럼, 백인에 대한 또 다른 배리적 감정이 점차 커졌다. 이러한 애증은 미국에서의 삶이 힘들면 힘들수록 그리고 그들과 만나는 날이 많아질수록 더 커졌고 내가 백인이 아니라 한국인이며 황인종이라는 사실을 명백하게 알려 주었다.

백인을 동경하는 흑인 남성이 백인과 결혼하고 난 다음에 어둠 속에서 빛나는 부인의 하얀 피부에 자신의 검은 피부가 대조될 때 피부색의 차이를 절실히 느끼고 검은색을 혐오하게 되는 것과 비슷한 경험이었다.

생각의 변환은 뜻하지 않게 공부하는 동안 그리고 생활하는 동안 여러 가지 에피소드를 통해 자연스럽게 일어났다. 일상생활, 수업, TV에 나오는 대화 내용, 국제 뉴스 등.

다음 세 가지 이야기는 내가 동경한 백인의 나라에서 나의 피부색이 어떤 대접을 받았는지, 그리고 황인종의 실제가 어떤 것인지를 깨닫게 해 준 중요한 모티브들이다. 이러한 모티브들이 나로 하여금 백인의 나라에서 나는 이방인밖에 될 수가 없고 나는 그들의 시민으로서 살 수가 없다는 사실을 깨닫게 해 주었다. 더더욱 중요한 것으로, 내가 가졌던 '백인에 대한 동경'과 '백인 되기'의 신화는 내가 만들어 놓은 잘못된 허상이라는 사실을 알게 되었다.

주차장 이야기

미국인 친구 집에 놀러 갔을 때의 일이다. 가게에 음료수를 사러 가며 주차장 옆에서 잠깐 기다려 달라는 친구 말대로 나는 그곳에서 친구를 기다리고 있었다.

그때 인근 주택의 거주자로 보이는 백인이 차 주위에 서성거리고 나를 보고서 신고를 한 것 같았다. 조금 있다가 경찰차가 요란한 소리를 내며 내가 있는 곳으로 오는 것이 보였다.

나는 친구가 옆에 없었기 때문에 그들에게 설명을 하는 것이 어렵다고 판단하고 우선 숨기로 하였다. 그래서 친구 집 한쪽 벽에 몸을 숨겼다. 경찰들이 나를 찾아서 왜 여기 있느냐? 왜 숨어 있느냐? 그러면서 갑자기 수갑을 채우면 어떡할까? 미국 친구는 왜 안 오는 것일까? 한 5분 정도 숨어 있었을까. 손에 진땀이 났다. 드디어 나를 찾고 있던 두 명의 경찰이 전화를 걸더니 어디론가 차를 타고 가버렸다.

잠시 후에 미국인 친구가 나타났고 자초지종을 들은 친구는 별일 아닌 양 웃었다. 그러나 나는 너무 놀라 왜 늦게 왔냐며 친구에게 화를 냈고 그냥 기숙사로 가 버렸다. 놀란 가슴을 진정시키는 데는 며칠이 걸렸다.

아마도 백인 주민에게 주차장에 서 있는 노란색 피부의 나는 누군가를 기다리는 학생이 아니라 차량을 훔치려고 기회를 엿보는 절도범으로 인식된 것이리라.

백인 중심의 교실문화 이야기

대부분의 미국 교수들은 대학원 수업에서 동양인들에게 친절하였다. 특히 대화와 참여를 많이 해야 하는 미국 대학원 수업에서 얌전히 있는 동양 학생들에게 인내심을 가지고 그들을 그냥 놔 두는 미국 교수들이 예의가 있다고 생각하였다.

그러나 나는 그러한 범주로 평가받기 싫어서 대학원 5년 동안 열심히 수업에 참여하고 질문하고 공부하였다. 물론 그러한 노력 덕분에 어떤 교수에게는 기억에 남는 동양 학생으로 평가받았지만 어떤 교수에게는 여전히 인상적이지 않았던 것 같다. 대부분의 수업이 훌륭하였지만 노골적으로 나를 이방인으로 인식하게 하는 수업 역시 여러 개 있었다. 그중에서 하나를 소개한다.

그 수업은 아직까지 생생하다. 수강생 중에는 동양 학생이 몇 명 있었다. 영어에 자신이 없는 동양 학생들이 무리지어서 특정한 자리에 앉아 있는 것이 문제이기는 하였지만 아마도 백인 교수에게는 그 자리가 '열등한 아시아 학생들'의 자리로 간주되었을 것이고 쳐다보기 싫었을 것이다. 더욱 가관인 것은 동양 학생들이 질문이 있다고 해도 못 들은 척하고, 질문을 받았지만 무슨 말인지 알 수 없어서 그랬는지 아무런 비평이나 답변을 주지 않고 다른 미국 학생에게 질문을 새로 하라고 하는 등 교수의 차별적인 행태였다. 나는 한 학기 동안 그 교수의 관심을 끌지 못한 채 수업을 마쳤다.

강좌명이 <교사의 전문성 개발>이었던 그 수업에는 몇 개의 간단한 글쓰기 과제 외에 기말과제가 하나 더 있었다.

나는 기말과제로 <좋은 교사: 나의 이야기>라는 제목의 글을 썼다. 이 글에서 나는 어떤 한 백인 교수가 수업에서 보여 준 인종차별적 여러 행동이 나로 하여금 주류의 위치에 있지 않는 학생(공부 못하는 아이, 유색인종, 가난한 가정의 학생, 이혼한 가정의 학생 등)들을 바라보는 시선에 어떤 영향을 주었는지를 내러티브 식으로 전개해 나갔다.

글의 내용으로 교실수업에서 겪은 나의 차별적 경험과, 교실에는 공부 잘하는 학생들만 있는 것이 아니라 공부 못하는 학생들 역시 있으며, 공부 못한다는 사실은 진실이라기보다는 교사가 만들어 놓은 특정한 범주와 문화적 이미지에 의하여 부과된 허상일지 모른다는 점을 강조하였다. 그리고 교사가 진정으로 자신의 위치성(인종, 언어, 종교, 성 취향, 계급, 젠더 등)으로부터 벗어나서 자신과는 다른 배경에서 살아온 학생들을 이해하고 평등하게 대우하며 가르치고 평가할 수 있는가는 매우 중요한 교수 이슈가 될 수 있다고 적었다.

다양한 문화적 전통과 언어적 전통, 그리고 인종적 전통을 가진 수업에서 정말로 교사에게 중요한 것은 교과내용을 잘 가르치는 것과 함께 교사와 다른 피부색을 가진 학생들, 교사와 다른 언어를 모국어로 쓰는 학생들, 교사와 다른 종교를 가지고 수업 중에도 기도를 하는 학생들이 있는 다문화 수업 상황에서

각 개인의 독특한 문화적 배경을 이해하는 것이라고 생각한다고 적었다.

나는 기말고사가 끝난 다음에 내 글이 어떤 평가를 받았는지 알아보기 위하여 과제물을 찾으러 사범대학(Ramseyer Hall)에 갔다. 그리고 내 기말과제에 깨알처럼 써 놓은 백인 교수의 파란색 글을 읽을 수 있었다.

백인 교수의 비평은 다른 일반 교수의 평가처럼 "well-written, very good, provocative"라는 단어로 진행되었다. 자신의 논문을 인용하였으니 당연한 것이었으리라. 그러나 점차 쪽수가 넘어가면서 그 교수는 내 글에서 뭔가를 느꼈는지 아무 비평이 없다가 마지막으로 갈 무렵 "You're talking about me"라고 적어 놓았다. 그리고 한 장을 넘기자 나에게 이야기하듯 긴 글을 썼다. 첫 문장은 "I am very sorry for my behaviors"였다.

그 교수가 행한 수업 태도에 대해 내가 문제를 제기하면 학교 인종차별 금지위원회나 학교 다문화 교육 담당자로부터 문제 제기를 받을 수 있어서 미리 잘못을 시인한 행동이었을지 모른다. 아니면 정말로 진심이었을지도 모른다. 어쨌든 교수의 행동이 내 글을 읽은 이후로 달라질 것이라고 생각하지는 않았다. 그 이후에 사범대학 건물에서 그 교수를 우연히 만나기는 하였지만 다른 교수들에게 하는 것만큼 반갑게 인사하지는 않았다.

크리스마스 선물 이야기

미국에서 맞은 첫 겨울, 나는 1990년 12월 크리스마스를 서울 셋째 매형의 누나가 살고 있는 미국 오하이오 주 Dayton 시에서 보냈다.

기숙사 비를 조금이라도 아낄 수 있도록 배려한 고모의 초청으로 나는 약 3주간 이곳에서 맛있는 한국 음식과 편안한 잠자리를 제공받았다. 내가 햄버거를 좋아하지 않았기에 고모는 고모부에게 버거킹이라는 패스트푸드점에서 와퍼를 사주도록 하였다. 맥도날드의 일반 햄버거와는 달리 직접 스테이크를 구워서 만든 이 햄버거는 한국의 불고기를 먹는 것 같아서 내 입맛에 잘 맞았다.

첫 학기가 끝나 긴장이 풀려서인지 나는 약 3주 동안 날마다 10시간을 넘게 잤다. 크리스마스가 다가오자 회계사인 고모부의 손님과 지인들로부터 (나에 대한 이야기를 들었는지) 여러 가지 선물이 배달되었다. 선물 중 가장 비싼 것은 200달러가 넘는 Parker 만년필이었다. 아마 학자가 되라고 이 비싼 명품을 선물한 것 같았다.

크리스마스 시즌이 끝나고 개학이 되자 나는 1월 초에 Columbus 시로 돌아와 두 번째 학기를 맞게 되었다. 등록비와 생활비를 계산하던 나는 비싼 만년필이 필요 없으니 이것을 Parker를 파는 백화점에 가서 현금으로 바꾸면 한 달 기숙사비를 마련할 수 있을 것이라고 생각하였다. "나에게 비싼 만년필은 불필요하고 불편하며 잘 나가는 미국 볼펜이 최고"라고 생각한 것이다.

이에 시내에 있는 백화점에 가서 이 만년필을 현금으로 바꾸어 달라고 하였다. 포장까지 그대로인 제품에 문제가 없자 백화점 점원은 물건을 현금으로 바꾸어 주겠다면서 여러 가지 신분증을 요구하였다. 나는 오하이오 주립대학교 학생증, 미국 사회보장번 호 등을 제공하고 고모부의 주소와 모든 상황을 설명하였다.

그런데 점원은 어려운 부탁이 남았다고 하면서 나를 믿기는 하지만 혹시 모르니 사진을 찍어야 한다고 하였다. 나는 200달 러 이상이 생기는 일이라서 백화점의 특별 창구로 올라가 그들 이 원하는 대로 사진을 찍어 주었다. 그런데 사진을 찍는 방식이 나 자세가 약간 이상하였다. 외국 영화에나 나오는 범인 수배 과 정에서 제시하는 앞면과 옆면 중심의 사진이었다.

그 당시에는 별 생각 없었는데 기숙사로 돌아와서 생각해 보 니 내가 무슨 물건을 훔친 사람으로 오인받은 기분이었다. 요구 하는 증명을 모두 제시했는데도 백화점 담당자와 점원은 왜 나 에게 사진을 찍으라고 했을까. 물론 현금으로 바꾸어 주는 것만 으로 고맙긴 하지만 그 사진 촬영에 대한 기억은 아직까지 찜찜 하게 남아 있다.

이러한 일련의 경험을 겪고 내 삶을 반성해 보면서, 내가 '백인 되기'에 열중하는 동안 그리고 백인의 문화에 동화되기 위해 애쓰는 동안 몸과 정신, 정체성이 얼마나 피폐하고 부정적으로 평가되고 나를 가장 사랑해야 할 내가 나를 얼마나 미워하였는지를 깨닫게 되었다.

나의 지난 삶과 사유의 역사는 백인 되기의 이데올로기로 인하여 황폐해져 버린 것이었다. 백인이 아닌 내 몸과 내가 바라는 만큼 백인이 되지 못하는 현실이 내 존재를 거추장스럽게 생각하게 만들었고 나를 자꾸 부끄러운 존재로 폄하하게 만들었다.

그러한 비하감은 공부, 몸, 생활방식 모두에 부정적으로 작용한다는 것을 알게 되었다. 거울을 볼 때마다 내 얼굴에 짜증이 났고 내 몸매에 환멸을 느꼈다. 오똑하지 못한 코, 쌍꺼풀 없는 찢어진 눈매, 툭 튀어 나온 광대뼈, 넓은 턱, 짧은 다리, 처진 엉덩이. 모자를 써도 어울리지 않고 청바지를 입어도 멋있지 않다.

뿐만 아니라 학업에서도 불만이 늘어 갔다. 시작부터 다른 출발선에서 공부하였음에도 나는 그들의 뛰어난 영어 구사력에 좌절감을 맛보았다.

왜 나는 미국의 대학원생들처럼 창의적인 글을 쓰지 못할까? 나의 박사논문은 그들보다 높은 점수를 받았을까? 나는 왜 교육학을 공부하는 연구자로서 나의 삶, 정체성, 역사, 그리고 한국 국민으로서의 존재를 자랑스러워하지 못할까? 어떻게 저들은 3일을 자지 않고서도 끄떡없는 체력을 가졌을까?

오하이오 주립대학교 50m 수영장에서 허덕이며 간신히 수영하고 있는 나와 키가 2m가 넘는 돌고래 같은 대학교 수영부 학생들의 모습을 비교하면서, 우리들의 다른 출발점을 잊은 채 왜 나는 저들처럼 더 강하지 못할까 자책하였다. 올림픽에서 동양인들이 육상, 수영, 농구, 수구, 배구, 축구 등의 부문에서 과연 서양인들을 따라잡을 수 있을까? 차라리 동양인들이 잘할 수 있는 종목만 집중적으로 육성하는 것이 낫다고 생각하였다. 탁구, 체조, 레슬링, 피겨스케이팅, 양궁, 제기차기나 씨름 같은 종목 말이다.

그러던 중 이러한 자책과 불만은 눈덩이처럼 불어날 뿐 삶을 행복하고 가치 있게 만들어 주지 못한다는 사실을 깨닫게 되었다. 이렇게 계속 불평과 불만을 가지고 인생을 살아야 할 것인가? 그 결과는 나에게 어떤 긍정적인 결과를 가져다줄 것인가? 바꿀 수 없는 신체 조건과 문화 전통을 비평하면서 내 인생을 허비할 것인가?

그리고 가장 중요한 것으로, 왜 내가 5년 동안 비싼 등록금을 미국에 지불하면서 가족의 고통을 감내해야 하고 가장 화려한 인생의 5년(30세부터 34세까지)을 이곳 미국의 한 학교에 와서 외로이 밤을 지새우며 공부해야 하는 것인가? 날마다 맛없는 햄버거를 먹으면서, 못하는 영어를 해 가면서, 1달러에 쩔쩔 매면서 살아야 하고, 불편한 백인의 방식으로 살아야 하는 것인가?

만약 우리나라가 미국이 되고 우리말이 세계 공용어가 되었다면, 우리는 편안히 살고 오히려 미국인들이 우리나라에 와서 힘들게 공부하면서 우리를 모방하려 하지 않겠는가 하는 생각이 들었다. 아마도 그렇다면 미국인들은 자신의 머리색보다는 우리의 머리색을, 그리고 모국의 음식보다는 우리나라 음식을 더 선진적인 음식으로 간주하고 좋아하였을 것이다.

그리고 나서 고향 한국을 생각하였다. 토인비가 이야기하지 않았더라도 한국에는 아름다운 효 문화가 있고 나를 자랑스러워 하는 가족이 있다. 친구들이 있고 맛있는 음식들이 있다. 가장 다행스럽게도 날마다 나의 피부색을 의식하지 않고서도 거리를 활보할 수 있고 자신 있게 이야기할 수 있고 내 생각을 거침없이 우리말로 표현할 수 있다. 바로 그곳이 행복이 가득한 곳이라는 것을 처음 느끼게 되었다.

25센트짜리 맛없는 햄버거를 먹는 것, 멍청한 백인들과 대화 하는 것에서 첫사랑의 짜릿함을 맛볼 것으로 기대하면서 어울려 다닌 것, David Letterman Show의 농담을 이해하는 수준까지 향상된 듣기 실력에 자부심을 느끼고, 미국의 어두운 하류문화를 다루는 토크 쇼를 즐겼던 나날이 부끄럽고 부질없게 느껴졌다.

그리고 내가 그토록 부정하고 불신하였던 한국 문화, 나의 몸, 나의 한국적 삶의 전통이 친근해지기 시작하였다. 그러한 인식은 첫사랑에 눈이 멀어 몇 달을 살다가 나중에 제 정신으로 돌아와서야 갖게 되는 평정심, 후회 또는 냉정한 판단력 같은 것이었다.

내가 아름답고 선진적이며 문화적으로 우수하다고 생각한 그들의 삶의 방식이 얼마나 비인간적인 것인지 회의하였다. 지나가다가 조금만 몸이 닿아도 무슨 일이 있었던 것처럼 "I'm sorry"를 해야 하는 것(나는 그 말을 하루에 15번 이상 한 것 같다), 각자 먹은 만큼 돈을 내는 Dutch Pay, 약속 없이는 그 무엇을 할 수 없는 계약과 예약 문화(감기 때문에 갔다가 일주일 후에 오라는 말을 듣고 일주일 후에 가려고 했더니 감기가 나았다), 미국 주요 공중파와 CNN Live를 통하여 날마다 쏟아지는 한국을 포함한 중동과 중국, 아시아에 대한 부정적 메시지(한국 중/고등학교의 충격에 가까운 입시공부 문화, 태국의 매춘산업, 인도의 할렘가, 중국의 여아 영아 살해 문화, 한국 여대생의 사치 문화), 어디를 가든지 내가 누구인가를 설명하기 이전에 내가 어느 국가에서 왔는지 또는 어느 대륙의 출신인지를 알려 주어야 하는 인종적 기준.

그러고 보니 미국에 가기 위하여 대학원 입학지원 신청서에 기록해야 했던 항목 중 하나가 내가 어느 나라 국가 출신이고 어떤 인종에 해당하는지를 표시하는 것이었다. 그리고 그러한 기명이 바로 나를 미국과 구미의 나라들이 어떻게 바라보는가를 명확하게 보여 주는 전형적인 낙인찍기라는 것을 생각하게 되었다.

나는 내가 누구인지 이전에 어떤 인종인지를 먼저 그들에게 알려 주어야만 하는 문화 속에서 살고 있었던 것이다. 황인종 또는 흑인으로 소개한 자기소개서와 기록이 대학과 학과에서 심사위원들에게 백인과 달리 어떻게 읽혀졌을까? 나의 개인적 이점이나 장점을 소개하는 대신 나를 황인종으로 소개하는 문화 속에서 내가 살아가야 한다면 나의 첫인상과 평가는 다른 인종에 비하여 높은 것일까 아니면 낮은 것일까? 차종으로 따져 본다면 나는 기아일까, 포드일까, 벤츠일까, 아니면 포르쉐일까? 시계로 따진다면 나는 길거리에서 파는 이름 없는 시계일까, 미군 부대에서 몰래 훔친 재고품일까, 아니면 일본제 세이코, 프랑스제 까르티에, 아니면 그 비싸다는 스위스제 롤렉스일까?

더 아이러니한 것은 그러한 인종분류 항목 최하단에는 항상 'Equal opportunity', 'Non-discrimination policy' 또는 'Affirmative Action'이라고 명시되어 있다는 점이다.

비록 한 개인이 어떤 선천적인 피부색을 가졌다고 할지라도 그 사실을 공식문서에 고백할 경우 어떠한 차별을 하지 않겠다는 이 메시지는 어쩌면 고상하고 배려하는 듯하지만 한편으로는 모순이라는 생각이 들었다. 평등을 강조하고 차별을 원치 않는다면 차라리 피부색을 묻지 말아야 하지 않을까. 미국의 대학원 지원서에 사진까지 붙이라고 하였다면 나는 여러 가지 점에서 차별을 더 많이 받았을 것이다. 참으로 다행스러웠다.

힘든 일이 지나면 사람들은 대부분 고통스러운 기억을 잊어버리고 힘든 과거를 미화한다고 한다. 나 역시 그렇다. 힘들고 나쁜 일은 모두 잊은 채 미국에 대한 일반적 이미지(자연, 관광지, 문화, 음식, 스포츠 등)만 기억하고 있다.

그러나 내가 그렇게 동경하였던 백인의 나라에 살지 않겠다고, 남지 않겠다고 한 진짜 이유는 미국과 달리 한국에서는 나의 찢어진 눈매와 검은 눈동자, 노란색 피부를 의식하지 않으면서 걸어 다닐 수 있고 식당에 갈 수 있다는 사실 때문이었다.

나는 그것이 자유라고 생각한다. 마틴 루터 킹이 그의 딸이 놀이공원에 갈 수 있는 그 날에 대한 기다림이 바로 그의 꿈(I have a dream)이라고 말한 것처럼.

아마도 내가 이런 이야기를 하면 어떤 사람은 자신은 그런 일을 겪어 본 적이 없다고 하면서 내가 과민한 것 아니냐고 반문할지 모른다. 자신은 미국 생활이 너무 좋았고 행복하였다고 말할지 모른다. 물론 나 역시 미국에서의 경험이 모두 나빴다고 강조하는 것은 아니다. 내가 말하려고 하는 단 하나의 사실은 피부색과 눈동자 색을 날마다 의식하면서 살아야 하는 문화에 내가 실망하였을 뿐이라는 것이다.

결과적으로, 나의 미국 생활 5년의 경험은 내가 누구이고, 어떻게 살아 왔고, 앞으로 어떤 삶을 살아야 하는가를 진지하게 돌아볼 수 있는 기회를 주었다. 세속적으로 말한다면 나는 미국에 대하여 순진한 생각을 하고 있었고 착각하고 살았던 것이다. 많은 사람들이 미국에서 조교수 직을 구해야 하고 1~2년은 미국에서 일하다가 한국에 오는 것이 경력에 도움이 된다고 조언해 주었지만 나는 짐을 챙겨서 한국으로 오고야 말았다.

사실 나는 비행기를 갈아타는 미시간 주 디트로이트 국제공항에서 다시는 미국에 오지 않을 것이며 영어 논문 역시 쓰지 않을 것이라고 맹세하였다(세계가 지구화되고 국제화되면서 그리고 서구 학술지에 논문이 게재되는가의 여부를 학자의 능력으로 삼는 한국 교수평가의 새로운 규정으로 인하여 이 약속은 깨져 버렸다).

물론, 내가 공부하는 동안 미국 대학으로부터 박사과정 장학금을 전액 받으면서 편하게 삶을 즐겼거나, 졸업하고 미국에서 대학교수 자리를 얻은 흑인들이 정체성을 잊은 채 백인들의 상아탑 속에서 백인인 양 살아가는 것처럼 내가 백인 문화의 한 일원이 되었다면, 이 글은 쓰이지 않았을 것이다. 또는 내가 한국에서 거부의 아들로서 진실이니 평등이니 자유니 하는 가치에 대하여 신경 쓰지 않고 살 수 있었다면, 자존심을 높여 줄 기댈 것이 있었다면, 피부색에 대한 의식은 아마도 형성되지 않았을 것이다. 자본주의에서 돈은 또 다른 향락과 포기와 타협 그리고 사회 문제에 대한 방관적 태도를 형성해 줄 것이기 때문이다.

그러나 내가 개인적으로 어릴 때부터 학교와 사회로부터 여러 가지 이유로 받은 차별은 나의 삶과 가르침에서 가장 중요한 가치관이 무엇이고 무엇을 위하여 살아야 하는지를 다른 사람들보다 일찍 깨닫게 해 주었다.

나는 자유의 여신상이 있었던 미국이 나를 구해 줄 줄 알았다.

그러나 그 자유의 여신상을 세우기 위하여 100명이 넘는 흑인이 작업 도중 떨어져 죽었다는 역사적 사실은 얼마나 아이러니한가.

이에 내가 성인이 되어서 살아야 할 삶의 공간, 나의 자식과 후손이 살아야 할 공간은 단순히 부모의 직업으로 인하여, 고향으로 인하여, 출신 학교로 인하여 자신의 능력이 폄하되는 그런 세상이 되어서는 안 된다고 스스로 약속하였다.

그래서 그랬을까. 1992년 여름 방학 때 메릴랜드의 볼티모어에서 아르바이트를 하면서 일요일에 잠깐 들른 필라델피아(워싱턴이 수도가 되기 이전에 미국의 수도였다)의 여러 기념관이 즐비해 있는 길가에서 나의 시선을 사로잡은 건물은 바로 미국 헌법 기념관이었다. 엄청나게 넓고 높은 1층 로비에 미국 헌법이 어떻게 만들어졌고 어떻게 발전되어 왔으며 어떤 사건으로 개정되어 왔는지 연대별로 상세히 전시되어 있었다.

내가 가장 좋아하였던 문구, 헌법 제1조 "인간은 어떤 이유에서도 차별받아서는 안 된다"는 문장이 나를 눈물짓게 하였다. 그리고 1995년 나는 한국으로 돌아왔다.

서울 거리가 지저분하고 어수선하였지만 마음이 평화로웠다. 대학 수업에서 차별과 사회정의 그리고 교육학의 역할에 대하여 많이 가르쳤다. 나는 교육과정 수업에서 인종, 성별, 성 취향, 계급과 관련된 불평등 문제를 많이 다루었다.

그리고 학생들에게 한국에 와 있는 동남아시아 출신 노동자들의 삶을 연구하라는 기말과제를 내주었다. 학생들의 리포트는 내 추측 이상으로 충격적이었고, 점차 다문화되어 가는 우리나라 사회에서 다문화에 대한 연구와 우리나라 사람들의 타 민족에 대한 인식과 역사적 전통이 변화되어야 함을 알게 해 주었다. 그리고 학생들에게 내가 언젠가는 '우리나라 동두천의 혼혈 아이들에 대한 질적연구'를 할 것이라고 이야기해 주었다.

금발머리의 J 그리고 시카고 오헤어 공항

2년 후 1997년 12월 겨울, 나는 바람의 도시 시카고의 Flamont 거리에 있는 J의 집을 찾아갔다. 시간강사였던 나는 어렵게 한 달짜리 단수비자를 받아 미국을 방문할 수 있었다. 처음에 신청하였다가 시간강사라는 이유로 신원이 불분명하다고 거절당하였다가 지인의 도움으로 가까스로 비자를 받게 된 것이다.

항상 그랬듯이 시카고의 겨울 거리는 온통 눈으로 뒤덮여 있었고 날씨는 귀를 시리게 하였다. 밤늦게 J가 사는 동네에 도착한 나는 1년 만에 J를 다시 만나는 기쁨을 축하하기 위하여 미국인들처럼 포도주를 한 병 샀다. 한국에서 통화하였을 때 J는 이제 더 이상 만나지 말고 미국에도 오지 말라고 하면서 전화를 끊었다. 그러나 나는 포기할 수 없었고 1년간 시간강사를 하여서 모은 돈으로 비행기 표를 사서 시카고로 날아왔다.

저녁 이후로 여러 번 전화를 하였지만 전화 응답기만 돌아갈

뿐이었다. 밤 11시가 넘어서 체념하는 마음으로 마지막으로 전화를 걸었을 때 그때서야 J의 목소리를 들을 수 있었다. J는 깜짝 놀랐고 가끔 농담을 즐겼던 나이기에 진짜 시카고에 왔느냐고 물었다. 그렇다고 하였더니 어디에 머물 것인지 묻고서는 자신의 집주소를 알려 주었다.

시카고 근처의 한 모텔에 이미 풀어 놓은 짐을 여행용 가방에 대충 챙기고 택시로 30분 이상을 달렸다. 기대감과 걱정, 여러 가지 복잡한 착잡한 심정. 내가 J를 만나기 위하여 그 먼 서울에서 시카고로 올 것이라고는 전혀 생각하지 못한 것 같았다.

5층짜리 건물의 3층에 있는 방 두 개짜리 아파트였다. 1년 전에 머물렀던 샴버그에 있는 J 부모님의 화려한 집과는 달랐지만 J의 방에 있었던 물건과 가구가 그대로 있었기 때문에 친숙했다.

영하의 밤 날씨. 밖에는 함박눈이 내리고 있었고 우리는 이런저런 이야기를 나누었다. J의 방 저쪽 한구석에는 내가 지난 2년간 보낸 많은 편지와 선물, 그리고 그 선물을 쌌던 포장지가 그대로 놓여 있었다.

아직까지 버리지 않았구나. 아직 나를 좋아한다는 뜻인가? 내가 J의 부모님 집을 방문하였을 때 J 어머니가 J의 방을 안내하면서 들어가지 않는 것이 낫다고 하였다. 그 이유는 나중에 밝혀졌지만, 내가 한국에서 보내 준 선물과 편지, 만화책 등이 지저분하게 널려 있었기 때문이었다. J 어머니의 불평하는 말 "돼지우리가 네 방보다 더 깨끗할 것이다"가 기억난다. 물론 어머니는 그 많은 물건과 편지를 내가 보냈다는 사실을 모르는 듯하였다.

나는 J가 좋아하는 한국 과자를 선물로 주었고 J는 과자 몇 개를 먹었다. 그리고 나는 J에게 노래를 불러 달라고 졸랐다. 아니, J는 내가 조르기도 전에 먼저 노래를 불러 주었다. 직접 기타를 치며 노래를 부르는 J는 매력적이라는 생각이 들었지만 J 어머니의 말씀처럼 가수로는 성공하지 못할 것 같다는 생각도 하였다.

그날 밤 우리는 J의 소파에 누워 많은 이야기를 하였고 우리는 어디서 잘 것인지를 결정하였다. J는 소파가 좋겠다고 하였지만 나는 소파에서는 잠을 자지 못하니 대신 J의 침대에서 자겠다고 하였다. 나는 가끔 참으로 용감하다는 생각을 한다. 망설이던 J는 침대에서 자라고 하였고 나는 다시 1년 만에 J의 따뜻한 체온을 느낄 수 있었다. J는 잠들었지만 나는 뜬 눈으로 밤을 지새웠다. 시차 때문에 잠을 못 이루었을 것이다. 그러나 정작 나를 잠들지 못하게 한 것은 앞날에 있을 일과 나의 삶에 대한 여러 가지 번민이었다.

다음 날은 떠나기 하루 전이었다. 우리는 시카고 거리를 돌아다니면서 맛있는 점심을 먹고 저녁도 먹었다. 서점에서 잠깐 아르바이트를 하고 있었던 J는 예고도 없이 출근하지 않고 나랑 놀러 다녔다. 타이 레스토랑에서 저녁을 먹던 J는 자꾸 내 이마를 보더니 나를 '스님'이라고 부른다. 내가 왜 스님이냐고 묻자 내 머리카락이 자꾸 빠져서 언젠가는 스님이 될 것이라는 거다. 내가 화를 내자 "스님은 귀엽고 착하다"라고 변명하면서 화내지 말라고 한다. 그렇지만 나는 J에게 한 번이라도 잘 생겼다는 말을 듣고 싶었기에 스님이라는 말에 기분이 몹시 나빠졌다. 그런데 이제는 머리털까지 빠진 아저씨라니.

나는 그런 말 대신 듣고 싶은 말이 있었다. 잘 생겼구나, 매력적이구나, 멋지구나 등. 그러나 J는 나에게 잘 생기지는 않았다고 노골적으로 이야기한 적이 있다. 거짓말이라도 하지 그랬을까. 대신에 J는 왜 내가 좋으냐고 묻는 말에 쌍꺼풀 없는 눈, 입술, 그리고 웃는 모습이 좋고 착하다고 하였다. 그리고 가장 마음에 드는 것은 서양 남자들과는 달리 몸에 털이 없어서란다. 어이가 없다. 그래 머리털까지 없어지면 나는 너에게 더욱더 매력이 넘치겠구나. 아예 온 몸의 털을 다 없애 버려야겠다.

스님 발언에 화가 난 그대로 질 수는 없었다. 그래서 미국에서 배운 금발 여성에 대한 비하적 농담 하나를 이야기해 주었다. "자 금발머리 아가씨, 다음 방에 들어가 구석에 앉아서 기다려 주세요. 그러나 그 방은 구석이 없는 원형의 방이었다. 그래서 금발 아가씨는 어디에 앉을지 계속 장소를 찾을 수밖에 없었다." 이야기를 들은 J 역시 화가 났고 우리는 무승부로 싸움을 끝냈다.

그날 밤 9시가 넘었다. 시카고의 날씨는 너무나 춥고 창 밖으로 또 눈이 내린다. 우리는 음악을 듣고 있었고 나는 J에게 한국 옛날이야기를 하나 해 주겠다고 하였다. 그리고 J에게 자신을 이야기의 여주인공으로 생각해 보라고 하였다.

이야기는 <견우와 직녀>였다. 나는 이야기를 다 들려주고 J가 직녀라면 일 년에 한 번씩 서로 만나면서 살 수 있는지 물었다. J는 잠깐 생각하더니, 직녀는 견우와 헤어져야 하고 서로 다른 사람을 만나는 것이 낫다고 하였다.

J의 대답에 나는 그 두 사람이 항상은 아니지만 일 년에 한 번씩 그렇게라도 만나면 행복하지 않겠냐고 물었다. 그러나 J는 피식 웃으며 함께 살 수 없다면 헤어져야 한다고 대답하였다.

당연한 말이다. J의 대답을 들은 후 우리는 정적 속에 오랫동안 그냥 있었다. 나는 J의 말이 무엇을 뜻하는지 알고 있었기에 "Good night" 하면서 돌아누워 잠을 청하였다. J의 따뜻한 체온이 느껴지는 침대에 누운 나는 J의 대답이 그럴 거라는 것을 예측했으면서도 마음이 몹시 슬펐다. 그러나 내 욕심이 너무 크다는 것을 알고 있었기에 J를 탓할 수는 없었다.

어머니가 앞을 보지 못하고 아버지는 곧 대학교에서 은퇴하기 때문에 유일한 딸인 J는 부모님을 돌봐야 했다. 아버지와 어머니의 고향이 뉴욕 주의 버팔로여서 아버지의 퇴직 후 고향으로 돌아갈 계획이었다. 거짓말이라도 직녀처럼 기다릴 수 있다고 이야기해 주면 안 되나.

갑자기 J는 나에게 자느냐고 물었지만 나는 대답하지 않고 자는 척하였다. 그러나 J 역시 내가 소리 내지 않고 울고 있다는 것을 알고 있었으리라. 추위에 자주 떨고, 배고픔을 참지 못하고, 잘 울고, 짜증을 잘 내고, 마음속에는 항상 연구 생각뿐이고. 이번에 또 운다고 나에게 실망할까 봐 울음소리를 들려 줄 수가 없었다.

그런 와중에 내가 왜 이곳까지 와 있는지, 왜 깊은 밤에 잠을 자지 못하고 고통스러워하는지, 이러한 사랑의 감정에 왜 휘둘리며 살아야 하는지, 인간은 감정을 모두 통제하면서 살 수는 없는지, 나 자신의 나약함을 나무라면서 이곳 시카고의 이름 모를 동네에 와 있는 내가 미워졌다.

나에게 공부 대신에 또 다른 삶의 행복을 가져다준 J를 처음 만난 2년 전 여름이 생각난다. 오하이오 주립대학교 교정 건너편의 서점. 한국으로 가기 전 꼭 필요한 책 몇 권을 사기 위하여 잠깐 들른 서점에서 J는 저 멀리서 책을 읽고 있었다. 자태가 우아했고 아름답고 귀족적이었다. 프린스턴 대학교에 다니는 상류층 출신의 학부 여학생들처럼.

J의 나이 26세. 학교 앞 서점에서 J를 보았을 때 내 몸은 어는 듯하였다. 조각 같은 얼굴에 화장하지 않은 얼굴 그리고 가느다란 몸. J는 마치 Swarvsky의 파란 눈을 가진 모델처럼 아름다웠다. 녹색 눈에 금발을 한 매혹적인 J는 영문학을 전공하는 대학원생이었다.

나는 서점을 나가려던 참이었지만 나가지 않고 한참 동안 기다리다 말을 걸기로 하였다. "Hello" 하면서 말을 거는 나에게 J는 미소로 답해 주었다. 그리고 나에게 미국인이냐고 물었다. 아마도 그 당시 내가 미국에 오래 있어서 발음이 미국인과 비슷하였거나 아니면 미국에 이민 온 한국인으로 생각하였던 것 같다. 진짜 한국 사람이라고 대답하자 J는 매우 반기는 눈치였다. J는 한국에서 일 년 정도 영어강사 생활을 하였단다. 한국인을 좋아하고 한국 문화를 좋아한단다. 약속이 있다고 문을 나서는 J에게 나는 기숙사 연락처를 알려 주었고 J도 집 연락처를 알려 주었다.

그날 밤 우리는 언제 연락을 할지 알 수 없었지만 내가 저녁 8시경 망설이며 서성거리고 있을 때 전화벨 소리가 기숙사 방에 울려 퍼졌다. 이 떨리는 마음. 그녀가 나를 더 좋아하는 것일까?

우리는 전화로 이야기를 하다가, 곧바로 어둠이 짙게 깔린 컬럼버스 시의 가장 큰 대로인 High Street의 커피숍에서 만나 이런저런 대화를 하였다. J는 한국에서 점을 쳤는데 전생에 한국 사람이었다는 말을 들었다고도 했다.

그날 이후로 우리는 날마다 만났고 교정을 걸었고 저녁을 먹고 한국과 미국 그리고 문화에 대하여 이야기하였다.

그리고 미국을 떠나기 하루 전날 밤, J는 나에게 오늘 밤 아직 밤이 깊지 않았는데 더 하고 싶은 것이 있는지, 원하는 것이 있는지 물었다.

그 질문에 용기를 얻은 나는 J의 얼굴과 몸을 만지고 싶다고 한국식 표현 그대로 영역하여 말하였다. 그리고 나는 J의 아파트에 가서 촛불로 가득 찬 방안에서 밤새 이야기하며 처음으로 J의 눈과 뺨과 머릿결을 만져 볼 수 있었다.

그리고 그 다음 날 아침, 나는 기숙사에서 짐을 챙겨 공항으로 떠났다. 나는 5년 만에 박사학위를 받고서 그토록 원했던 한국으로 돌아가게 되었다. 그렇게 가고 싶었던 한국이지만 그리고 지긋지긋하였던 미국 생활이었지만 오늘 따라 떠나기가 싫었다. 바로 파란 눈과 노란 머릿결을 가진 J 때문이었다. 그러나 떠남은 예정된 것. 아쉬움과 안타까움을 뒤로 한 채 나는 비행기에 탑승하였고 23세의 첫 사랑 이후로 누구를 떠나는 것이 힘들고 어렵다는 것을 새삼 느끼게 되었다.

그렇게 하여 오하이오를 떠난 나는 한국에 도착하여 대학에서 시간강사 생활을 시작하였고 J는 대학원을 마치고 고향인 일리노이 주의 시카고로 돌아갔다.

우리는 일 년 동안 전화하고 편지 쓰고 선물 보내는 데 정신이 팔려 있었다. 아마 대학교 4학년 때의 첫 사랑 이후 이렇게 열렬했던 적은 없었던 것 같다. 길에서도, 책을 읽을 때도, 다른 사람과 이야기할 때도, 그리고 잠을 잘 때도 J가 생각났다. 밤에 국제전화로 하는 우리의 대화는 때로는 한국말, 때로는 영어를 섞어가며 했고 어떤 때는 무슨 말인지 모른 채 대화를 하였다. J의 부드러운 영어 발음으로 한국어를 말할 때 나는 처음으로 사람의 목소리가 성적인 매력을 갖는다는 사실을 알게 되었다.

나는 J를 처음 만났을 때 31살이라고 이야기하였지만 사실은

36살이었다. J가 너무 어려 보였기 때문에 거짓말을 할 수밖에 없었다. 그래도 그 당시 공부만 하고 있었기 때문에 나는 나이에 비해 어려 보였다. 그래서 J는 아무런 의심을 하지 않았다. 그러나 그 거짓말은 곧 들통이 났다. J가 거짓말하는 사람을 제일 싫어한다는 말에 숨기면 안 되겠다고 생각하였고 사실대로 내 나이는 36살이라고 실토하였다. 그 이후로 J는 나에게 '아저씨'에게 속았다고 놀렸다.

J의 모든 것이 좋았지만 J에게 처음부터 푹 빠진 것은 J의 파란 눈 때문이었다. J의 눈은 파랗기보다는 녹색에 가까웠다. 신비로운 눈동자 색은 계절에 따라 변하고 아침저녁으로 변하고 조명에 따라 변하였다. 나는 그것이 너무 신기하여 식사할 때도 커피를 마실 때도 J의 눈을 감상하곤 하였다. 그래서 내가 화나 있을 때면 J는 일부로 내 얼굴 앞에 눈을 가까이 가져와 웃어주곤 하였다. 모든 불이 꺼져 버린 길거리의 밤. 달빛으로 어두운 방에서 빛나는 J의 녹색 눈은 그 어떤 보석이나 예술품보다 더 신비롭고 황홀하였다.

드디어 오늘은 떠나는 날. 시카고를 떠나 한국으로 가는 날이다. 날씨는 비가 올 듯 우중충하였고 아침이었지만 어두웠다. 우리는 시카고 오헤어 공항에 도착할 때까지 아무 말도 하지 않았다.

나는 그 많은 추억을 모두 버리고 한국으로 돌아간다. 시카고 오헤어 공항의 한국행 출구. 남들이 하는 것처럼 건강하게 잘 살라고 이야기하였다. 그리고 지난 일 년간 시간강사 하면서 모은 돈 약 2000달러를 J에게 주었다. 받지 않으려고 하는 J. 그것은 내가 J에게 해 줄 수 있는 유일한 마음의 표시였다. 우리는 서로 작별인사를 했고 나는 출구 쪽으로 갔다. 헤어짐은 항상 슬픈 것. 예견하고 왔건만!

떠나는 줄이 점차 줄어들고 J의 모습이 작아질 무렵, J가 뛰어 오면서 내 이름을 부른다. 다가오면서 할 말이 있다고 한다. 그래서 나는 줄을 이탈하여 J와 이야기를 시작하였다. 떨리는 목소리로 나에게 이야기를 시작한 J. 가지 말라고. 자기를 떠나지 말라고 한다. 한국에 가지 말고 이곳 미국에서 살잔다. 내가 이곳 대학교수직을 얻지 못하고 노동자가 되면 대신 자기가 먹여 살리겠단다.

J가 내 손을 꼭 부여잡았다. 잠깐 정적이 흘렀다. 그러나 그 정적은 너무나 많은 생각의 파편과 고민으로 가득 차 있었다. 이런 이유 때문에 5개월 전에 한국 대사관에서 내가 신청한 미국행 비자가 거부된 것일까. 한국의 정처 없는 시간강사여서 미국에 가면 미국 여자 만나서 한국으로 돌아오지 않을까 봐. 미국에 남지 못할 이유가 너무 많았지만 그래도 J를 떠날 수밖에 없는 가장 큰 이유를 찾는 것은 어렵지 않았다.

자식이 없어서 양녀를 입양하고 난 후 다음해에 생긴 J. J는 부모님 결혼 후 15년 만에 얻은 첫 딸이자 무남독녀였다. 내가 <보

니와 클라이드>의 주인공은 아니지만 J를 부모님 곁으로 보내서
부모님을 편히 모시고 백인의 사회에서 잘 살기를 바랐다.

모든 승객들이 탑승을 하고 나만 남았다. 한국행 비행기의 티
켓팅을 담당하는 직원이 어서 타라고 한다. 손에 차가운 땀이 흐
르고 등까지 땀이 흐르는 것을 느꼈다.

그러나 나는 억지로 웃으며 J에게 이야기하였다. "다음에 다
시 (미국인으로) 태어나면" 그녀의 볼에 따뜻하게 키스하고 탑
승구로 뛰어갔다. 정신을 잃기 전에 어서 비행기 안으로 들어가
야 했다. J가 더 이상 나를 볼 수 없는 비행기 안으로.

얼른 내 자리를 찾아서 좌석에 앉았다. 가슴이 터질 듯했다.
무엇이 무엇인지 알 수가 없었다. 마음이 변하기 전에 벨트를 당
겨 내 허리에 세게 조였다. 참았던 눈물이 쏟아지면서 미안하다
는 말이 나도 모르게 흘러나온다. 다시 탑승구로 돌아갈까? 미
칠 것만 같았다.

비행기 안은 사람들이 탑승하기 시작하여 소란스럽고 자리를
찾느라 분주했다. 울보인 나는 또 눈물이 흘러나왔다. J는 가버
렸을까? 아니면 내가 다시 올지 몰라 그대로 서 있을까? 크게
소리 내어 울고 싶었지만 그럴 수가 없었다. 대신 자리에 있던
담요를 당겨 머리를 덮었다. 그리고 울음이 터져 나왔다. 나는
아무 복도 없이 태어났고 오직 학술적 명예만 가지게 된다고 하
던데 그 무속인 말이 정말일까?

비행기가 서서히 움직이기 시작했다. 그리고 눈물방울 하나
하나마다 J가 나에게 해 준 잊지 못할 추억이 담겨 떨어졌다.

추운 시카고 거리를 거닐다 새파래진 내 얼굴을 감싸라고
장갑과 목도리를 벗어 주던 J.

그 높은 존 행콕 센터의 가장 높은 층에 있는 스카이라운지에서
나를 안심시키며 창가 쪽으로 데려가서 그 넓은 시카고의
광활한 밤의 풍경을 감상하게 해 주었던 J.

한국에 계신 어머니를 위하여 절을 연습하겠다고 하여
나를 웃기게 만들었던 J.

몰래 어머니 차를 끌고 나와 밤에 시속 150km로
샴버그에서 시카고 시내까지 고속도로를 달리면서
"미국에서는 죽기 싫다"라고 외치자
내가 겁내는 모습을 즐겼던 J.

시카고의 Bennigan's 맥주 집의
메뉴판이 특이해서 훔쳐 달라고 하자
화를 내면서도 옷 속에 메뉴판을 숨겨 가지고 나왔던 J.

시카고 오헤어 공항에 도착하였을 때
사람들 저 뒤편에서 나를 쳐다보며 웃고 있었던 J.

옆자리에 앉아 있던 나이 지긋한 미국 할머니가 소리를 참으며 흐느끼고 있는 나에게 인자하게 말을 건넨다. "Son! Don't cry. Please say something." 휴지를 주면서 눈물을 닦으란다. 그리고 여승무원이 나를 찾아왔다. 어디가 아픈지 왜 그런지 이야기하란다. 그리고 어깨를 토닥여 준다.

나는 이들에게 무어라 설명할 수 있을까? 내가 피부색 때문에 사랑을 버렸다고 이야기하면 이해할 수 있을까? 떠나지 말라고 하는 J의 말을 따르지 못하는 내 마음을 이들은 이해할까? 다른 피부색 때문에 미국에서 날마다 겪을 불안한 삶의 연속이 무서워서 사랑하는 연인을 버리고 이 비행기를 타고 한국으로 간다고 말한다면 이들은 나에게 잘했다고 이야기할까? 그들에게 내 이야기를 어디서부터 어떻게 해야 할까? 그리고 설명을 할 수나 있을까?

한국에 도착할 때까지 나는 계속 울었다. J를 떠나 보내고 난 후 나는 삶에 대한 애착을 잃었고 어느덧 13년이 흘러가 버렸다.

라일락이 질 때

안녕이라는 인사는
내게 단 한 번도 말하지 않았어도
나는 느낌으로 알 수 있었지
이제 다시는 만날 수 없음을
변해 가는 너의 마음이
내게 날카로운 흔적을 남겨도
보고픈 건 미련이 남아서일 거야
이제 내 품에서 벗어나고 있네

돌아보지 마
내가 안타까워서
혹시라도 눈길 주지 마
생각하지도 마
또 다른 내 삶에서
나와 함께 했던 그 기억들을

다시는 만질 수 없겠지
따스한 너의 체온을

변해 가는 너의 마음이
내게 날카로운 흔적을 남겨도
보고픈 건 미련이 남아서일 거야
이제 내 품에서 벗어나고 있네

돌아보지 마
내가 안타까워서
혹시라도 눈길 주지 마
생각하지도 마
또 다른 내 삶에서
나와 함께 했던 그 기억들을

다시는 만질 수 없겠지
따스한 너의 체온을

다시는 만질 수 없겠지
따스한 너의 체온을

이 선희 노래

그 후 6개월이 지나 나는 생전 들어 본 적이 없는 진주교육대학교의 교수가 되었다. 그토록 간절하게 고대하였던 교수직. 처음 몇 개월은 행복하였다. 그러나 그 이후 옛날처럼 활기차고 행복하지는 않았다. 마음은 어둡고 우울하였다. 낮에 수업을 하고 사람들을 만날 때는 웃고 이야기하며 재미있었지만, 그것 역시 잠깐이었고 반기는 이 없는 어두컴컴한 집으로 돌아오면 마음은 다시 가라앉았다. 동료들에게 붙들려 끌려간 룸살롱에서 모르는 처녀와 입맞춤을 할 때도, 노래방에서 내 파트너로 옆자리에 앉은 아가씨와 브루스를 출 때도 기분이 좋아지지는 않는다.

J가 나를 떠나고 내가 J를 떠난 지 벌써 14년이 되었다. 꿈에도 한 번 나타나지 않는 J를 그리워하며, 나는 이번 주에도 그녀의 발자취를 찾아 서울의 강남거리로 간다. J가 잠깐 영어강사로 일하였다던 그 학원들이 즐비한 거리. J를 한국에서 떠나게 만든 바로 그 거리이다. 1월의 차가운 서울 밤. 그래도 J를 생각하며 걸으니 가슴이 훈훈해져 온다. 문득 고개를 들어 보니 어느 20대 초반의 아가씨가 얼굴이 파랗게 질리고 꽁꽁 언 채 서 있는 것이 보인다. 아가씨가 살포시 웃으며 다가와 나에게 명함과 라이터 그리고 사탕을 건넨다. 참으로 예쁘게 생겼다. 그녀가 자기 가게에 한번 들르란다. 예의상 명함을 받느라고 잠깐 스친 아가씨의 손이 얼음같이 차갑다. 얼마나 오랫동안 이 차가운 밤거리에 혼자 서 있었을까?

J가 한국에 머물렀던 그 해 겨울, 그리고 J의 손 역시 그 아가

씨 손처럼 차가웠을 것이다. J는 나에게 보낸 편지에서 한국의 겨울이 너무 추웠다고 쓴 적이 있다. 보일러가 작동하지 않고 세탁기가 없는 셋방에서 J는 한국의 겨울을 지냈다. 청바지를 찬물에 빨고 난방이 되지 않는 방에서 촛불을 켜고 겨울을 이겼단다. 그리고 밀린 3개월치 월급을 받지도 못하고 한국을 떠났다.

미국의 명문대학교인 미시간 대학에서 영문학을 공부하고 한국이 좋아서 한국어를 부전공하였던 그녀. 그 해 너무나 추웠던 한국에서의 경험은 J를 다시는 한국에 오지 않으리라고 맹세하게 만들었다. 두꺼운 울 코트를 입고 있어도 차가운 한기에 몸서리 처지는 서울의 추운 밤을 J는 어떻게 보냈을까? 그리고 한국에 대하여 어떤 생각을 하였을까? 아마 몸보다 마음이 더 시렸을 것이다.

<폭풍의 언덕>의 히스클리프가 되기에는 너무 나약한 나. 이제는 언 몸을 녹이기 위해 오늘밤 묵을 둥지로 들어가야겠다. 그리고 J가 나에게 보내 준 노래 <누구와도 비교할 수 없는 너>를 들으면서 잠을 청해야겠다. 마치 J가 내 옆에 있는 것처럼.

누구와도 비교할 수 없는 너

너가 떠난 지 15일하고도 7시간이 지났구나
너가 떠난 후 밤에는 밖에 나가 헤매고 낮에는 하루 종일 잠만 잔단다.

너가 없는 이 세상. 내가 하고 싶은 뭐든지 할 수 있고,
원하는 사람을 자유롭게 만나고
멋진 레스토랑에서 맛있는 저녁도 먹을 수 있게 되었구나.
그렇지만 이 모든 자유로움이 이 깊은 우울한 기분을 없애주지는 못하는구나.

이 세상에서 너를 대신할 수 있는 것은 아무것도 없기 때문에.

너가 가버린 후 내 삶은 노래를 잃어버린 새처럼 너무나 외롭다.
그 어떤 것도 내 눈에서 흘러내리는 외로움의 눈물을 멈추게 하지 못하네.
말해 주겠니. 도대체 내가 무엇을 잘못했는지

너가 떠난 후 만나는 남자들을 모두 안아보지만
너는 잊혀지지 않고 대신 더욱 너만 생각이 난다.
그래서 의사에게 갔더니 뭐라고 했는지 알아?
그가 나에게 뭐라고 했는지.
무슨 일이든 하면서 즐거움을 찾으래나.
멍청한 의사.

그 무엇도 너를 대신할 게 없는데.

너가 집 뒤뜰에 심었던 꽃들은 너가 떠난 뒤에 모두 죽어버렸어.
나는 알아. 당신과 함께했던 그 때가 때로는 힘들었다는 걸.
하지만 다시 한 번 너를 만날 수 있다면 기꺼이 너와 살고 싶구나.

왜냐하면 그 무엇도 그 무엇도
너를 대신할 수 없기 때문에

노래: Barbra Streisand

가장 검은 눈동자 — 한국 다문화 아동의 슬픈 자화상

한국, 다문화 아동의 슬픈 자화상

인도네시아 소년 한국이:
다문화 아동은 울지 않는다

한국이네 가족

한국이는 1999년 5월 17일 경상남도 김해시 등대면 성화마을에서 태어났고 지금은 등대초등학교 5학년이다. 한국이의 외모는 우리나라의 보통 아이들과 비교해 볼 때 큰 차이가 없다. 동남아 출신인 어머니보다는 한국인인 아버지를 많이 닮아서 피부색은 보통 아이들보다 오히려 하얗다. 한국이는 키에 비해 몸무게가 적게 나가는 편이며(145cm, 38kg), 갸름한 얼굴형 때문에 날렵한 인상을 풍긴다.

한국이는 경상도 지역의 아이들처럼 사투리를 사용하기 때문에 말하는 속도가 대단히 빠르다. 성격이 워낙 적극적이고 급하다 보니 한국이의 말을 집중해서 듣지 않으면 알아듣기가 쉽지 않다.

한국이의 어머니는 인도네시아 국적을 가진 외국인이기 때문에 우리나라의 여느 어머니들 같지 않다. 한국이 어머니는 동남아 국가 가운데 하나인 인도네시아의 '메단'이라는 섬에서 태어났다.

메단은 인도네시아의 수도인 자카르타를 기준으로 북서쪽에 위치한 섬으로 기후가 고온 건조하다. 메단은 본래 한촌에 지나지 않았으나 1860년대에 네덜란드가 부근의 비옥한 토양을 이용하여 대규모의 잎담배 플랜테이션을 개발한 후부터 급속도로 발전하였다. 그 후 농산물을 집산하면서 상업도시로 번성하여 서구화된 아름다운 열대 식민도시의 전형적인 모습을 띠고 있다. 특히 이 지역에는 화교가 많이 거주하고 있는데 그들이 유통 부문을 거의 지배하고 있다.

한국이 어머니의 나이는 40세이며, 이름은 다이에나 팽 미나(Diana Pengmina, 가명)다. 이 이름은 '사업가' 혹은 '독립자'라는 뜻이다. 어머니는 현재 영어학원 강사로 일하고 있으며 월수입이 일정하지는 않지만, 50만 원 남짓의 월급을 받는다. 다음 표는 한국이 어머니의 강사수당 지급내역이다.

여성결혼이민자 직업능력개발 강사수당 지급내역

(단위: 원)

대상자	합계	3월	4월	5월	6월	7월	8월
다이에나 팽 미나	3,120,000	540,000	540,000	420,000	540,000	540,000	540,000

확인자: 거북이시 여성가족과 홍길동

한국이의 조부모는 중국 출신의 화교로서 인도네시아의 메단 지역에서 상업을 통해 막대한 부를 축적하였다. 덕분에 한국이 어머니는 유년시절과 학창시절에 비교적 유복한 삶을 살았다. 또한 경제적 어려움 없이 National University of Singapore에서 경영학을 전공할 수 있었고 그 대학교에서 세계의 여러 친구들과 사귀었다.

한국이 어머니는 1997년 어느 날 한국인 남자친구의 소개로 한국이 아버지를 소개받게 되었다. 당시 한국이 아버지는 사업차(해상무역) 인도네시아에 머물고 있었는데 한국이 어머니는 인도네시아에서 회사의 통역을 맡으면서 그와 재회하게 되어 자연스럽게 그와 연애를 하였으며, 28세(1998년)에 그와 결혼하게 되었다. 다음 이야기는 이러한 정황을 자세히 밝혀주고 있다.

싱가포르에서 공부할 때요. 외국인들이 다 모이는 학교거든요. 한국사람, 필리핀사람, 인도사람, 일본사람, 또 중국사람, 대만사람... 여러 나라 모아가지고 공부하거든요. 거기서 한국 사람도 있었어요. 제 친구가 남잔데, 한국에서 인도네시아 가서 영어 공부하러 갔는데 같은 반에서 공부했어요. 친구는 싱가포르에서 공부 끝내고 다시 인도네시아로 찾아왔어요. 사업하러 왔어요. 인도네시아로. 사업하러 왔다가 얼마 안 있다가 한국 돌아갔다가 다시 또 인도네시아 왔을 때, 저희 남편, 지금 남편 데리고 왔어요. 같이 사업하러 왔어요. 그래가지고 거기에서 제가 통역을

자주 해준 거죠. 저희 남편은 인도네시아어 못하잖아요. 저희 친
구도 인도네시아어 잘 못해요. 그때는 저의 한국 친구도 영어로
제가 통역해 줬어요. 그러니 남편은 사업할 때는 항상 내 도움이
필요하다고 같이. 자기는 만일 바이어 데리고 가면 대화가 안 되
잖아요. 제가 중간에서 자기는 한국어 통역해줬어요. 같이 식사
하고 같이 통역 필요하면 전화와가지고 부탁하고 그래가지고 자
주 만나게 됐고, 연애하게 된 거죠.

한국이가 태어나기 오래전부터 인도네시아에 살고 있었던 한
국이 어머니의 가족들은 인도네시아어보다는 영어와 중국 사투
리를 통해 의사소통을 하였다. 그들이 인도네시아어가 아닌 영
어나 중국어를 사용하는 것은 다분히 필요에 의한 것이었다고
한다. 즉, 한국이 어머니의 가족들은 화교 전통을 유지하면서도
국제적인 감각을 기르기 위해 의도적으로 중국어와 영어를 사용
하였다. 물론 그들은 영어와 중국어뿐만 아니라 인도네시아어도
구사할 수 있었다. 그러나 이와 같은 어머니의 다양한 언어사용
이력은 오히려 한국이가 태어나서 한국어를 배우는 과정에서 크
나큰 장애요소가 되었다.

이와 같은 이유에서 한국이는 다른 다문화가정의 아동들에
비하여 정말로 복잡한 다문화가정의 아이라고 볼 수 있다. 한국
이 어머니는 분명 인도네시아에서 태어난 인도네시아 사람이다.
그러나 혈통이 중국인이기 때문에 인도네시아 내에서도 외국인

가정의 자녀였다. 따라서 한국이 어머니는 인도네시아나 한국의 보통 국민들과는 전혀 다른 자아 정체성을 가지고 있었다. 특히 인도네시아에서 내국인임에도 불구하고 외국인 취급을 받은 그녀의 경험은 한국이가 성장하는 데 큰 영향을 주었다. 다음 이야기는 한국이 어머니의 자아 정체성과 국가 정체성을 잘 표현해 준다.

> 인도네시아에 있는 경제 쪽은 거의 화교가 잡고 있죠. 정치하는 거 없어요. 무슨 변호사, 의사……. 의사 있지만 중국 사람도 의사 많아요. 정치 같은 거 뭐 하의원 뭐 없어요. 들어가기도 힘들어요. 뽑아주지도 안고, 만약에 우리가 공부 잘하고 그쪽으로 잘하지만 인도네시아 사람은 많이 떨어져도 인도네시아 사람만 뽑아요. 원주민을 뽑아요. 화교는 절대 안 뽑고. 많은 종족……. 말레이시아 젤 많아요. 근데 젤 중요한 거! 인도네시아는 종교나라거든요. 종교 엄청 심하잖아요. 무슬림 90퍼센트!

> 인도네시아사람! 지금 제가 한국에 있잖아요. 한국에 있으니까 "저는 중국사람!" 이렇게 말 안 해요. 왜냐하면 저 국적이 인도네시아잖아요. 그래도 한평생 인도네시아에서 살아 왔잖아요. 할아버지, 아버지도 인도네시아에서 태어났고, 저까지 인도네시아에서 태어났고, 그냥 중국 피에요. 근데 인도네시아 있으면 서로서로 인도네시아사람, 우리끼리 인도네시아어로 말하잖아요. 하지만 인도네시아는 우리 100프로 인정 안 해줘요. 그냥 국적

만 갖고 있죠. 거기서 만약 무슨 종교 때문에 싸우고, 아니면 데
모가 일어나면 항상 화교가 피해에요. 화교 물건을 훔치고, 화교
차들 부서지고, 화교 집에 들어가 가지고 완전히 털어서 가고.
우리가 화교가 인도네시아 사는 거지. 땅 빌려 사는 거지. 그렇
게 생각하니까. 그래서 인도네시아사람 만나면 화교 아니면 반
갑지 않아요. 한국 왔을 때도 저는 인도네시아사람 만나면 반갑
지 않아요. 인사도 안 해요.

한국이 어머니와 아버지는 1998년 한국에서 결혼을 하였고,
이듬해 1999년 한국이를 낳았다. 이에 한국이는 중국 혈통의 인
도네시아 국적의 어머니와 한국인 아버지 사이에서 태어난 다문
화가정의 아이가 되었다. 그러나 한국이는 태어나자마자 경제적
고충 때문에 곧바로 어머니의 모국인 인도네시아로 가서 유아기
를 보내게 되었다. 한국이가 태어나기 2년 전(1997년) 한국은
IMF 구제 금융을 받게 되었고, 한국이 아버지가 종사하는 회사
도 파산지경에 이르고 말았다. 한국의 경제상황이 악화되자 부
모들은 살림살이가 넉넉한 인도네시아에서 몇 년간 머물기로 결
정하였다.

한국이는 1999년(1세)부터 2001(3세)년까지 인도네시아의 메
단 지역에서 부호인 외가 식구들과 행복한 나날을 보냈다. 한국
이는 집 앞의 수영장에서 수영을 하기도 했으며 피아노를 연주
하기도 하였다. 한국이는 인도네시아에서 3년간 살면서 한국어

를 전혀 배우지 않고 아버지와 함께 인도네시아어를 배웠다. 인도네시아어는 배우기가 쉬웠기 때문에 한국이와 아버지는 어렵지 않게 인도네시아에서 살아갈 수 있었다.

당시 한국이는 인도네시아어뿐만 아니라 중국어와 영어도 어느 정도 구사하였다. 한국이의 조부모와 이모, 외삼촌들이 중국어와 영어를 주로 사용했기 때문이다. 하지만 유아기의 이러한 언어 환경은 한국이가 한국에서 적응하는 데 장애요소가 되었다.

한국이 어머니의 고통과 갈등

2002년 한국으로 들어온 후부터 시작된 한국이의 유년기(4세부터 7세까지)에 대해서는 어머니의 말과 기억에 전적으로 의존할 수밖에 없다. 왜냐하면 한국이는 이 시절의 경험을 회상할 수 없기 때문이다. 또한 한국이의 유아기 경험은 어머니의 경험과 직결되어 있다. 따라서 저자와 독자들은 어머니의 경험과 이야기를 통해서 한국이의 유아기 성장과정(2002년부터 2005년까지)을 상상하여 재구성하기를 바란다.

한국에서 살아남기 위한 어머니의 고통과 갈등은 한국이의 삶과 교육에 영향을 미쳤으며, 고스란히 한국이에게 전이되었다.

한국이 어머니가 경험한 한국과 인도네시아의 문화적 차이는 극심하였다. 인도네시아는 한국보다 훨씬 자유로운 생활양식과 문화규범을 가지고 있다. 반면 한국은 인도네시아에 비해 문화적, 언어적 격식이 엄격하다. 사람들에 대한 호칭이 복잡하고, 나이에 따른 존칭어가 매우 복잡하였다. 따라서 한국이와 어머니는 한국어를 배우기가 쉽지 않았다. 이와 같은 양국의 문화적, 언어적 충돌은 한국이가 언어를 배우는 데 어려움으로 작용하였고, 고부갈등의 원인이 되었다. 또한 한국이의 교육문화는 인도네시아와 큰 차이가 있었다.

제일로 중요한 게 문화죠. 문화. 우리 문화(인도네시아의 문화)는 자유라고 할 수 있죠. 한국은 조금, 한국은 그게 뭐지, 호칭도 마찬가지. 나이도 높임말……. 외국인이면 언어 못하는 거 당연하잖아요. 근데 안 받아들여요. 우리 시부모님도 (나보고) 버릇이 없다고. 가정교육 안 받아, 뭐 이런 거 많이 말을 하죠.

맞아요. 아버지가 그랬어요. 너 한국 가면 어떻게 안 힘드냐? 그 좁은 땅에서 살아남아야 되니까. 얼마나 노력해야 되는데. 그렇게 말씀하시더라구요.

저희 아버지가 역사를 참 좋아해요. 국제문화 뭐 이런 거 다 알아요. 저는 아버지 밑에서 자랐거든요. 옛날에 한국은 어떻게 살았는지, 옛날에 1950년대에 밥도 못 먹었고, 쌀밥을 못 먹어가지고 보리밥을 먹었다고 그렇게 얘기해 주더라고요. (중략) (결혼을) 반대했죠. 저희 직장 다니는 사장이, 인도네시아에서 인터내셔널, 큰 회사에요. 저희 사장 한국에서 여행 많이 했거든요. 많이 가봤거든요. 저는 사직서 써가지고 그만두겠다고 했을 때, 저희 사장이 어느 나라 사람이냐고 해서, 한국 사람이라고 하니까 다시 생각하라고, 절대 하지 말라고…… 한국 놀러왔을 때 남자 너무 하늘 같고 여자는 완전히 막 노예 같고…….

인도네시아 학생들은 한국 학생들처럼 밤 12시까지 공부하지 않아요. 영어학원을 다니면서 한국 학생들 공부하는 것 보면 놀라워요. 그렇지만 한국 학생들은 좀 이상해요. 인도네시아 학생들처럼, 학교 선생님을 그렇게 존경하지 않는 것 같아요. (학교)수업도 그렇게 중요하게 생각하는 것 같지 않아요. 수업시간에 자는 학생들도 있었어요. 인도네시아는 그렇지 않거든요. 저는 한국이가 그렇게 되지 않았으면 좋겠어요. 공부도 중요하지만 학교 선생님을 존경하고 수업을 열심히 듣는 것은 중요하다고 생각해요. 저는 한국이를 한국 학생답게 키우고 싶지만 이건 아니라고 생각해요. 내 아버지가 그런 것처럼 국제적인 아이로 키우고 싶어요. 그래서 어렸을 때부터 영어와 중국어를 모두 가르치고 있어요. 한국이가 자라서 어떻게 살지는 모르지만…….

한국이와 어머니는 한국으로 귀국한 후(2002년, 4세)에 가장 먼저 한국어를 배워야만 했다. 그들은 한국어를 주로 아버지(남편)를 통해서 배우거나 스스로 익혔다. 그러나 이러한 학습과정은 너무 지루하고 힘겨웠다. 아버지는 어머니처럼 항상 집에 계시지 않았기에 아버지를 통해 한국어를 익히는 데 한계가 있었다.

유아들은 대부분 자신과 가장 많이 상호작용을 하는 중요한 사람들을 통해 언어를 익힌다. 우리나라의 경우 가정의 어머니가 그 역할을 한다. 그러나 당시 한국이 어머니는 한국이보다 더 한국어를 몰랐다. 어머니의 낮은 한국어 실력과 아버지의 잦은 출타는 한국이에게 언어적 지체를 가져왔다.

그렇다고 한국이 어머니가 무책임하게 아들의 언어교육을 방치한 것은 아니었다. 한국이 어머니는 집에서 혼자 한국어 공부를 하면서도 사람들과 대화를 통해 자신감 있게 말하려고 노력하였다. 어머니는 집안에 들어 앉아 폐쇄적인 생활을 하기보다는 일부러 적극적으로 마을 사람들을 만나 언어적 능력을 키웠다. 그러나 한국이 어머니의 피나는 노력에도 불구하고 유아기 (4세부터 5세까지) 때의 한국이 국어 실력은 그다지 나아지지 않았다.

초등학생 한국이의 하루

한국이의 하루 일과는 보통의 초등학생들과 별반 다를 게 없다. 한국이는 동생과 함께 아침밥을 먹은 후 동생 혜은이와 함께 등대초등학교로 향한다. 학교가 조금 멀긴 하지만 걸어서 등교해야 한다. 마을의 다른 아이들처럼 학원을 다니지 않기 때문이다. 학원 차량을 타고 등교하는 친구들이 가끔 부러울 때도 있지만, 이제 습관이 되어서 그렇게 힘들진 않다.

학교에 도착하면 아침 자습을 하고, 1교시 수업 준비를 한다. 선생님과의 교실 수업은 대체로 재미있지만, 친구들과 축구를 할 수 있는 쉬는 시간이 더 신난다. 한국이는 쉬는 시간이 쏜살처럼 끝나버리는 것이 아쉽기만 하다.

학교 급식소에서 맛있는 점심을 먹고 나면 오후 수업을 받는다. 하지만 오후 수업은 집중이 잘 되지 않는다. 식곤증이 밀려오고 몸도 피곤하기 때문이다. 오후 3시가 되면 교실 수업이 끝난다. 한국이는 청소를 하는 둥 마는 둥 끝내고 곧바로 방과후학교에서 보충학습을 한다. 한국이는 등대초등학교의 기초학습부진학생도, 교과부진학생도 아니다. 하지만 학원을 다니지 않기 때문에 작년부터 학교에 남아서 공부를 한다. 집으로 일찍 가봐야 마냥 놀기 때문이다. 오후 4시가 되면 방과후학교를 마친 마을 친구들과 함께 걸어서 집으로 온다.

대부분의 경우, 집에는 동생 혜은이 말고는 아무도 없다. 아버지는 돈을 벌기 위해 지난주에 울산으로 갔다. 울산에 새로운 일자리가 생긴 모양이지만 곧 집으로 돌아올지도 모른다. 막노동을 하기 때문에 그곳에서 오랫동안 일하기가 힘들기 때문이다. 어머니는 사설학원의 영어강사여서, 저녁 6시가 될 때까지 2시간 동안 자유 시간을 만끽할 수 있다.

어머니는 한국이에게 집에서 책도 읽고 숙제를 하라고 하지만 한국이는 재미가 없다. 그래서 동네 친구들과 함께 마을 주변에서 놀면서 오후 시간을 보낸다. 바깥 놀이가 재미없으면 친구

집에 가서 컴퓨터 게임을 하거나 TV를 시청한다. 친구들 집에는 재미있는 게임이 많다. 특히 '닌텐도 위'는 정말 재미있다. 한국이는 요 며칠 어머니에게 게임기를 사 달라고 졸랐지만 어머니는 끝내 사 주지 않았다. 게임에 빠지면 문제가 되기 때문이다.

어머니가 집에 돌아올 때가 되면 한국이는 집으로 향한다. 어머니가 오기 전까지 알림장을 확인하고, 숙제와 다음 날 준비물을 직접 챙겨야 하기 때문이다. 어머니가 귀가하여 저녁식사 준비가 끝날 때까지 한국이는 동생과 함께 숙제를 하거나 책을 읽는다. 김치만 빼면, 어머니가 해 주는 저녁밥은 정말로 맛있다. 어머니는 종종 식사 중에 학교에서 생긴 일을 한국이에게 물어보지만, 별로 특별한 일이 없어서 그냥 얼버무린다. 저녁을 먹고 나면 다시 즐거운 자유시간이다.

계속 텔레비전을 보고 싶지만 어머니의 잔소리가 시작되면 잠자리로 가야 한다. 그런데 오늘은 좀처럼 잠이 오지 않는다. 한국이는 방에 누워서 자신과 아버지의 관계에 대해 고민해 본다. 인도네시아의 외갓집과 부산의 친가 그리고 우리 집을 생각해 본다. 그러나 어느새 잠이 밀려온다.

한국이는 어머니를 무척 좋아했지만 아버지에 대해서는 복잡한 생각을 가지고 있었다. 아버지는 오래전에 실직하여 고정적인 수입이 없었다. 그래서 아버지는 마을 근처에 용역이 필요하거나 큰 공사가 생기면 임시직으로 일을 하였다. 아버지는 집에 없을 때가 더 많았지만 아버지가 집에 계신다고 해서 마냥 즐거운 것은 아니었다. 오히려 아버지가 집에 계시면 불안할 때가 더 많았다. 아버지는 한국이에게 가끔 칭찬을 하기도 하였지만, 대부분 공부만 강요했기 때문이다.

한국이 아버지는 한국이에 대한 기대가 크다. 아버지는 학창시절 공부를 그럭저럭 잘했다고 한다. 그래서 한국이가 반에서 당연히 1등을 했으면 하고 기대를 한다. 아버지의 입장에서 볼 때, 면 지역의 작은 초등학교에서 1등은 당연한 것이었다. 간혹 아버지는 직접 문제를 내주기도 하였는데 한국이에게는 그 순간이 가장 긴장되었다. 왜냐하면 쉬운 문제를 틀리기라도 하면 파리채나 주먹으로 혼이 나기 때문이다.

아빠는 그... 아빠가요. 근처에 있으면요 불안해요. 웬 줄 아세요? 아빠가요. 이때까지 공부를 잘 해왔으니까는 뭐 가끔씩요. 아빠가 어려운 문제를 풀었다 하면은 가끔씩 칭찬은 해주는데, 틀리면 어떻게 혼나는지 아세요? 완전히 폭력적으로 막 파리채 들고 어쩔 때는 주먹 가지고 밀치고, 너무 심하게 때려요. 2학년 때 문제를 아직 배우지도 않은 걸 풀라고 하거든요. 설명도 안 해주고. "이거 풀어라! 풀어라." 그럼 저는 설명도 안 듣고 바로 풀어요. 갑자기 놀라 가지고 이거 어떻게 풀지 그러면 엄마가요 "힌트 좀 줘도 되겠지." 해서 힌트 좀 줘도 되냐고 하니까 아빠가 겨우겨우 허락했거든요. 힌트 줘 가지고 거의 다 맞았어요. 지금은 뭐… 아빠가 술만 안 먹으면…… 밤에 술이 없으면 저보고 사오라고 시켜요. 가게가 (마을에서) 먼데도……

한국이는 어머니와 아버지의 사이가 그다지 좋지 않다고 본다. 물론 주말이 되면 두 분이 사이좋게 책을 볼 때도 있긴 하다. 하지만 대부분의 경우 부모님은 잉꼬부부처럼 보이지 않는다. 예를 들면, 어머니는 교회를 열심히 다니면서 신앙생활을 한다. 인도네시아의 외할아버지와 외할머니가 독실한 기독교인이기 때문에 어머니의 신앙심은 남다르다. 하지만 아버지는 아내 등쌀에 억지로 교회를 다닌다. 그나마 요즘은 교회에 잘 가지도 않는다. 그래서 부모님은 경제적인 이유뿐만 아니라 종교적 문제로 가끔 다툰다. 그렇지만 한국이는 특별히 불행한 가정이라고 생각하지도 않는다. 한국이는 두 사람의 다툼이 그다지 심각하다고 생각하지 않기 때문이다.

한국이는 가끔 인도네시아에 살고 있는 외할머니와 친척들이 보고 싶다. 유아기를 그곳에서 보낸 탓도 있지만, 방학에 인도네시아에서 보낸 경험이 인상적이었기 때문이다. 비록 짧기는 하였지만, 인도네시아에서 그들과 함께한 시간이 너무나 행복하였다. 그곳은 한국에서의 삶과 달리 돈 걱정 없이 서로 사이좋게 살 수 있었다. 집 앞에는 잔디밭과 수영장이 있고, 가정부와 운전기사가 따로 있을 정도의 저택이다.

하지만 한국의 친척들은 경제적으로 힘들어서 만나도 그다지 행복하지 않다. 특히 부산에 살고 있는 할아버지 댁에 갈 때마다

가난한 집이 어떤 곳인가를 실감한다. 그래서 한국이는 어른이 되면, 꼭 인도네시아가 아니더라도 외국에 가서 살고 싶어한다. 아무리 생각해도 한국에서 부자가 되기는 힘들기 때문이다.

거기(인도네시아) 가면 외삼촌이 돈을 잘 버니까 가족끼리 거의 다 모여 살거든요. 작은 이모도 살고, 작은 삼촌도 살고, 큰 삼촌 도 살고, 가끔씩 놀러도 오고, 자카르타 사는 사람들도 놀러도 오고……. 다음에 저는 어른 되면 다시 이사를 해야 할 거 같아 요. 인도네시아로 갈 줄은 모르겠는데……. 아버지도 인도네시 아 가고 싶고. 인도네시아에서 한국 돈을 바꾸면 십만 원이니까 는 더 살기 편해요. 그래가지고 아빠도 가고 싶어 해요. 아빠는 지금 돈 때문에 갈려고 하고, 엄마는 경제보다도 가족들 보고 싶 고…….

한국이의 유치원과 학교생활

한국이는 2004년 여섯 살 때부터 유치원에 다녔다. 그러나 유 치원에 적응하기가 쉽지 않았다. 유치원 친구들은 한국이와 잘 어울리지 않았는데 그것은 한국이가 한국어를 잘하지 못하기 때 문이다. 유치원의 또래친구들은 한국이의 어눌한 말을 듣고서 한국이를 자신들보다 못한 아이로 여겼고, 친구들이 자신을 바 보쯤으로 여기는 모습을 볼 때마다 한국이는 너무나 분하고 화가 났다. 한국이는 친구들의 생각처럼 결코 바보가 아니지만 아이들과 이야기를 할 수 없으니 어찌할 방법이 없었다.

유치원에서의 고통이 더해 갈수록 한국이는 한국어를 잘하고 싶어졌다. 그러나 한국이에게는 한국어를 제대로 가르쳐 줄 사람이 없었다. 아버지는 집에 잘 계시지 않았고 어머니는 한국이처럼 한국어를 잘 몰랐다. 한국이는 외국인인 어머니가 원망스러웠고 외국 여자와 결혼한 아버지가 싫어졌다.

그러나 한국이는 좌절하지 않고 급기야 어머니에게 한국어를 더 많이 배우라고 부탁하였다. 어머니가 지금처럼 중국어를 사용하면 자신이 유치원에서 왕따를 당한다고 말하였다. 그러나 어머니는 아들을 도와줄 수 있는 뾰족한 방법이 없었다. 자신이 아들보다 한국어를 더 못하기 때문이다. 다음 글은 한국이 어머니의 이러한 마음을 잘 표현하고 있다.

한 번씩 한국이가 물어보잖아요. "엄마 이거 무슨 뜻이야?" "나도 잘 몰라." 그러죠. 설명이나 이런 것도 힘들고. 그 담에 역사 쪽에 이렇잖아요. 한국의 역사 모르잖아요. 좀만 대충, 옛날에 어떻게, 어떻게 이런 거는 알죠. 근데 깊이 들어가면 잘 모르잖아요. 자세하게 한국 어떻게, 어떻게 이런 거 잘 모르거든요. 그런 쪽으로 도와주지 못하잖아요. 저는 항상 이래 얘기하거든요. 너는 엄마가 외국인이라서 엄마는 많이 못 도와준다. 항상 얘기해 주거든요. 독립성이 많이 키워지게.

다행히도 한국이는 영어를 어느 정도 말할 수 있어서 유치원 선생님들과는 이야기를 나눌 수 있었다. 유치원 선생님들은 서툰 한국이의 영어를 듣고 아이의 말과 행동을 어느 정도 이해하였던 것이다. 하지만 유치원 친구들은 안타깝게도 한국이의 말을 잘 알아듣지 못하였다. 그래서 한국이는 아이들과 언어적 소통이 되지 않는 이유로 따돌림을 당하며 또래들의 근처에도 갈 수 없었다. 한국이가 갈 수 없다기보다는 한국이 친구들이 근처에 한국이가 다가오는 것을 싫어하였다. 설상가상으로 한국이는 유치원 또래들과 간혹 싸움을 하기도 하였다. 말이 통하지 않으니 오해가 생기고, 자신을 따돌리는 친구들의 말과 행동이 미웠기 때문이다. 친구들과의 다툼이 격해지는 날이면 급기야 참지 못한 어머니가 유치원으로 찾아오기도 하였다. 그러나 어머니의 유치원 방문에도 불구하고 한국이의 유치원 생활은 크게 변화되지 않았다. 다음의 한국이 이야기는 이러한 정황을 묘사하고 있다.

중국어로, 그 유치원 때는 아예, 아예 중국어로 했고요. 아예, 아예 중국어랑 영어로 해가지고 그 선생님들은 전부 다 영어로 알아들었거든요. 영어는 그래도 좀 많이 알아가지고 영어로 알아들었거든요. 그담에, 그담에 그다음부터는 초등학교 들어오고 나서는 한국말과 중국어를 섞어서 했어요. 섞어가지고 어쩔 때는 뭐, "안녕하십니까?"를 뭐, "니 안녕하십니까?" 이렇게. 유치원 때는 거의 애들 따돌림 받고 살았어요. 한국말을 못하니까는

(나를 보고) 같은 애들이 아니라고 놀렸어요. 근데 선생님이 '같이 놀아라.' 해서 같이 놀았거든요. 그래서 노니까는 한번은 성훈이가 잡아줘서 일어났거든요. 두 번째로 애들이 밀쳤어요. 그때 넘어져가지고 머리에 혹 나가지고 그래가지고 애들이랑 안 놀고. 그래가지고 애들이 바깥놀이 가면 저 혼자 티비를 보고, 애들이 티비를 보면 저는 밖에서 놀고.

다행히도 단 두 명의 친구 수정이와 훈성이는 한국이를 따돌리지 않았다. 한국이는 소중한 두 친구의 도움으로 그나마 유치원 생활을 할 수 있었다. 이 두 친구는 보통 아이들과는 달랐다. 그 친구들은 어눌한 한국이의 말을 이해하려고 애썼으며, 친구나 선생님의 말을 제대로 알아듣지 못하는 한국이에게 많은 도움을 주었다. 이 친구들은 한국이에게 유치원 선생님들만큼이나 중요한 존재였다. 다음 글을 보자.

곽수정이란 친구는 진짜 안 피했어요. 수정이는 저를 도와줬어요. 그때 제가 한번 운 적이 있었거든요. 친구한테 맞아가지고. 원장선생님이 없었을 때 우연히 유치원 놀이터에서 놀고 있었거든요. 이 둘 이랑만 친해가지고. 다른 애들은 전부 다 저를 싫어했거든요.

숙제 해결은 거의……. 저한테 숙제를 안 내줬어요. 거의 '애들은 하는데 나는 같이 할 수 없고' 그런 생각 자주 했어요. 어렸을

때, 제가 6살 때 제일 원망했어요. 엄마를요. 왜 우리 엄마는 외
국인이고, 아빠는 한국인인데 다문화가정이 뭐가 중요하다고….
'우리 엄마도 한국인이었으면 좋겠다.' 그런 생각을 아주 많이
했어요.

유치원을 무사히 졸업한 한국이는 2006년 3월 2일 마을의 등대
초등학교에 입학하게 되었다. 그러나 한국이는 유치원만큼이나
초등학교에서의 생활이 쉽지 않았다. 초등학교 1학년이 되었음에
도 불구하고 여전히 한국어 실력이 나아지지 않았기 때문이다. 하
지만 초등학교 1학년 때는 유치원에서 친하게 지낸 훈성이, 수정
이와 같은 반이 되어 다행이었다. 이 두 친구들은 유치원 때와 마
찬가지로 한국이를 도와주었지만 다른 친구들과는 여전히 친하게
지낼 수 없었다. 친구들은 한국말을 못하고, 어머니가 외국인이라
는 이유로 한국이를 친한 친구로 받아주지 않았다. 한국이가 걱정
했던 것처럼, 유치원과 초등학교 1학년 생활은 큰 차이가 없었다.

그러나 3학년이 되면서 상황이 달라지기 시작했다. 한국이는
3학년 담임선생님의 격려를 받고 한글을 익히기 시작하였던 것
이다. 선생님은 한국이가 지금은 한국어를 잘 못하지만 열심히
노력하면 보통 아이들보다 더 훌륭한 사람이 될 수 있다고 말씀
해 주신 것이다. 신기하게도 한국어 실력이 늘어갈수록 학교와
교실에서의 생활에 자신감이 생기기 시작했다. 그리고 한국어
실력이 늘어날수록 새로운 친구들이 생겨나기 시작하였다. 이제

두 친구뿐만 아니라 새로운 친구들이 생겨서 한국이는 교실에서 더 이상 외롭지 않았다.

마침내 한국이는 4학년이 되면서 한국어에 자신감을 갖게 되었고 더 많은 친구들과 사귈 수 있었다. 교실 친구들이 예전처럼 그를 놀리지 않는 것은 아니었지만 한국이는 유치원이나 초등학교 1, 2학년 때처럼 마냥 당하지 않았다. 한국이는 놀리는 친구들에게 적극적으로 대응하여 점차 심리적 안정감을 얻을 수 있었다. 다음 장면은 그의 이러한 적응전략을 잘 표현해 주고 있다.

우연히 민준이를 부안동 축구장에서 만났거든요. 그러니까는 (민준이가) 애들보고 귓속말로 제가 예전에 많이 울었으니까는, 저보고 찌질이라고 놀렸거든요.

그래가지고 제가요. "(민준이의 말) 니, 찌질이 아닌 증거 있음 내랑 싸움 붙자." 이래가지고 싸움을 붙자니까 (한국이의 생각). "더 이상은 참을 수가 없다." 이래가지고 축구공을 잡아가지고 (민준이가) 내 얼굴로 (공을) 찼어요. 그래가지고 제가 화나가지고. "더 이상은 못 참겠다." "니, 니랑은 더 이상 친구가 아니고 원수다!"이라니까는 애들도 맞는 말 인 거 같아가지고. 다 애들이 민준이를 싫어했거든요. 그래가지고 지금도 여전히 (아이들이 민준이를) 싫어하고 있어요. 같은 초등학곤데…….

그래가지고 2학년 때부터 한글 조금씩 떼 가지고 애들이랑 잘 말해가지고 그다음부터 그랬는데 근데 끝까지 안 친했던 애들도 있어요. 하지만 지금 그런 애들은 없어요. 3학년 때 그때 겨우거우 친해졌어요.

4학년 때는 거의 친구들이 한국어 다 할 줄 알았는데 외국인이고 엄마 이름도 다섯 글자고 웃기고 막 그거해가지고 막 가끔씩 이름을 "돼지 팽 미나"라고 하고, 막 그거 놀리니까는 저도 자기 엄마 이름을 몇 개나 알거든요. 몇 사람 이름을 알거든요. 그 사람 이름들 놀리니까, 그 애가 자기 엄마, 만약에 변자로 시작하잖아요. 그러면 니 엄마는 변기통 이렇게…… 그러니까는 바로 자기도 화나가지고 남자 여자들 다 싸가지고 왕따시키려고 했거든요. 근데 옛날에 제가 외국 친구들이 엄청 많거든요. 한 천 명이 기본으로 넘어요. 인도네시아하고 일본, 싱가포르, 말레이시아…… 친구가 엄청 많아요. 공항에서 만난 미국 친구 5명, 그 담에 멕시코 6명, 프랑스 50명, 엄마가 잠깐 쇼핑하러 갔다 온다고 놀이방에 맡겼는데, 그 애들 다 사귀었어요. 그러니까 제가 이런 무서운 말 한마디 했는데, 애들이 "더 이상 왕따 안 시키겠다." 이랬어요. 무슨 말인 줄 아세요? 내가 그 친구들 불러서 "니 지구에서 왕따 시켜 버린다." 이랬어요. 그런 무서운 말을 하니까 애들 다 겁나가지고 "더 이상 왕따 안 시킬게." 이랬어요.

초등학교 담임선생님들의 역할과 개입은 한국이의 학교와 교실 적응에 큰 도움이 되었다. 한국이는 도움을 준 선생님들과 장면들을 생생하게 기억하고 있었다. 앞서 이야기한 바와 같이 3학년 담임선생님의 따뜻한 말 한 마디는 한국이가 한글공부를 열심히 하게 된 계기가 되었다. 그리고 4학년 담임선생님의 관심과 배려는 초등학교의 주류 학생으로서 자아 정체감을 형성하는 데 큰 도움이 되었다.

그 쌤이 와가지고 제가 영어를 하니까는 제가 말을 이상하게 하니까는 외국인인지 바로 눈치 채고, "아, 너는 인제 외국인이니 애들보다, 지금은 이렇지만 애들이랑 잘 대화할 거다." 그러니까는 그 다음부터 한국어를 배우기 시작한 거예요. 아빠한테 처음에 한국어 가르쳐달란 말 안 했는데.

가장 즐거울 때는요. 강나미 선생님(4학년 때의 담임) 있을 때 가장 즐거웠어요. 강나미 선생님이요. 남의 마음을 잘 이해할 줄 알았거든요. 제가 어떤 사정이 있는지, 그때도 제가 어떻게 울었는지 다 알고. 제가 우연히 우리 선생님 찾다가 강나미 선생님을 만났거든요. 만나니까는 절 바로 외국인인 걸 눈치 챘어요. "이미 알고 있다." "선생님 누구세요?" 이러니까는 "나, 영재교육 그거 담임"이라고 했거든요. "영재교육이 뭐에요?" "아, 공부 잘하는 애들이 오는 곳인데 다음에 너도 크면 도전해볼래?" 이랬는데요. 그때 저도 도전하려고 했거든요. SS통합반이요. 도전하려고 했는데 갑자기 엄마가 일이 생겨가지고 빨리 온다고 그래서 그때 못했어요. 신청은 했는데……

한국이의 4학년 담임선생님은 40대 중반의 중년 여성으로서 후덕한 인품을 지녔다. 그러나 담임선생님은 한국이 어머니의 국적을 잘 모르고 있다가 다문화교육 관련 공문을 뒤지고 나서야 정확히 알게 되었다.

한국이 어머니가 인도네시아인가? 인도네시아가 아니라 다른 나라 같은데? 공문을 한 번 찾아봐야겠어요. (몇 분 후) 어, 인도네시아 맞네. 인도네시아 사람 맞습니다.

독자들은 아마도 그 이유를 알 것이다. 담임선생님이 한국이 어머니의 국적을 제대로 알지 못한 이유는 어머니가 화교이기 때문이다. 나중에 확인한 사실이지만, 다른 두 개 학교의 담임선생님들도 다문화가정 학생 어머니의 국적을 정확하게 알지 못했다. 담임선생님들의 이러한 가정환경 파악이 깊이 있는 학생지도에 큰 문제점을 야기할 수도 있었다. 또한 담임선생님의 입장에서 본다면, 다문화가정 학생의 어머니 국적은 실제적으로 그다지 중요하지 않은 일반적인 사실일 수도 있다. 이는 마치 담임선생님이 일반 한국 학생 어머니의 고향을 아는 것과 유사한 일로도 볼 수 있다. 다음 내러티브는 이러한 정황을 잘 표현해 준다.

아까도 말씀드렸다시피, 뭐 특별하게 외형적인 문제나 다른 문제가 있지는 않고요. 우리 한국이가 그냥 보통 일반 아이들이 가지는 성격적인 부분을 고민해야 되지, 엄마가 외국인이라서 고민을 해야 한다든지 이런 거는 애들하고 안 지 한 4년 되니까 개의치 않는 것이 많았어요. 수업을 하다 보면, 의외로 그 부분을 한국이가 장점으로 내세우는 부분도 있어요.

2009학년도 2학기 기말학력평가 결과표

등대초등학교 4학년 1반

번호	이름	과목								
		국어	도덕	사회	수학	과학	체육	음악	미술	영어
3	오한국	90	90	100	95	95	80	80	90	95
학급평균		84.25	83.00	81.50	85.80	88.00	75.75	60.50	87.50	78.00

가정 통신문	학부모님! 안녕하십니까? 2009년 11월 30일에 실시한 2학기말 학력평가의 결과를 위와 같이 통지하오니 자녀의 학업에 참고하시기 바랍니다. 잘한 점이 있다면 많이 칭찬해 주시고, 부족한 점이 있다면 따뜻한 격려 부탁드립니다. 한 해 동안 열심히 가르치고 배웠습니다. 한국이가 자란 모습을 직접 느끼고 계실 것으로 생각됩니다. 조금은 지나치다 싶을 만큼 승부욕이 강합니다. 결과를 잘 분석해 보시고 즐겁게 공부하는 방법을 알도록 겨울 방학을 통해 보충 지도해 주십시오.

등대초등학교에서는 학생 성적을 상대평가로 매겨 석차를 나타내는 대신 절대점수를 그래프로 표시하였다. 성적을 확인한 결과, 한국이는 작년 2학기 중간고사에서 학급 1등을 하였다. 하

지만 담임선생님은 한국이를 공부를 가장 잘 하는 아이로는 보지 않았고, 반에서 5등 안에 드는 학생으로 간주하였다. 시내 아이들의 학력수준과 비교하면 성취도가 85~90점의 성적에 해당하기 때문이다.

한국이는 이전 2학기 중간고사에서 1등을 했었어요. 그 뒤에도 조금 반짝이긴 한데, 객관적으로 보면 우리 반 20명 중에서 상위 퍼센트에 든다고 할 수 있죠. 보통 한 4등, 3등, 5등 위아래를 차지하는데 동 지역의 아이들 성적에 비하면 85에서 90점 정도의 성취도를 가졌다고 생각해요. 한국이는 특히 사회 같은 과목에 관심이 많아요.

담임선생님은 외모(특히 피부색)를 보고서 한국이가 동남아 국가 출신 다문화가정의 학생임을 알아차리기가 힘들었다. 담임선생님은 등대초등학교에서 부임한 지 2년이 지나서야 다문화가정의 학생들이 있다는 사실을 알게 되었다. 담임선생님은 담임을 맡기 전까지 한국이가 다문화가정의 아이일 것이라고는 전혀 생각하지 못하다가 학급담임이 되면서 한국이가 다문화가정의 학생이라는 사실을 새롭게 알게 되었다.

담임선생님은 수업을 할 때 한국이를 특별히 의식하지는 않았다. 한국이는 교실에서 문제를 일으키지 않는 우수한 아이였기 때문이다. 오히려 한국이는 수업 중에 다문화가정 학생임을 강점으로 활용하였다. 한국이는 사회과 수업에서 자신이 가본 곳이나 경험을 적극적으로 이야기하면서 자신감 있게 발표하였다. 담임선생님은 수업 중에 한국이를 격려하기 위해 학생들이 다문화가정 학생에 대하여 긍정적으로 인식할 수 있도록 하였다. 이러한 담임선생님의 교수전략은 다문화가정 학생에 대하여 일반 학생들이 편견을 가지지 않게 하였다. 그리고 무엇보다 한국이 스스로가 긍정적인 자아상을 형성하는 데 중요한 역할을 하였다.

한국이가 워낙 어렸을 때 와서 제가 특히 더 못 느낀 것 같아요. 아까 말씀드린 외할머니라든가 이런 주변 환경이 자신을 다문화로 느끼게 하는 것이지, 아이 자체가 다른 아이들과 달라서 내가 다문화구나 하고 느끼는 것 같지는 않아요. 공부 면에서도, 아까 말씀드렸다시피, 사회라든가 이런 과목에서는 굉장히 자신감 있어요. 4학년 사회에 세계문화유적이 나오니까 자기가 그곳에 가 보았다는 것을 강조하고, 담임선생님도 그런 것에 대해 장점이라고 얘기하고, 또 좋은 경험을 가졌다고도 얘기해 주죠.

담임선생님의 눈에 비친 한국이는 보통 학생들과 동일한 언어능력과 국가 정체성을 가지고 있다. 따라서 담임선생님은 한국이가 실제적인 다문화가정의 학생인지 의문이 든다. 한국이가 다문화가정의 학생이기 때문에 특별한 행동과 사고방식을 보인 경우는 거의 찾아볼 수 없었다. 따라서 이주노동자 가정의 자녀와는 차별화된 관점에서 연구하는 것이 바람직하다고 보았다.

아까 말씀드렸다시피, 범위를 설정하는 문제일 거예요. 다문화 연구 범위에 있는 아이들에 대해 한국에 거주한 연한이 몇 년이라든지 이렇게 범위를 주면 분명히 차이가 있거든요. TV에 나오는 것처럼, 말도 사실은 안 되고, 그러니 국어 습득이 안 되는 아이들은 문제지요. 하지만 아이들(한국이과 혜은)은 한국 애들과 거의 차이가 없고 놀이 문화라든가 그런 것이 여기에서부터 출발했기 때문에 이질감이 있으면 안 되죠. 이질감이 있으면 그것은 개인의 학습능력이나 차이 때문이지 문화에서 오는 것은 아니고요. 그 대신 엄마의 말을 들어보면 아직까지 억양이라든가, 이쪽 사람이 아니구나 하는 감은 확실히 느껴지죠. 한국이 성격이 급해서이기도 하지만 정확한 단어를 빨리 구사하기가 어려워요. 책을 많이 읽는데도 단어를 찾는 데 조금 고민을 하는 부분이 있어요. 그것이 다문화가정 때문이라고 단정을 하기는 어려운데, 집에서 엄마가 단어를 고민하여 이야기하는 부분이 있으니까 그런 영향이 좀 있지 않을까 하고 개인적으로 생각하는 거죠. 어머니가 학교에 와서 면담하고 얘기하시는 걸 보면 확실히 (발음이) 잘 안 되세요.

한국이 담임선생님은 지난 학기에 학생심리검사를 하였다. 검사 결과, 한국이는 질투심과 투쟁심이 강하게 나타났다. 특히 한국이는 특정 목표에 대하여 집착하는 성향을 보였다. 담임선생님은 어머니의 영향을 받아 이러한 성격이 형성되었을 것이라고 생각하였으며, 한국이의 이러한 성격 때문에 때로는 답답하고 피곤할 때가 있었다. 또한 담임선생님은 한국이의 또래 간 다툼이 다문화가정의 자녀보다는 이러한 개인적 성향과 심리적 특성에서 비롯된다고 보았다.

한국이 어머니는 외국인임에도 불구하고 학교 행사활동(녹색어머니회, 학부모 초청 공개수업)에 적극적으로 참여하였다. 그리고 단위학교나 지역교육청 그리고 지방자치단체에서 제공하는 다문화교육 정책과 프로그램을 적극적으로 활용하였다. 한국이 어머니는 담임선생님도 잘 알지 못하는 다문화교육의 혜택을 활용하려고 노력하였다. 자신이 외국인이니까 더욱 열심히 아들을 돌봐 주어야 한다고 생각하였다.

가령 방과후학교의 경우, 접수가 이미 마감되었는데도 불구하고 담임선생님과 30분 동안이나 말씨름을 했다. 담임선생님의 눈에 비친 한국이 어머니는 아들이 학교에서 소외당하지 않을까 늘 불안해하였다.

공부 잘하는 애들 중에도 원해서 남는 애들이 있었어요. 그래서 부모님에게 동의서를 보내고 한 일주일 이상 동의서를 받았어요. 하지만 한국이에게는 얘기를 안 했어요. 캠프를 하고 있는데 갑자기 전화가 와서 30분 가까이 씨름했어요. "정말 죄송합니다. 캠프 기간에는 간식이라든지 이런 문제들이 있어서 정원 수, 신청서를 받은 그 수 외에는 참여할 수가 없습니다. 정말 죄송하니다."라고 얘기할 정도로. 이처럼 어머니가 안내장, 과제 이런 거 잘 챙겨 보세요. 한국이에 대한 어머니의 배려인 거 같아요. 내가 이러니까, 내가 이래서 우리 애가 그렇게 될지 모르겠다. 그래서 항상 챙겨 보시는 거 같아요.

한국이 어머니가 아들에게 강력한 교육적 지원을 할 수 있었던 이유는 어머니의 학력과 교육열이었다. 한국이 어머니는 외국으로 유학을 갈 정도로 학습 면에서 대단한 열정과 관심을 가졌기에 자녀교육에 높은 관심을 나타낼 수 있었던 것이다.

담임선생님은 같은 반의 아이들이 한국이 어머니가 외국인이라는 것을 알고 있다고 말하였다. 한국이 어머니가 자주 학교와 교실을 방문하니까 교실의 아이들이 알 수밖에 없다는 것이다. 그러나 한국이는 어머니의 잦은 방문에 특별히 스트레스를 받지는 않았다.

한국이는 5학년이 되면서 한국 아이들의 따돌림에서 완전히 벗어났다. 유치원에 입학하여 6년이 흐른 후 지금 한국이는 오히려 학교와 교실에서 소외를 당하는 한국의 일반 친구들에게 연민의 정을 느낀다. 입장이 뒤바뀐 것이다.

한국이는 학급의 여러 친구들이 학교와 교실에서 소외를 당하는 사례를 이야기하였다. 이제 한국이는 그 친구들을 도와주고 싶어한다. 왜냐하면 그들을 볼 때마다 과거 소외되던 자신의 모습이 떠오르기 때문이다. 비로소 한국이는 학교와 교실에서 완전한 주류 구성원으로 자리를 잡은 것이다. 뿐만 아니라 한국이는 자신의 경험을 바탕으로 소외된 사람들의 고충과 아픔도 이해할 수 있는 사람이 되었다.

어떤 애는요. 저처럼 놀림 받는 애가 두 명이 있거든요. 자기 집 형편이 너무 어려워가지고 가게도 잘 안 되고. 그래가지고 너무 어려워가지고 옷 이런 것도 자주 안 갈아입고 여러 번 입고. 할머니 혼자하고 자기 오빠하고 있으니까는. 제가 집에 한번 가봤는데 어떻게 되어 있는 줄 알아요? 앞에 조그마한 가게, 여기 조그마한 집, 샤워하는 데 있기는 있는데요. 냄새 나고 그래요. 자주 빨래도 할 수가 없고. 날씨가 안 좋을수록 냄새가 더 나고.

또 하나는요. 김종렬인데요. 그렇게 왕따는 아닌데, 그 애는 여자애들한테도 말 걸어본 적 없어요 웬 줄 아세요? 종우가요, 목도리를 하면요, 직접 짠 거라서 실도 낡은 거고, 엄마가 그런 거 신경을 잘 안 써가지고. 옷도 뭐 계피 속에 들어간 옷 같고, 애들이 종렬이랑 아무도 안 놀고. 또 더 불쌍한 애들은요, 강호는요. 형들한테 자기 형들한테, 자기 형한테 자주 맞아요. 자기 형이 좀 컴퓨터 중독자거든요. 동생 차례일 때 엄마 없으면 비키라고 밀쳐요.

유치원과 초등학교에서 좋은 친구들과 선생님들을 만난 것은 참 다행이라고 생각해요. 훈성이와 수정이가 없었다면, 4학년 선생

님을 만나지 못했다면……. 저는 이 다음에 꼭 훈성이나 수정이
처럼 남을 도와주는 사람이 되고 싶어요. 친구들하고 선생님께
도움을 받았으니까요. 그리고 열심히 공부해서 세계 곳곳을 누
비고 싶어요. 그래서 중국어와 영어를 더 열심히 공부할 거예요.

한국이는 유치원부터 초등학교 5학년에 이르기까지 한국의
일반 학생들이 경험할 수 없는 독특한 체험을 하였다. 어머니가
외국인이라는 사실 때문에 언어적 지체를 경험했고, 친구들과
선생님들의 도움으로 학교와 교실의 주류 구성원으로 자리 잡을
수 있었다. 이 과정에서 한국이는 자신만의 독특한 자아 정체감
을 형성하였으며, 이러한 교육적 성장과정과 경험은 소외된 사
람들의 마음과 입장을 이해할 수 있게 해 주었다.

한국이는 거의 모든 과목에 자신감이 있었지만 유독 국어 과
목만큼은 자신감이 없었다. 한국이가 다문화가정의 학생이기 때
문에 국어를 부담스럽게 생각하는 것은 당연한 것이었다. 한국
이가 국어를 부담스러워하는 것은 모르는 단어가 교과서에 자주
등장하기 때문이다. 한국이는 선생님의 말씀이나 교과서에 등장
하는 순우리말의 의미를 알 수 없었다. 이것은 국어 과목에서 저
조한 성적을 내는 우리나라의 일반 학생들과 동일하다. 그러나
그 원인을 인지능력의 부족이나 독서부족으로 돌릴 수 없는 것
은 분명하다.

한국이는 국어 과목에 비하여 사회 과목에 한자들이 많아서

오히려 이해하기가 쉬웠다. 외할아버지와 외할머니 그리고 어머니가 화교여서 한자는 비교적 친숙한 언어이기 때문이다. 한국이는 사회 교과서에 나오는 한자어들의 의미를 어느 정도 유추할 수 있었다. 또한 사회 교과서에는 자신이 어렸을 적에 경험한 세계 여러 나라의 문화가 수록되어 있기 때문에 내용이 흥미로웠다. 다음 내러티브와 표는 이러한 한국이의 경험을 잘 표현하고 있다.

2010학년도 1학기 4월말 학력평가 결과표

등대초등학교 5학년 1반

번호	이름	과목			
		국어	사회	수학	과학
3	오한국	70	95	95	75
학급평균		74.25	80.75	83.25	74.80

가정 통신문	학부모님! 안녕하십니까? 2010년 4월 30일에 실시한 월말 학력평가의 결과를 위와 같이 통지하오니 자녀의 학업에 참고하시기 바랍니다. 한국이는 국어과와 과학에서 매우 낮은 성취를 보였습니다. 이는 평소 해당 과목 수업에 있어 집중력이 낮은 수업 태도와 관련이 있습니다. 한국이는 지금의 성취보다 훌륭한 결과를 보일 수 있는 학생입니다. 본인이 자신감을 가지고 더 열심히 학업에 임할 수 있도록 가정에서도 지도해 주십시오.

국어요. 국어는 진짜 싫어요. 그거 말고, 사회는 진짜 잘 이해 가요. 사회는 쉬워요. 시험 치면 무조건 100점, 95점인데. 사회는 거의 다 말이 한자로 뜻이 되어 있잖아요. 중국어를 좀 하니까는 알아듣겠어요. 목축도 나무 목자에다가 가축 그거잖아요. 그래서 금방 알아듣고. 하지만 국어에서 뭐 '기웃거리다' 그런 것은 한자가 안 들어가잖아요. 무슨 말인지 잘 모르겠어요.

2010학년도 1학기 기말학력평가 결과표

등대초등학교 5학년 1반

번호	이름	과목									
		국어	도덕	사회	수학	과학	실과	체육	음악	미술	영어
3	오한국	86	90	88	92	92	100	90	80	100	96
학급평균		79.30	86.75	82.40	84.00	84.85	78.05	83.00	76.00	60.00	85.50

가정 통신문	학부모님! 안녕하십니까? 2010년 7월 2일에 실시한 학기말 학력평가의 결과를 위와 같이 통지하오니 자녀의 학업에 참고하시기 바랍니다. 한국이의 성적이 많이 올랐습니다. 5월말 평가에서는 국어 95점, 사회 90점, 수학 80점, 과학 58점을 받았습니다. 본인이 노력한 결과가 보이는 7월 고사였습니다. 격려 많이 해 주십시오. 학교에서도 더 열심히 가르치겠습니다.

한국이는 미술 과목을 그다지 선호하지는 않지만, 곤충 그리기는 좋아하였다. 보통의 우리나라 초등학생들처럼 체육활동을

대단히 좋아하는 편이다. 그래서 학교에서 반별 대항 축구시합이 있으면 한국이 미드필드 위치에서 경기를 한다. 축구실력이 나름 뛰어나기 때문에 반 친구들로부터 신임이 두텁다. 한국이가 체육활동에 자신이 있는 것은 몇 년 전에 태권도 학원을 다녔기 때문이다. 2년간의 수련 끝에 승단심사에 합격하여 태권도 유단자가 되었다. 그래서 운동에는 자신이 있다.

한국이는 담임선생님에게 가장 바라는 점이 운동장에서 체육수업을 자주 하는 것이다. 날씨도 좋은데 밖에서 운동장 수업을 하지 않는 것이 너무나 싫다. 그래서 한국이는 새로 바뀐 5학년 담임선생님에게 약간의 불만이 있다. 새로운 담임선생님은 학기초(2010년 3월)라 그런지 좀처럼 운동장에서 체육수업을 하지 않는다. 초등학교의 체육과 교육과정을 보면, 모든 수업을 운동장에서 해야 하는 것은 아니며 교육과정의 절반이 교실이나 체육관 혹은 체육실에서 이뤄진다. 하지만 대부분의 초등학생들은 운동장에 나가 축구나 피구를 맘껏 하고 싶어한다.

한국이는 특이하게도 음악 교과를 가장 싫어하였다. 한국이는 인도네시아에서 살 때나 유치원을 다닐 때 피아노만 잘 치면 초등학교의 음악시간이 즐거울 줄로 알았다. 그러나 초등학교의 음악시간은 의외로 지루하고 재미가 없었다. 대부분 음악시간은 책이나 웹 자료를 보고 노래 부르기였기 때문이다.

이 같은 한국이의 교과 선호도는 한국의 일반 학생들과 별반 차이가 없다. 이 말은 우리나라의 초등학생들이 대부분 음악 교과를 싫어한다는 의미가 아니다. 즉, 학생들은 자신의 소질과 적성에 따라 특정 교과를 싫어하거나 좋아한다는 것을 의미한다. 한국이는 지루한 음악시간에도 떠들거나 장난을 치지 않으려고 노력한다. 다음 내러티브는 이러한 특징을 잘 대변해 주고 있다.

음악은 진짜 싫어요. 노래 불러야 되고 뭐. 저는요. 처음에요. 음악이 피아노를 하는 건 줄 알았거든요. 그래가지고 처음에 엄마가 1년 동안 피아노를 다니게 했어요. 1년 동안 피아노 다니고 그때 제가요 건강이 안 좋아가지고 자주 아프고 그랬거든요. 안 되겠다, 이번엔 태권도. 태권도를 2년 다니고. 2년 다녔는데요. 제가 일부러 1년 다니면 바로 딸 수 있거든요. 2년 다니면 벌써 2품이어야 하는데, 근데 제가요. 일부러 안 갔어요. 아직 좀 더 많이 모르기 때문에.

거울 앞에 서 있는 한국이

앞서 본 바와 같이, 한국이는 4세 때부터 현재 5학년이 되기까지 남다른 자아 정체성을 형성하였다. 4세부터 5세까지는 어머니의 품속에서 자랐다. 그때 한국이는 외국인 어머니가 장차 자신에게 어떠한 차별적인 경험을 불러일으킬지 전혀 의식하지 못했을 것이다. 그러나 한국이는 유치원이라는 제도적 기관에 입문하고 초등학생이 되면서 정체성 혼란에 빠지고 말았다. 친구들로부터 소외당하면서 자신의 정체성을 다음과 같이 되묻게 되었다. "어머니는 왜 하필 외국인인가?" "아버지는 왜 외국인 여자와 결혼하였을까?" "나는 왜 한국어를 잘하지 못하는가?" "친구들은 한국어를 잘 못하는 나를 왜 이렇게 싫어할까?" 이러한 물음들이 계속해서 그를 괴롭혔다.

한국이는 한국의 보통 학생은 아니었다. 그렇다고 외국인 학생도 아니었다. 한국이는 일반 학생들처럼 학교생활을 하고 싶었지만 현실은 녹록하지 않았던 것이다. 자아의 구성은 자신만의 사고와 행동으로 구성될 수는 없지 않은가. 한국이는 자신을 보통의 한국 학생으로 받아들이고 싶었지만 친구들은 한국이를 그렇게 받아들이지 않았다. 자신을 비추는 거울을 변화시키기 위해서는 두 가지 노력이 필요하였다.

첫째, 한국이는 자신을 비추어 주는 수많은 거울을 모두 변화시킬 수 없었기에 자신을 더욱 한국의 보통 학생으로 만들어야 했다.

한국이를 한국의 보통 학생으로 만들어 주는 마법은 다름 아닌 한국어 숙달이었다. 한국의 유치원과 초등학교의 친구들은 한국어 능력에 따라 한국이를 차별적으로 대했다. 그래서 한국이는 한국어를 익히기 위해 노력하였다. 한글 공부는 혼자만의 힘으로 해결하기 힘들고, 오랜 시간이 걸렸다. 어머니의 헌신적인 노력과 담임선생님의 도움은 한국이가 한국어를 숙달하는 데 결정적인 역할을 하였다.

둘째, 자신이 한국의 보통 학생을 닮아 가더라도 다른 사람들의 거울이 한국이를 그렇게 비춰 주지 않았다. 그래서 한국이는 자신의 변화와 동시에 다른 사람들의 왜곡된 거울을 깨끗이 닦아야만 했다.

그러나 이 과정은 평온하지만은 않았다. 때로는 친구들과 싸우고, 아버지와 어머니를 원망하기도 하였다. 그러나 한국이의 부모는 근본적으로 문제를 해결해 줄 수 없었다. 한국이는 능숙한 한국어 능력을 통해 다른 사람들의 왜곡된 거울을 고쳐 갈 수 있었다. 유치원과 초등학교에 입문한 지 6년이 지나서야 한국이는 다른 사람들의 거울에 만족할 수 있었다.

한국이는 초등학교 5학년이 되고 나서야 긍정적인 자아상을 제대로 찾을 수 있었다. 그러나 아직도 한국의 보통 학생들이 약간은 원망스럽다. 유치원을 포함한 초등학교의 친구들은 어머니가 외국인인 그를 이상하게 보았다. 어머니가 한국인이 아니라는 이유만으로 한국이는 친구들로부터 이방인 취급을 받았던 것이다.

지금도 여전히 한국이는 친구들의 이러한 행동을 이해할 수 없다. 한국이는 자신의 의지로 외국인 어머니의 아들이 된 것이 아니다. 따라서 한국이가 다문화가정의 자녀이기 때문에 친구들로부터 차별을 받는 것은 납득되지 않는다. 한국이는 한국의 일반 아이들이 자신의 이러한 처지를 깊이 있게 헤아리지 못하는 것이 못내 아쉽다.

한국이는 다문화가정의 학생으로서 한국에서 살아가는 것이

녹록지 않음을 실감하였다. 그러나 한국이는 이제 자신을 받아
들이고 사랑할 수 있는 힘을 얻게 되었다. 그리고 유년기의 이러
한 호된 신고식은 다른 어려움에 처해 있는 친구들을 이해하고
배려할 수 있는 힘을 길러 주었다.

한국이가 볼 때, 한국의 보통 친구들은 다름에 익숙하지 않았
다. 보통 아이들에 비하여 부모가 유독 가난하거나, 살이 찐 친
구나, 옷이 더러운 친구들은 한국이처럼 학교와 교실에서 소외
되었다. 한국이는 반에서 왕따를 당하고 있는 친구들의 마음을
누구보다 잘 알 수 있었다. 한국이도 몇 년 동안 그들과 같은 경
험을 했기 때문이다.

한국이는 이제 한국의 일반 아이들과는 다르게 살아가고 싶
다. 한국이는 부모가 가난하고, 살이 찌고, 옷이 더럽고, 피부병
이 심하고, 몸에서 심한 냄새가 나는 친구라도 개의치 않고 친해
질 수 있다. 왜냐하면 그 친구들의 모습도 자신처럼 어쩔 수 없
는 상황일지 모르기 때문이다. 그래서 한국이는 학교와 교실에
서 왕따를 당하는 친구들이 있으면 그들을 도와주려고 노력한
다. 유치원과 초등학교 1학년 때의 두 친구들을 생각하면서.

한국이는 어머니와 아버지의 대화를 엿듣고 있으면 복잡한
생각이 든다. 두 분은 한국에서의 삶보다는 인도네시아에서의
삶이 더 행복하다고 말한다. 과연 그럴까?

한국이의 경험만으로 볼 때, 한국보다는 인도네시아의 삶이
더 행복하였다. 외갓집이 부자이기도 했지만, 한국보다 못 사는

나라에서 살면 한국 돈으로 부자가 될 수 있기 때문이다. 그러나 한국이는 돈 때문에 외국에서 살고 싶은 것이 아니다. 한국이는 유아기 시절과 방학 기간을 이용하여 해외를 다녀온 경험이 있다. 한국이는 세계가 엄청 넓으며 여러 사람들이 다양하게 살아가고 있음을 알고 있다. 한국이도 아버지와 어머니처럼 여러 나라의 언어를 사용할 수 있으니 꼭 한국에서 살아갈 필요가 없다. 그래서 한국이는 영어와 중국어 공부를 더 열심히 하여 외국에 나가서 살고 싶어한다.

한국이는 다문화가정의 자녀로 살아가는 것이 반드시 불행하고 불편한 것만은 아님을 깨달았다. 특히 사회수업을 할 때마다 너무 신난다. 한국이가 직접 봤거나 경험한 사실이 교과서에 그대로 나오기 때문이다. 5학년이 되고 나서부터 교실의 친구들도 한국이를 있는 모습 그대로 인정해 준다. 어머니가 인도네시아 출신의 외국인임을 교실의 친구들이 모두 알고 있지만 이제 이 사실은 친구들과의 관계에서 아무런 문제가 되지 않는다.

적응과정이 비록 힘들기는 했지만, 한국이는 누가 뭐라 해도 어엿한 한국인이다. 한국이는 완벽한 한국인임과 동시에 인도네시아어와 영어, 중국어를 어느 정도 구사할 수 있다. 비록 낮은 수준이지만 외국에 나간다면 외국인들과 어느 정도의 의사소통을 할 수 있다는 자신감도 있다. 그래서 한국이는 더 열심히 공부해서 세계의 여러 나라를 마음껏 누비는 것을 꿈꾼다.

필리핀 소녀 은주:
갈색 피부와 선크림

■■■■■■■■■■■■■■■■■■■■■■■■■■■■■■■■■

은주 어머니 다니아

다니아(Dania)는 1971년 3월 필리핀의 한 어촌 마을 민다나오(Mindanao)에서 태어나고 자랐다. 그 지역 사람들 대부분은 농업과 어업으로 생계를 이어간다. 지금도 다니아의 부모님은 그 곳에서 크지 않은 경작지에 농사를 지으며 소를 여섯 마리 기르고 있으며, 오빠와 동생들은 주로 어업에 종사하고 있다.

다니아는 아홉 남매(4남 5녀) 중 다섯째로 태어났다. 다니아는 많은 형제들 속에서 자라며 할 일을 스스로 해결하는 법을 터득하였다. 그럴 수밖에 없었던 것이 다니아의 가정은 경제적으로 넉넉하지 못한, 아니 끼니를 때우기조차 힘겨웠기 때문에 부모님은 자녀 한 명 한 명에게 세심하게 배려할 수 없었다.

다니아는 그곳에서 초등학교(우리나라의 초중학교)와 고등학교를 다녔다. 필리핀의 여느 학생들이 그렇듯이, 다니아는 고등학교를 다니면서 가정 경제에 도움이 되고자 가게 점원으로 일하곤 하였다. 다니아는 어렸을 적 자신의 꿈을 따라 간호학(Nursing)을 전공하였지만 1년 다녔을 즈음 건강이 매우 악화되어 학업을 이어갈 수 없었다. 다니아는 학업을 중단하고 부모님의 집에 머물며 동생의 자녀들을 돌보았고 건강을 어느 정도 회복하였다.

많은 결혼 이주여성들이 그렇듯 다니아도 종교를 인연으로 은주 아버지를 만났다. 다니아와 은주 아버지는 1995년 6월에 결혼했지만 결혼 전에 여러 차례 편지를 주고받으며 정을 쌓았다. 그런 후 종교 단체에서 주최한 합동결혼식을 필리핀 마닐라에서 올리고 필리핀의 가족친지들과 함께 필리핀의 전통에 따라 1박 2일간 결혼 잔치를 벌였다.

은주 아버지는 결혼식을 치르기 위해 혼자 필리핀으로 갔으며 결혼식과 피로연을 마치고 혼자 한국으로 돌아왔다. 이상하게도 다니아는 결혼을 했음에도 불구하고 남편을 따라 한국으로 오지 않았다. 그들은 결혼 후 2년 동안 편지와 전화로 서로를 확인하는 시간을 가진 후에야 한국에서 함께 살기 시작하였다.

1997년 3월 다니아는 남편을 따라 한국으로 들어왔다. 다니아는 지금까지 살아온 세계와는 완전히 다른 문화 속에 들어가서 적응해야 한다는 사실이 걱정스럽고 두렵기도 했지만 적극적인 성격과 자립심으로 이겨낼 수 있을 것이고 견뎌내야 한다고 생각하였다. 다니아는 마냥 걱정만 하고 두려워하는 것이 삶에 전혀 도움이 되지 않는다는 것을 알았기에 '이건 나의 운명이고 피할 수 없으니 견뎌내야 해. 그리고 견뎌낼 수 있어' 라고 다짐하였다.

> "한국으로 올 때 기분은 음~ 그냥 내가 한국 가야 하니까. 그냥 아무것도 이런 생각하면 무섭서 그래서 그냥 생각 안 하고 그냥 왔어요.
>
> "생각하면 무서워서요?"
>
> "예."
>
> "걱정이 많이 되어서요?"
>
> "예. 걱정, 멀리 나라 와가지고 또 부모님하고 형제간 잘 해 주는가? 그런 생각하면 걱정 많아서 안 돼요. 아무 생각 안 하고 그냥 오면…… 어떻게든 살아야지 그렇게 마음먹고 있었어요."

마닐라에서 비행기를 타고 한국에 도착한 다니아는 바로 버스를 타고 남편의 고향이자 시부모님이 살고 있으며 자신이 살아갈 경남 함양으로 향했다. 당시 시부모님은 모두 일흔을 바라보는 노인들이었다.

> "처음 시댁에 가서 시부모님을 만났을 때도 아, 내 시어머니구나! 그렇게 생각했어요."

다니아가 한국에 들어올 당시만 하더라도 그 지역에는 결혼이주 여성이 다니아 한 명뿐이었다. 남편에게는 다섯 명의 누나들과 한 명의 남동생과 한 명의 여동생이 있었다. 순서로만 따지면 여섯째지만 한국의 전통적인 가족문화로 보면 장남이다. 남편은 아내를 사랑하고 배려했지만 대부분의 경상도 남자들이 그렇듯 무뚝뚝하였다. 시부모님은 학교를 다닌 경험이 없었기 때문에 자신의 이름조차 쓸 수 없었으나 자식들과 며느리에게 따뜻한 마음을 지닌 분들이었다.

다니아의 적극적인 한국생활

다니아는 1997년 한국에 온 이후 5년 동안 함양의 시부모님과 살며 농사일을 거들었다. 한국으로 이주해 온 다니아는 가족 그리고 한국 사람들과의 의사소통을 위해 한국말을 배우는 것이 급선무라고 생각하고 적극적으로 한국말을 배우기 시작하였다. 시부모님은 부자는 아니었지만 시골에 경작지를 적지 않게 가지고 있었으므로 농사철이 되면 열 명 내외의 일꾼들이 일하러 오곤 했다. 다니아는 이 기회를 통해 일꾼들끼리 주고받는 말과 자신에게 건네는 말을 상황과 연관 지어 이해하고 기억하려고 노력하였다.

다니아는 몇 달이 지나지 않아 기본적인 의사소통을 할 수 있을 만큼 한국말을 익혔다. 다니아는 당시 상황에 대해 이렇게 이야기하였다.

"공부 안 해도 자연스럽게 배우는 거예요. 뭐 옆에 사람들 도 와주는 것 없고 그냥 제가 해야 되요."

"그렇게 실제 상황에 부딪쳐서 배우신 거예요?"

"네 우리 일할 때 놉*이 한 열 명 돼요. 그래서 그 사람들 말하 는 것 보고 다 배웠어요. 또 글자도 혼자 배우고……."

실제로 다니아의 한국어 실력은 다른 결혼 이주 여성보다 뛰 어나다. 다니아는 말하는 것뿐만 아니라 쓰는 법도 혼자 터득하 였는데 약 1년 정도의 시간이 걸렸다.

"한글 쓰는 법을 배우는 데에는 얼마나 걸리셨어요?"

"오래 걸렸어요. 말하는 것은 쉬운데 글자는 어려워요. 글자는 한 1년, 1년 정도 걸렸어요."

"1년 걸렸으면 빨리 끝내셨네요. 어렵던가요?"

"예, 어렵죠. 영어처럼 똑같이 조로라이** 쓰면 쉬운데 한국 글 자는 밑에도 써야 되고 우에도 써야 되고 그래서."

"하하하. 어머니, 사투리를 굉장히 많이 쓰시네요?"

"하하하. 그렇죠. 왜냐하면 말을 배울 때 다 노인들이, 아줌마 들이, 할머니들이 하는 것 보고 해서 그래요. 제 친구들이 사투 리 많이 쓴다고……."

---

* 식사를 제공하고 날삯으로 일을 시키는 품팔이 일꾼. 또는 그런 일꾼을 부리는 일.
** '가지런히' 혹은 '나란히' 의 경상도 사투리

한국 사람이면 누구나 다니아의 발음을 듣고 한국에서 나고 자란 사람이 아니라는 것을 알 수 있지만, 다니아의 말투, 억양을 고려한다면 영락없는 경상도 아줌마다. 다니아가 말한 것처럼 한국말을 배운 대상이 경상도 시골 할머니와 아줌마들이기 때문에 자연스럽게 경상도 사투리를 익힌 것이다.

다니아의 적극적인 태도는 말을 배울 때뿐만 아니라 한국 음식을 배울 때에도 큰 이점으로 작용하였다. 시어머니는 경상도에서 태어나 자란 분으로 평생 시골에서 농사를 지으며 8남매를 키워 내신 억척스러운 농부였다. 외국인을 며느리로 맞이하여 어떻게 도와줘야 할지 무엇을 배려해야 할지 고민하지 않았으나 마음만은 따뜻하였다. 농사철이 되면 시부모님과 남편 모두 농사일에 여념이 없었기 때문에 다니아가 새참과 식사를 준비해야 했다.

"한국 음식이랑 필리핀 음식이랑 많이 다르잖아요."

"네."

"된장찌개, 김치찌개 등 한국 음식들은 어떻게 배우셨어요?"

"가르쳐 주지 않아요. 시어머니 하는 것 보고 보고 인자 직접 하는 거예요. 시어머니도 가르쳐 주지 안 해요. 그냥 시어머니 하는 것 가끔 보고 시어머니 바쁠 때는 밥도 해 주고, 하는 것 봤다가 따라하는 거예요. 내 하는 것 다른 사람은 잘 못해요. 다른 사람들은 힘들다고 안 해요.

"다른 사람들은 힘들다고 안 하는데 어머니는 부딪쳐서 하세요?"

"예, 해야 하니까."

사실 그랬다. 다니아가 한국으로 온 1990년대는 한국 남자들의 국제결혼이 막 늘어나기 시작한 때라 자신의 어려움을 공유하고 위안받을 친구조차 없었다. 다니아가 한국에 이주해서 한국생활에 적응한 과정을 보면 자신감과 태도, 적극성을 발견할수 있다. 다니아는 어떤 일이든지 자신이 하지 못할 일은 없으며극복해야 할 일이면 스스로 해결할 수 있다고 믿고 끊임없이 노력하였다.

'인디언이 기우제를 지내면 어김없이 비가 온다.'는 말이 있다. 왜냐하면 그들의 기우제는 비가 올 때까지 계속되기 때문이다. 다니아는 한국에서 직면한 여러 가지 문제들을 스스로 해결하였다. 왜냐하면 자신 외에는 그것을 해결해 줄 사람이 없기 때문이다.

시부모님은 다니아를 구박하거나 서운하게 대하지 않았다. 남편 또한 다정다감하진 않았지만 괴팍하거나 폭력을 휘두르지는 않았다. 시댁 가족 모두는 다니아에게 따뜻하게 대해 주었으나 그것을 구체적인 행동으로 표현하지는 않았다. 남편에게는누나들이 다섯 명 있지만 모두 출가하고 근처에 살지 않았으므로 다니아의 적응을 실제적으로 돕지는 못했다.

다니아의 연이은 세 아이의 출산과 육아

한국으로 온 다니아는 곧 첫 아기를 가졌다. 1997년에 임신을 하여 1998년 2월에 첫 아기를 낳았다. 함양에 살던 다니아는 인근의 작은 종합병원에서 첫 아이를 낳았다. 당시 다니아의 나이는 25살이었다. 아무리 체격이 좋고 야무지고 적극적인 성격을 가졌다 해도 아이를 낳았을 당시는 고향과 부모님 생각에 목이 메었다. 하지만 그것 또한 다니아가 극복해야 할 일이었다.

한국으로 건너온 이듬해 첫 아이를 낳은 다니아는 1999년 1월에 둘째 아이를 낳고, 놀랍게도 그 해 12월에 셋째 은주를 낳았다. 태어났을 당시 은주에게는 두 살인 오빠와 자신과 나이가 같은 한 살 언니가 있었다. 다니아는 지금도 당시의 상황을 생각하면 그것을 견뎌낸 자신이 놀라울 뿐이라고 한다.

"그럼 셋째를 낳았을 때 첫째는 두 살이었고 둘째는 돌이 지나지 않았고"

"예."

"첫째도 기저귀를 차고 있었겠는데요?"

"예, 그랬죠."

그녀는 웃으며 말을 이었다.

"그러니까 그때 모르겠어요. 어떻게 키웠는지 모르겠어요. 예, 무지무지 힘들어요. 부모들도 밭에서 농사해야 하고, 남편도 바

쓰고, 시어머니도 농사하는 거 많아가지고 저 혼자 다했어요. 시어머니는 아무것도 몰라요. 옛날 사람이라 아무것도 모르니까. 뭐 배운 것도 없고 저 혼다 다 해요. 힘들어요. 힘들어요. 지금도 마찬가지고……."

2년에 세 명의 아이를 출산한 다니아는 혼자 기저귀를 찬 세명의 아이를 돌보아야 했다. 세 아이 모두에게 모유를 먹이려고 했으나 생산할 수 있는 모유의 양이 많지 않아 몇 달이 지나지 않아 아이들에게 분유를 먹였다. 셋째 아이를 출산한 이듬해 농사철이 다니아에게는 가장 힘든 시기였다. 아이 둘을 출산한 후유증에서 완전히 벗어나지 못했을 때 가족들은 모두 농사일로 바빴다. 집에 있을 때에는 아이를 안아주고 도와주던 남편과 시어머니가 일을 새벽부터 나가서 저녁이 깊어져야 돌아왔다.

다니아가 아이를 키우는 데 필요한 지식은 필리핀에서 동생들의 아이를 돌봐주던 그때의 경험을 떠올리는 것이 전부였다. 그도 그럴 것이 남편은 남자라 잘 모르고, 시부모님들은 옛날 분들이라 어떻게 해야 할지 잘 몰랐다. 어찌 보면 다니아가 혼자 알아서 잘하기 때문에 가족들이 믿고 맡겼는지도 모른다. 그 와중에도 다니아는 남편과 시부모님의 수고를 덜어주기 위해 집에서 밥을 하고 자신이 할 수 있는 간단한 반찬이나 찌개를 만들곤 하였다.

다니아가 나름대로 한국생활에 잘 적응할 수 있었던 데에는 다니아의 노력과 성격이 가장 크게 작용했다. 하지만 가족들의 이해와 배려를 빼놓을 수 없다. 다니아와 시댁 식구들의 관계는 원만하다. 7명의 형제자매들 대부분은 마산, 창원, 부산에 흩어져 살고 있으나 시간이 날 때면 서로 초대하고 방문하여 1박 2일로 시간을 함께 보내곤 한다. 이런 형제들의 관계는 가족을 떠나 먼 나라로 시집 온 다니아에게 자신 또한 그들 가족의 한 사람임을 느끼게 하였다.

은주네 가족

은주는 언니가 태어난 1999년의 마지막 달 12월에 같은 병원에서 태어났다. 그래서 은주와 언니는 나이가 똑같지만 언니는 6학년이고 은주는 5학년이다. 언니와 같이 입학해서 6학년이 될 수도 있었지만 두 자매가 한꺼번에 학교에 들어가면 힘들다는 충고를 들은 은주 어머니가 한 해 있다가 은주를 입학시켰기 때문에 5학년이다. 다른 자매들이 그렇듯 둘 사이에는 다툼이 잦아 은주는 가족 중에서 제일 친하지 않은 사람을 언니로 꼽는다. 하지만 은주와 은주의 언니는 서로를 아주 많이 의지한다.

오빠는 중학교 1학년, 언니는 6학년, 은주는 5학년이다. 줄넘기를 잘 하고 운동을 좋아하는 은주는 체육과 국어를 좋아한다. 은주는 특히 책 읽는 것을 좋아해서 학교에서도 도서위원으로 활동 중이다. 도서위원은 학교의 도서실에서 도서 대출, 서가 정리 등의 일을 하는 일종의 봉사직이다. 은주는 자원하여 누구보다도 책임감을 가지고 열심히 이 일을 하고 있으며 좋아한다.

은주는 국어를 가장 좋아하지만 자라서 화가가 되고 싶어한다. 그림 그리는 것을 무척 좋아하기 때문이다.

은주는 아주 내성적이고 조용한 성격이었지만 3, 4학년을 거쳐 5학년이 되어서는 적극적인 모습을 더 많이 보여주고 있다. 은주는 친한 친구 세 명과 항상 같이 논다. 학급에서의 모둠활동을 할 때에도 가능하면 친한 친구들과 같이 하고 싶어한다. 2, 3년 전의 은주를 알던 사람이라면 은주가 모둠 보고서를 작성하고 자신의 이름을 가장 먼저 기록한다는 것을 알고 아마 놀랄 것이다. 그러나 요즘 은주는 그렇다. 자신이 약한 사회과 활동에는 적극적으로 참여하기를 꺼리지만 다른 교과 시간 활동에는 적극적으로 참여하려고 노력한다.

은주가 학교생활에서 가장 싫어하는 것은 '숙제'다. 숙제가 나오는 날이 가장 싫은데 집에서 하거나 그렇지 못하면 다음 날 수업 마치고 꼭 하고 집에 간다.

은주네 가족은 경제적으로 어려움을 겪으며 살고 있지만 은주 아버지와 어머니의 양육태도는 다른 한국인 부부와 다르지 않다. 그들은 가능한 한 자신들의 형편과 처지를 아이들에게 알리고, 자신들 또한 스스로 할 수 있는 만큼, 능력이 되는 만큼 하고 아이들에게 현실을 아주 냉정하게 보게 하려고 노력하는 부모다.

함양에서 아이 셋을 낳고 부모님을 모시고 살던 다니아 부부는 은주와 은주의 언니가 세 살 되던 2000년에 경남의 공업도시 창원으로 이사하였다. 조그만 셋방을 얻고 은주의 아버지는 창원에 있는 LG전자의 한 하청업체 직원으로 취직하였다. 창원에서의 삶은 약 1년 정도 지속되었지만 살림은 별로 나아질 기미를 보이지 않았고 농부로 살던 은주 아버지는 시골생활을 그리워했다.

도시에서의 1년 동안의 삶을 마무리한 그들은 거창을 다음 터전으로 정했다. 은주의 조부모들은 여전히 함양에 살고 있었지만 그들은 자녀 교육을 위해서 교육도시 거창에 자리를 잡기로 하였다.

2001년 거창으로 이사를 한 후 은주의 부모는 농번기에는 함양에서 부모님의 일을 돕고 바쁜 일이 마무리되면 일용직으로 일할 자리를 찾아서 일을 하곤 하였다. 은주네 가족은 '기초 생활 수급자'로서 의료보험, 생활비 보고, 자녀 교육비, 학교에서의 교육활동비 등을 지원받고 있다.

요즈음 은주 아버지와 어머니는 직업이 없다. 작년까지만 해도 근처에 있는 김치공장에 함께 나가 일을 했었다. 당시는 고정적인 수입이 있어 가정경제에 많은 도움이 되었으나 김치공장의 사정이 나빠지면서 차츰 출근하는 날이 줄었다.

거창으로 돌아온 후 네 살의 은주는 언니와 함께 코스모스 어린이집에 가게 되었다. 이때부터 은주는 본격적으로 교육을 받게 되었다. 은주는 코스모스 어린이집과 한빛 유치원을 거쳐 강남초등학교에 입학하였다. 입학할 당시 은주는 한글을 읽고 쓸 수 있었으며, 책 읽기를 매우 좋아했다. 물론 지금도 책을 가까이 해서 학교의 사서 선생님을 도와 학교 도서관에서 봉사를 하고 있다. 수줍음이 많기는 하였지만 자신의 일은 스스로 하려고 노력하고 자신이 할 수 있는 만큼 열심히 하였다.

은주가 이런 태도를 갖게 된 데에는 은주의 어머니 다니아의 영향이 컸다. 앞에서 이야기한 바와 같이, 은주 어머니는 아이들을 기르고 가르칠 때 가능하면 스스로 할 수 있도록 기다리고 무리한 욕심이나 기대를 하지 않는다. 이 부분에 대해서 은주 아버지의 생각도 어머니의 생각과 다르지 않다.

은주의 저학년 시절

1, 2, 3학년 때 은주의 학교생활의 폭은 그리 넓지 않았다. 그 또래의 아이들이 대부분 그렇듯이 은주도 은총이라는 한 여자아이와 무척 친하게 지냈다. 둘은 한 동네에 살고 있으며, 부모님 끼리도 잘 안다. 안타깝게도 지금은 같은 반이 아니지만 같이 어울리는 다섯 명의 친구들 속에 은총이도 있다. 은주는 같은 동네 친구면서 같은 반이 되었던 은총이와 유난히 친했다. 매일 등교와 하교를 같이 하고 시간이 날 때면 서로의 집에 놀러가 고무줄놀이, 공기놀이 등을 하며 꽤 많은 시간을 보냈다.

은주보다 한 살 많은 오빠는 학교생활과 학업 모든 면에서 나무랄 데 없는, 아니 다른 아이들보다 뛰어난 우등생이다. 성적도 꽤 좋은 편이며 무엇보다 자신감 있게 생활한다. 반면에 은주의 언니는 매우 내성적이고 소극적이어서 학교생활이 그리 순탄치 못하다.

　은주가 3학년, 은주의 언니가 4학년인 2008년 봄 어느 토요일이었다. 은주의 담임선생님이 잠시 교실을 비운 사이 으레 그렇듯이 은주의 언니는 은주의 교실로 찾아왔다. 하지만 아무도 없는 것을 발견하고는 그 자리에서 혼자 훌쩍거리고 울고 있었다. 잠시 후 교실로 돌아온 은주와 담임선생님이 울고 있는 은주의 언니를 발견했고 은주의 언니는 그들을 보고 난 후에야 울음을 그쳤다.

　당시 은주도 적극적으로 행동하거나 이야기를 많이 하는 학생은 아니었지만 은주의 언니는 은주를 기대고 의지하고 있었다. 은주 어머니가 자신의 어려움을 자신이 극복해야만 하는 것으로 생각하고 이겨낸 것처럼, 은주도 자신의 상황을 비관하거나 슬퍼하는 성격은 아니다. 오히려 학교생활을 힘들어하는 언니를 달래고 보듬을 줄 아는 그런 아이다. 이런 성격 탓에 은주는 다른 여자아이들처럼 학교에서의 일을 집에서 시시콜콜하게 이야기하지 않는다. 조금 힘든 점이 있어도 혼자 이겨냈다.

　2008년 학교에서는 그 해에 처음 실시된 다문화 학생/가정 지원 프로그램을 시행하게 되었다. 은주는 3학년이고 은주의 언니는 4학년, 은주의 오빠는 5학년이었다. 세 명의 담임선생님들 중 은주의 담임선생님(이미선 선생님)이 은주의 세 남매와 그 가정을 맡아 다문화가정 지원 프로그램을 운영하였다.

딸 두 명을 키우고 있는 이미선 선생님은 교육청과 학교로부터 다문화 프로그램을 운영해야 한다는 통보를 받고 세 명의 담임선생님과 상의하여 자신이 프로그램 운영을 책임지기로 결정할 때까지 은주가 다문화가정 아이인 것을 알지 못했다. 물론 당시 가정환경 조사서에 은주 어머니의 성함이 다니아로 나와 있었기 때문에 어머니가 외국인이라는 것은 알고 있었지만 은주의 말이나 행동, 학습, 교우관계, 어느 부분에서도 여느 한국인 아이들과 다른 면을 발견하지 못했다.

이미선 선생님은 토요일에는 학교에서 급식을 하지 않기 때문에 은주 삼남매가 스스로 점심을 해결해야 한다는 것을 알고, 등교하는 토요일이면 으레 아이들을 데리고 학교 근처 중국집에서 자장면을 사주곤 했다. 아이들도 그 시간을 즐겼으며 은주 어머니 또한 그 경험으로 인해 이미선 선생님을 가장 고마운 선생님으로 기억하고 있다.

이미선 선생님은 자신이 은주를 특별히 대했다고 생각하지 않았다. 다만 맡게 된 업무가 있었고 그 업무와 관련된 아이가 은주였기 때문에 그 기회로 인해 은주를 조금 더 유심히 바라보고 조금 더 이야기를 나누었을 뿐이라고 생각하였다. 그러나 은주가 3학년 때 이미선 선생님과의 관계, 은주 부모님과 담임선

생님과의 긴밀한 관계와 대화가 은주의 학교생활에 긍정적인 영
향을 미친 것만은 사실이다.

은주의 고학년 시절

은주가 4학년일 때 미술시간이었다. 은주는 가늘 풍경을 그리
고 있었는데 단풍에 물든 나무와 나뭇잎들, 바위를 그렸다. 바위
틈새에 다소곳이 피어난 이름 없는 들꽃들을 그리고 조그만 산
새들도 몇 마리 그려 넣을 작정이었다. 하지만 바위와 꽃 그리고
새들이 잘 어울리지 않아 어떻게 그려야 할지 주저하고 있는데
같은 반 채은이가 물었다.

"은주야 왜 안 그리고 있어?"
"여기 바위랑 꽃하고 새를 그리고 싶은데 잘 안 돼."
"내가 좀 도와줄까?"
"그래?"

채은이도 은주와 마찬가지로 미술학원을 다니지 않았고 그
전에도 다녀본 경험이 없었으나 은주가 보기에 채은이는 선생님
보다 그림을 더 잘 그리는 것 같았다. 그 일이 있은 후로 은주와
채은이는 아주 가까워졌고 은주는 그림을 잘 그리는 채은이를
무척 좋아했다. 이후로 둘은 미술시간이 되면 종종 그림을 같이
그리곤 하였다.

화가가 되고자 하는 꿈은 은주가 아주 어렸을 때부터 오랫동안 간직해 온 꿈이다. 공을 좋아하고 재능도 있어 2회 줄넘기를 한 번에 100회 가까이 할 수 있으며 피구도 무척이나 잘 하고 좋아하지만, 화가가 되고픈 마음보다는 크지 않다. 책 읽기를 무척 좋아하고 국어도 재미있어 하지만 그것 또한 그림 그리는 것을 좋아하는 것만큼은 크지 않다. 은주는 자신의 꿈을 아주 오랫동안 간직하고자 다짐하고 있다.

　은주의 5학년 담임을 맡은 박 선생님은 올해로 교직 경력 3년째를 맞이한 젊은 선생님이다. 첫 해에 5학년, 6학년, 다시 올해 5학년을 맡아 가르치고 있다. 선생님의 집은 울산인데 진주교육대학교를 졸업하고 경남에 발령받아 현재 동료 선생님과 함께 조그만 아파트를 얻어 살고 있다. 한 달에 한두 번 정도 고향이 같은 선생님과 함께 자신의 차로 부모님을 뵈러 간다. 옷차림과 외모가 단정하고 수수하여 누가 봐도 교사이거나 군청 공무원일 것임을 짐작할 수 있다.

　선생님은 친한 동료 선생님들이 은주와 은주 남매를 가르쳤기 때문에 은주에 대해서 어느 정도 알고 있었다. 학급과 학급 학생들의 명부를 받고 은주가 자신의 반이라는 것을 알았지만 그것이 선생님에게 놀라울 것도, 새로울 것도, 긴장시킬 만한 일은 더더욱 아니었다. 하지만 이전에 다문화아동을 가르쳐 보지 않고 겪어 보지 않았기 때문에 은주에 대한 호기심은 있었다.

　박 선생님은 약간 검은 피부를 가지고 마른 체격에 이목구비가 또렷한 이국적으로 생긴 은주를 예쁘다고 생각했다. 박 선생님의 눈에 비친 은주는 검고 긴 머리를 가지런히 빗어 넘기고, 귀를 덮은 머리카락 사이로 조금은 크다 싶은 금색 귀걸이가 반짝거리며, 귀걸이와 어울리는 목걸이를 하고 있는 아이였다. 사실 은주의 피부색이 검긴 했지만 그 반에는 은주만큼 피부색이 검게 그을린 남학생과 여학생들이 있었기 때문에 검은 빛의 피부를 타고난 은주는 별로 눈에 띄지 않았다.

신체검사를 하는 날 체지방 측정을 위해 몸에 있는 쇠붙이를 모두 빼라고 했을 때 은주가 박 선생님에게 다가갔다.

"선생님 귀걸이가 안 빠져요."

"그래, 어디 보자."

"음~ 귀걸이가 예쁘네?"

"이거 은주 엄마가 은주한테 줬대요. 엄마 나라에서 가지고 왔다고요. 금이래요."

옆에 있던 은주의 친구가 거들었다. 은주는 엄마로부터 받은 귀걸이와 목걸이를 너무 좋아해 거의 매일 하고 다닌다.

은주는 학급에서 눈에 띄는 아니가 아니다. 성격이 사근사근하여 담임선생님에게는 이야기도 조곤조곤 곧잘 한다. 은주에 대해 조금의 걱정이 없지 않았던 박 선생님에게는 다행스러운 일이었다. 아니, 박 선생님은 내심 놀랐다. 은주가 다른 다문화 가정 아이들과 다르고 한국 아이들과는 전혀 다를 것이 없다는 이야기를 듣고 있었지만, 한국어의 이해와 사용에 있어서 어려움이 있지 않을까 하는 우려가 있었기 때문이다.

사실 은주의 한국어 실력은 그 반의 다른 아이들보다 뛰어나다. 일기도 제법 잘 써 오고 글을 읽어도 누구보다 잘 읽는다. 다만 수학과 과학, 사회 과목에 어려움을 겪고 있지만 방과후에 지도하면 잘 이해해 기본적인 이해력은 있는 것으로 생각하였다.

2010년 5월의 어느 토요일, 수업이 끝나자 은주는 서둘러 집으로 향했다. 마산에 사는 고모의 초대를 받고 마산에 가야 하는 특별한 계획이 있기 때문이다. 요즘 부모님이 다니는 양파공장의 일이 준 데다가 함양에 있는 농사일도 4일 정도 머물러 어느 정도 해결한 터라 토요일과 일요일에는 특별한 일이 없었기에 은주네 가족은 모처럼 마산에 있는 고모집에 가기로 했다. 은주네는 자동차가 없기 때문에 버스를 타야 한다.

거창에서 진주를 거쳐 마산으로 갔다. 약 세 시간 버스를 타고 마산에 도착, 거기 터미널에서 30~40분을 더 가야 고모집에 갈 수 있다. 오후 세 시경에 출발한 은주네 가족은 밤이 되어서야 고모집에 도착하였다. 은주의 고종 사촌 오빠와 언니들은 모두 중학생과 고등학생이다. 은주 남매는 집에서 언니, 오빠들과 가수 이야기, 연예인 이야기, 남자 아이들은 게임 이야기를 하며 시간을 보냈고 은주의 부모님은 고모, 고모부와 어느 횟집에 가서 소주를 마시며 그동안 못 나눈 이야기들을 나누었다.

은주의 고모들은 멀리 타국으로 시집 와 아이를 셋이나 낳고

맏며느리 노릇을 잘 해내고 있는 은주 어머니가 대견스럽기도 하고 고맙기도 하여 항상 따뜻하게 대해 준다. 그래서 은주 어머니는 시댁식구들을 좋아하고 덕분에 고향을 그리워하며 향수병에 걸리지 않았다.

은주네 가족은 모두가 교회에 다니기 때문에 일요일 아침 일찍 고모집을 나서 거창으로 돌아왔다. 아침예배는 참석하지 못했지만 오후예배는 참석할 요량이었다. 은주 어머니에게는 매년 해야 하는 일이 하나 있었다. 지금까지 그래 왔듯이, 시아버지의 제사를 지내는 것이다. 대부분의 교인들은 제사를 지내지 않지만 은주네 가족은 다르다. 고향에 계신 은주 할머니께서 제사를 반드시 지내야 한다고 고집하기 때문에 매년 은주 어머니는 직접 음식을 준비하고 어머니를 모셔와 제사를 지내고 있다. 시아버지 제사가 하루 앞으로 다가왔기 때문에 시장에 가서 여러 가지 재료들을 사서 요리할 준비를 해야 했다.

이날 오후 은주와 은주의 언니는 교회에서 예배를 마치고 선생님, 친구들과 영화를 보러 극장에 갔다.

초등학생 은주의 하루

2010년 7월 7일 오늘도 은주는 여느 날과 다름없이 흐트러진 긴 생머리에 파묻힌 얼굴을 드러내며 잠자리에서 일어났다. 어제 저녁에 컴퓨터를 서로 오래하려고 다투고 토라진 채로 잠든 언니도 잠에서 깨어나는 듯 뒤척인다. 이불 속에 교과서 몇 권이 엉클어진 옷들과 함께 나뒹굴고 있다. 조그만 창밖이 환한 것을 보니 조금 늦잠을 잔 모양이다. 아버지가 창문에 방충망을 치고 자기 전에 모기약을 뿌렸지만 다리 두 군데, 팔뚝 두 군데가 몹시 가렵다. 하지만 이런 것에는 익숙하니 조금 지나면 언제 그랬냐는 듯이 괜찮을 것이다.

얼른 씻어야 아침부터 언니와의 다툼을 피할 수 있다. 기말고사가 끝나고 방학이 일주일 남았기 때문에 학교 가는 마음이 가볍다. 요즘 은주는 친구들과 공기놀이를 하고 어떻게 하면 얼굴을 예쁘게 꾸미는지에 대해서 이야기하는 재미에 푹 빠져 있다.

세수를 하고 머리를 빗고 귀걸이와 목걸이를 찾아서 했다. 어제와 똑같은 얼굴에, 어제와 똑같은 스타일에, 같은 귀걸이와 목걸이를 걸쳤지만 거울 앞에 서서 한참을 보낸다. 중학생인 오빠는 벌써 밥 먹고 자전거를 타고 학교로 향한다.

이제 시계가 7시 40분을 가리킨다. 아버지는 아침 뉴스를 보고 엄마는 은주와 은주 언니의 아침식사를 준비하고 있다. 엄마가 한국 요리를 열심히 배운 탓에 은주네 가족은 된장찌개, 김치찌개, 미역국 등 전통적인 한국식으로 식사를 한다. 엄마가 아는 어떤 아줌마는 한국 음식을 잘 하지 못해 아침마다 햄이나 소시지만 구워 준다고 한다. 은주는 가끔 그 집이 부러울 때도 있지만 자기 집 음식이 건강에 더 좋다는 것을 안다.

8시가 조금 지나서 은주와 은주는 집을 나선다. 그 시각까지도 아빠가 집에 있는 것을 보니 오늘도 일이 없으신가보다. 은주는 엄마 아빠가 일을 해야 조금이라도 수입이 생길 텐데 하고 아쉬워하다가 오늘 집에 올 때는 엄마와 아빠가 집에 있을 것을 생각한다. 장마철이어서 아침에도 비가 온다. 은주는 자신의 분홍색 우산을 펼쳤다. 오늘 따라 집 앞에 펼쳐진 논이 눈에 들어온다. 얼마 전 모내기를 했던 것 같은데 어느새 훌쩍 자라서 이제는 은주의 무릎보다도 높게 올라온다.

저기 앞 사거리에서 기다리고 있는 은총이가 보인다. 은주가 가방끈을 쥐고 종종걸음을 치기 시작한다. 은주의 언니도 뒤를 따른다. 은주와 은총이는 아침마다 보건소 옆 사거리에서 만나 같이 학교에 간다. 가끔 은주가 먼저 나와 은총이를 기다릴 때도 있지만 보통은 은총이가 은주를 기다린다.

집에서 학교까지는 걸어서 10분이 걸리지 않지만 이런저런 이야기를 하느라 20분이 넘게 걸린다. 학교 가는 길에 여러 친구들을 만난다. 어떤 친구는 지금 같은 반이고 어떤 친구는 작년 혹은 재작년에 같은 반이었다. 은주는 친한 친구들이 아니면 크게 반기며 인사하지 않는다. 그냥 쳐다보고 가끔 눈인사를 하는 정도다.

운동장으로 들어오는 옆길에 있는 조그만 구멍가게는 항상 아이들로 붐빈다. 학용품도 팔지만 온갖 종류의 과자와 불량식품을 더 많이 판다. 지금은 여름이라 팔지 않지만 겨울이 되면 호떡과 오뎅을 파는데, 줄 선 아이들이 길을 막아 차가 다니지 못할 정도로 장사가 잘 된다. 은주는 집에서 용돈을 규칙적으로 받아서 쓰지 않기 때문에 가끔 엄마나 아빠가 특별히 용돈을 주실 때에만 가게에 갈 수 있다. 용돈을 받지 않아도 학교에 오면 급식이 나오고 공부방에 가면 간식과 저녁을 주기 때문에 크게 불편한 것은 없다. 구멍가게 단골로 대우받는 아이들이 내심 부럽지 않은 것은 아니지만 절대로 내색하지는 않는다.

본관 건물 뒤편에 거의 비슷한 크기로 지어진 뒷동 2층 서편에서 두 번째 교실이 은주의 교실이다. 매일 그렇듯이 서편 현관에 들어가서 신발을 벗어 들고 2층으로 올라간다.

어느 날과 마찬가지로 선생님은 아침활동을 내 놓으셨다. '자연재해'를 주제로 마인드맵 그리기다. 하필이면 은주가 제일 싫어하는 사회다. 은주는 사회가 너무 어렵다. 시험을 쳐도 점수가 낮게 나오고 외울 것도 너무 많다. 지난번 기말고사 시험을 치르기 전에는 엄마와 문제집을 풀며 사회공부를 많이 했지만 시험 성적은 겨우 조금 나아졌을 뿐이다.

칠판에 '숙제하지 않은 사람 하기(수학 익힘책 2쪽)'라고 적혀 있다. 어제 언니와 컴퓨터를 두고 다투느라 숙제를 깜빡 잊었다. 은주는 서둘러 책상에 앉아 수학 익힘책부터 꺼낸다. '간단히 하여 문제 풀기' 부분인데 쉬운 것 같으면서도 잘 모르겠다. 할 수 있는 만큼 아는 대로 빨리 풀고 스케치북을 꺼내 마인드맵을 그린다. 자연재해, 홍수, 태풍, 지진, 해일, 가뭄 등 여러 단어들을 쓰고 곰곰이 생각해 본다. 아침에 할 일을 다 하지 못하면 방과 후에 남아서 하고 가야 하기 때문에 서둘러 마쳐야 한다. 어떤 아이들은 빨리 끝내고 놀지만 어떤 아이는 아침활동이나 숙제는 아랑곳하지 않고 논다. 은주는 교실에서 돌아다니며 노는 아이들을 흘깃흘깃 쳐다보며 어제 하지 않은 숙제와 아침활동을 끝낸다.

1교시는 국어 읽기 시간이다. 1학기 교과서의 내용을 모두 끝냈기 때문에 박 선생님은 책 안의 이야기 중에서 재미있으면서 긴 '로빈슨 크루소'를 읽기로 한다.

"오늘은 우리가 종종 해 오던 틀리지 않고 읽기를 해 봐요. 모두 로빈슨 크루소를 펴세요."

첫 번째 아이가 한 문장을 넘기지 못하고 틀린다. 두 번째 아이도 세 번째 문장에서 틀리고 만다. 세 번째, 네 번째 아이도 다르지 않다. 은주가 일어나서 읽기 시작한다. 한 문장, 두 문장, 한 문단, 한 페이지 이상을 글자 한 자 틀리거나 실수하지 않고 읽어내려 가자 박 선생님은 은주를 멈추게 한다. 그냥 내버려뒀다가 은주가 끝까지 모두 읽어버리면 다른 아이들에게 기회가 가지 않기 때문이다.

책 읽기가 끝나고 박 선생님은 아이들에게 어제 제출한 일기장을 순서대로 나누어 준다. 일기장을 모둠별로 제출했기 때문에 은주는 자신의 차례가 다가옴을 알고 선생님이 자신의 일기장을 집어 들자 큰 소리로 말한다.

"선생님, 저 여기 있어요. 부르지 않으셔도 돼요."

은주는 선생님에게서 얼른 일기장을 받아들고는 자리에 앉자마자 일기장을 펼쳐 본다. 선생님이 일주일에 한두 번씩 하는 일기검사에 한 마디씩 적어 주기 때문이다. 매번 특별한 말을 적어놓지는 않지만 그래도 짧은 한 마디가 기다려진다. 선생님은 이렇게 적어 놓으셨다.

"은주는 언제나 일기를 열심히 잘 써 오는구나. 글씨도 참 이쁘고."

은주는 기분이 좋고 뿌듯하지만 다른 친구들에게 내색하지 않고 아무렇지도 않은 듯 책상 서랍 안에 집어넣는다.

다음은 과학시간이다. '물체의 속력과 안전에 대해 알아보기' 단원을 공부할 차례다. 박 선생님은 달리는 자동차와 속력, 놀이기구의 속력 재기, 교통안전과 속력 등에 관한 자료를 보여주고 설명한다. 선생님이 설명하는 동안 은주는 손에 있는 무언가를 만지작거리기도 하고 남학생 짝꿍이 말을 시키거나 책을 건드리며 장난을 거니 싫지 않은 듯이 선생님의 눈치를 살핀다. 은주는 자신이 수업시간에 집중해서 선생님의 말씀을 열심히 듣는 학생이 아니라고 생각한다. 실제로 국어와 미술, 음악 이외 과목에는 별 관심이 없다. 수학은 어렵고 사회는 지루하기까지 하다.

그나마 과학은 조금 나은 편이나 오늘 과학시간에는 썩 집중하지를 못한다. 선생님은 사진과 영상자료를 보여주고 설명이 끝나자 아이들에게 모둠별로 모여 '도로에서 자동차 속력을 제한하는 방법'에 대해 토의하고 보고서를 쓰라고 한다.

은주가 속한 모둠은 남자 2명, 여자 2명 이렇게 4명이다. 몇 분 동안은 이야기를 잘 하지 못하다가 자신의 생각, 책, 텔레비전 등으로부터 얻은 정보와 도로에서 본 것들을 이용해 보고서를 작성하는데 은주가 연필을 들었다. 은주는 모둠명에 '개나리'라고 쓰고 모둠원에 자신의 이름부터 적고 다른 세 친구들의 이름을 쓴다. 시간이 부족해 모든 모둠의 토론내용을 발표하지는 못했지만 은주 모둠의 보고서는 꽤 깔끔하게 잘 정리되었다. 물론 은주의 이름이 가장 선명하게 보인다.

다음 시간은 체육이다. 요즘 은주네 반 여학생들은 피부와 미모에 엄청나게 많은 관심을 쏟고 있다. 최근의 유행은 선크림(자외선 차단제)을 바르는 것이다. 남자아이들은 종이 울리자 운동장으로 뛰어나가기 바쁘고 여자아이들은 누군가 가져온 자외선 차단제를 서너 명이 둘러앉아 마치 화장하듯 조심스럽게 바르고 있다. 은주도 검은 피부가 더 검어질 새라 이마와 코, 목덜미, 손, 팔뚝에까지 아주 꼼꼼히 바른다. 피부가 흰 아이들은 많이 드러나지 않지만 은주와 같이 피부가 검은 아이들은 허옇게 무엇을 발랐다는 것을 쉽게 알아챌 수 있을 만큼 표가 난다. 하지만 여자아이들은 피부와 미용을 위해 무언가를 했다는 기쁨 때문인지 폴짝폴짝 뛰며 운동장으로 나간다.

점심시간이 끝난 후 오후 두 시간 동안 친구의 날 행사가 있다. 전교생이 모여서 하는 큰 행사가 아니라 7월 9일을 '친구의 날'로 정해서 그 날을 기념하고 친구의 의미를 되새겨 보고 친구와의 관계를 바람직하게 만들기 위해 노력하는 조그만 활동을 해 보는 날이다. 이 날 행사는 학교, 학년, 또는 학급마다 다르게 할 수 있으나 보통 학년별로 비슷한 활동을 정해서 하곤 한다.

올해 5학년은 친구에게 편지를 쓰거나 친구 칭찬하기, 친구에게 하고 싶은 말을 포스트잇에 써서 게시판에 붙이기를 한다. 은주는 어릴 때부터 아주 친한 친구인 은총이에게 긴 편지를 쓴다. 예쁜 편지지가 있다면 좋겠지만 준비하지 못해 선생님이 가지고 있던 여분 편지지를 두 장 받아서 쓴다. 아이들은 저마다 "야, 너한테 편지 쓸까?", "우리 서로 써 주기로 할까?" 하고 묻기도 하지만 은주는 조용히 진지하게 자기가 하고 싶은 일에 열중한다. 은주의 친한 친구인 영희는 "제일 친한 친구들 우리 우정 변하지 말자."라고 친구들의 이름을 하트모양 포스트잇에 써 넣어 교실 뒤편 게시판에 붙인다.

선생님이 종례를 하고 청소시간이 되었다. 은주는 다른 일곱 명의 아이들과 교실청소를 해야 한다. 책상과 의자를 뒤로 밀고 교실 앞쪽을 쓸고 닦은 후 다시 책상과 의자를 모두 앞쪽으로 밀고 교실 뒤를 쓸고 닦는다. 청소가 끝나갈 즈음 은주가 같은 반 남학생 태균이를 잡으러 쫓아 가고 태균이는 도망 다닌다. 화가

난 것인지 장난을 치는 것인지 알 수가 없다. 이유는 태균이가 교실 뒤쪽의 쓰레기를 쓸어 모아 쓰레받기에 담으려는 순간 은주가 지나가다가 밟아서 쓰레기가 흐트러졌는데, 이에 화가 난 태균이가 은주의 별명을 부르며 놀렸기 때문이다.

"야! 너 때문에 다 흐트러졌잖아! 야 은장군"
"뭐? 너 내 별명 부르지 말라고 그랬지."

은주와 태균이의 실랑이는 채 5분이 가지 않았고 모든 아이들은 서둘러 청소를 끝냈다. 담임선생님은 청소검사를 꼼꼼하게 하시기 때문에 처음부터 깨끗하게 하는 것이 시간을 줄이는 방법이라는 것을 모든 아이들이 알고 있다.

'은장군'은 은주와 친한 친구가 은주에게 붙여준 별명인데 은주는 좋아하지 않는다. '장군'이라는 단어가 가지고 있는 강하고, 거칠고, 남성스러운 이미지 때문이다. 은주는 친구가 왜 자신에게 은장군이라는 별명을 붙였는지 알지 못한다. 아마 이름에 '은'이 들어가고 달리기, 줄넘기 등 모든 운동을 좋아하고 잘하기 때문에 붙였을 것이다. 선생님의 오케이 사인이 떨어지고 나서야 아이들은 하나둘 교문을 나선다.

은주는 급할 것이 없다. 3시든 4시든 학교수업 마치고 갈 수 있는 시간에 공부방에 가면 된다. 공부방에서도 학교에서처럼 정해진 시간표가 있고 거의 모든 과목을 배우지만 학교만큼 체계적이지는 않다. 국어, 수학, 사회, 과학 등의 과목은 문제집을 풀고 검사를 받는 수준이고, 다른 과목들은 시험기간이 되면 예상 문제를 풀어보는 정도다.

은주가 다니는 공부방에 오는 아이들 중 열 명 이상이 은주와 같은 다문화가정의 아이들이다. 공부방에 오는 아이들이 서른 명이 넘으니 전체 학생들 중 다문화가정 학생수는 30%에 불과하지만 다른 공부방들에 비교하면 많은 편이다. 특히 필리핀 어머니들은 다문화가정 아이들을 주로 이 공부방에 보낸다. 이 공부방이 다른 공부방보다 더 잘 가르치거나 좋아서라기보다 공부방 선생님들을 잘 알고, 어떤 필리핀 어머니는 이 공부방에서 영어를 가르치기도 해서 제법 친분이 있기 때문이다.

아이들이 공부방을 가는 이유는 그 이름대로 '공부'를 위해서 가는 것만은 아니다. 사실 그보다는 종합학원, 속셈학원, 영어학원, 피아노학원, 미술학원 등의 사설 학원을 다닐 수 있는 경제적인 여건이 되지 않는 부모님들이 전 과목을 조금씩이라도 봐주고 특히 간식과 저녁을 제공해 주기 때문에 아이들을 공부방에 보낸다.

그래서 이 공부방은 아이들에게, 특히 다문화가정의 아이들에게 공부를 위한 공간이기보다는 부모님이 오실 시간까지(보통 저녁 7시) 다른 아이들과 놀면서 안전하게 지낼 수 있는 공간이다. 다문화가정의 대부분의 아이들처럼 은주도 이 공부방 수업료나 보육료를 낼 필요가 없다. 은주네 가정은 '기초 생활 수급자'여서 공부방 수업료를 지원받기 때문이다.

은주 부모님은 공부방을 다니는 다른 아이들의 부모님과 가깝게 지낸다. 어머니들이 같은 나라(필리핀)에서 왔기 때문에 아이들은 그들을 '이모'라고 부른다. 매달 한 번 정도 토요일 오후에 공원이나 놀이동산에 모여 각자 가져온 음식을 나눠 먹곤 한다. 어머니가 고향사람을 만날 수 있는 유일한 시간이기에 은주네 가족도 빠지지 않고 참석한다. 하지만 은주는 그 모임을 별로 좋아하지 않는다. 그 모임에 오는 아이들과 같이 놀기는 하지만 친하게 잘 지내는 친구는 없다. 은총이를 비롯한 학교 친구들을 훨씬 더 좋아한다.

원래 공부방에는 세 명의 선생님이 계시지만 오늘 두 분은 마칠 때쯤 오셨다. 그래서 아이들은 그 곳에 있는 문제집을 풀거나 삼삼오오 앉아서 이야기를 하거나 책을 읽었다. 책을 워낙 좋아하는 은주도 한쪽에 앉아서 어린이 소설책을 읽었다.

"얘들아, 오늘 간식은 떡볶이다."

"와~."

아이들은 약속이라도 한 듯이 손에 들고 있던 것을 그대로 내려 놓고 떡볶이가 놓인 테이블 주위로 몰려들어 앞 다투어 먹어 치웠다. 간식을 먹고 시간을 보내다 보니 다른 날과 마찬가지로 6시가 조금 지나 저녁 식사시간이 되었다. 아이들은 식판에 배식을 받아 맛있게 먹고 그릇을 비웠다.

아이들은 저녁을 먹고 나면 자리를 정리하고 7시쯤 집으로 가기 시작한다. 은주와 언니도 공부방을 나와 집으로 향했다. 공부방에서 집까지 가는 길은 가깝지 않다. 걸어서 30분 정도 걸리므로 집과 학교 거리의 두 배가 넘는다. 하지만 이 길은 지루하지 않아 은주와 언니는 매일 걸어 다닌다. 공부방은 읍내의 번화가에 자리 잡고 있기 때문에 공부방을 나오면 많은 옷가게에 전시되어 있는 예쁜 옷들을 구경할 수 있고, 보석가게와 편의점, 오락실, 미용실, 빵가게 등 아주 많은 볼거리가 있어 시간 가는 줄 모른다.

10여 분을 걸어서 시내를 빠져나오면 읍내를 관통하는 강을 만날 수 있다. 이 강의 남쪽과 북쪽을 연결해 주는 다리가 네 개 있다. 각각의 다리에는 이름이 있지만 사람들은 다리가 지어진 순서에 따라 보통 일교, 이교, 삼교, 사교라고 부른다. 강의 수심이 얕은 봄이나 가을에는 징검다리를 건너기도 하지만 요즘은 장마철이라 징검다리가 물속에 잠겨 있다. 강의 북쪽에는 대부분 관공서와 학교, 아파트가 자리 잡고 있고, 강의 남쪽에는 논과 밭, 축사, 골프장 등이 있다. 이 지역에는 '한 번 강북에 자리 잡으면 절대로 강남으로 가지 않는다.' 는 말이 있을 만큼 강의 남쪽과 북쪽의 지리적, 환경적 차이가 크다.

은주가 하루 중 그 경계를 넘는 것은 오직 공부방에 갈 때뿐이다. 번쩍이기 시작하는 네온과 화려한 간판들을 뒤로 하고, 시내로 옮겨가 지금은 비어 있는 어느 한의원 건물을 끼고 돌아 집으로 향한다.

집에 들어오니 어머니와 아버지가 안방에서 드라마를 보고 계신다.

"밥 먹었어?" 엄마가 묻는다.

"어." 딸들은 퉁명스럽게 대답하고 가방을 내려놓는다.

"어서 씻고, 숙제 있으면 숙제해야지."

"숙제 없어요."

"은주는 사회 문제집 풀어야지."

은주가 가장 어려워하는 과목이 사회라는 것을 어머니도 알고 있다. 그래서 은주 어머니는 기말고사를 치르기 전에 특별히 사회 문제집을 사 놓았다. 은주 어머니는 아이들이 할 수 있는 만큼 하고 분수에 맞게 살기를 바라지만 아이들의 교육에 많은 관심을 기울이고 있다. 조금이라도 여윳돈이 생기면 아이들에게 유익한 동화책을 사준다. 그래서 은주네 집에는 책이 적은 편이 아니다.

은주 어머니는 한국 학부모의 교육열이 이해하기 어려울 만큼 높고 자녀들의 학원비로 고액을 지불한다는 사실을 믿지 못한다. 은주 어머니는 자녀들을 가정형편에 맞게 할 수 있는 만큼 교육시킨다는 생각을 하며 기르고 있지만, 변변한 학습지 하나 해 주지 못하고 국가에서 지원해 주는 어린이집과 공부방 외에 어떤 학원도 보내지 못하는 것이 안타깝다.

또한 은주 어머니는 삼남매 모두 지금까지 학원에 한 번 보내지 못했는데, 아이들이 큰 문제 없이 학교를 잘 다니고 있는 것을 감사하게 생각한다. 지금 은주와 은주의 언니는 공부방에 다니고, 오빠는 YMCA에서 중학생에게 영어와 수학을 가르쳐 주는 곳이 있어 거기에 다닌다. 오빠는 학원 한 번 다니지 않았지만 지금까지 계속 상위권을 지키고 있다. 그래서 때로는 동생들의 선생님이 되어 가르쳐 주곤 한다.

은주 어머니가 사회 문제집을 샀지만 사회를 은주에게 가르쳐 주지는 못한다. 언어적인 문제뿐만 아니라 사회라는 것이 '한국의 사회'이기 때문에 자신이 배운 사회와는 완전히 달라 가르쳐줄 수가 없다. 그래서 은주가 문제를 풀고 나면 그것을 채점하고 이해하지 못하는 부분은 은주의 아버지나 오빠가 가르쳐 준다. 기말고사 전부터 어머니와 사회 문제집을 풀어 오던 은주는 이제 지겨워졌다. 빨리 끝내고 컴퓨터 게임을 하거나 TV를 보고 싶다. 지겨운 것은 사실이지만 어머니와 문제집을 풀어본 덕분인지 이번 기말고사에서 사회점수가 조금은 높게 나왔다. 하지만 은주는 여전히 사회과목이 싫고 어렵다.

은주가 어머니와 사회 문제집을 푸는 동안 언니가 벌써 컴퓨터 앞에 앉았다. 은주는 아쉬워하며 어린이 프로그램을 본다. 은주네 집에는 텔레비전이 두 대 있다. 하나는 안방에, 또 하나는 은주와 언니가 같이 쓰는 방에 있다. 그래서 보고 싶은 프로그램을 볼 수 있다. 잠자기 전까지 텔레비전을 보지만 컴퓨터 게임은 한 사람이 하루에 30분 이상 하지 못한다. 이것은 컴퓨터가 생기자 서로 많이 하려고 다투는 일이 잦아지면서 어머니가 만든 규칙이다.

이 컴퓨터와 인터넷 사용료는 학교에서 지원해 준다. 이 또한 기초생활 수급자들이 받을 수 있는 혜택이다. 집 전화와 휴대전화 네 대를 가지고 있는 은주네로서는 무료로 인터넷을 사용할 수 있는 것만 해도 큰 도움이 된다. 이 컴퓨터가 있어서 은주 부모님도 가끔은 학교, 학습 홈페이지에 들어가서 알림장을 확인하고 학교와 학급의 행사 사진을 볼 수 있다. 은주네 남매들은 모두 이 규칙을 지킨다. 설사 오빠라고 해도 예외는 아니다. 컴퓨터를 30분씩 하고 텔레비전을 보다가 10시가 되면 잘 준비를 한다. 오빠가 자기 방으로 건너가면 가족들은 10시, 늦어도 10시 30분에 자지만 오빠가 11시까지 텔레비전을 보면 모두 자는 시간이 11시가 된다.

밤늦게까지 토론 프로그램을 본 은주 아버지가 일찌감치 9시쯤 잠자리에 든 아내를 쳐다보고 있다가 일어나 아이들의 방으로 간다. 마루가 없어서 만들어 놓은 방과 방을 잇는 쪽문으로 들어가 딸들의 이불을 만져 주고 불을 끄고 나온다. 큰 아이는 무엇을 하는지 아직 불을 켜 놓고 있다. 장마철이라 구름이 잔뜩 낀 하늘에는 희미한 별빛만 몇 개 반짝일 뿐이다.

경기가 좋아지기는커녕 계속해서 나빠지는 것 같다. 최근 두 달 동안 한 일이라고는 일용직 노동일 며칠과 고향 어머니 농사일을 도운 것이 전부다. 오늘도 일거리가 없어서 일을 나가지 못했는데 내일도 일이 없다. 은주 아버지는 착잡한 표정으로 말없이 담배연기를 내뿜는다. 뿌연 연기가 캄캄한 어둠 속에서 피어오른다.

인도네시아 소년 은중이:
한국을 버리고 떠나는 이유

■■■■■■■■■■■■■■■■■■■■■■■■■■■■■■■

은중이네 가족

은중이는 올해 창원시 왕릉동에 위치한 왕릉초등학교 4학년 3반에 재학 중이다. 은중이는 또래에 비해 키가 약간 작고 체중도 적게 나가는 편(140cm, 28kg)이라서 날렵한 인상을 풍겼다. 특히 가지런한 치아와 깔끔한 이목구비는 모범생의 이미지를 연상시켰다.

교사 연구실 문을 열고 들어선 은중이는 무척 긴장한 표정으로 주변을 두리번거렸다. 은중이는 성격이 워낙 내성적이고 부끄러움이 많아서 좀처럼 먼저 말을 건네지 않았다. 첫 인터뷰를 하는 동안 은중이는 "잘 모르겠는데요."라는 말만 연발하였다. 첫 인터뷰가 이뤄진 후에도 은중이의 소극적인 태도는 쉽사리 변하지 않았다. 그래서 준비한 인터뷰 가이드를 무시하고, 자연스러운 대화를 통해서만 은중이의 내면을 희미하게 볼 수 있었다.

은중이는 2000년 8월 3일 인도네시아의 수도인 자카르타에서 태어났다. 자카르타는 동남아시아 제1의 대도시이며, 행정상 '대(大) 자카르타 수도 특별지구'를 형성한다. 이곳은 군도의 정치·경제·문화의 중심지로 번영하였으며, 19세기에는 시가가 차차 남쪽으로 확대되었다. 자카르타는 산업적으로는 거대한 소비도시이지만, 근교에 외국 자본 원조에 의한 방직·식품·전기기계·약품 등의 근대공업이 일어나고 있다. 또 자카르타를 중심지로 한 육·해·공의 교통로가 잘 정비되어 동남아시아의 일대 중심지로서의 기능을 다하고 있으며, 인도네시아 무역의 절반은 자카르타를 통해 행해진다(네이버 인도네시아 국가정보 참조).

은중이가 인도네시아의 자카르타에서 태어난 것은 어머니가 인도네시아 국적의 사람이기 때문이다. 은중이 어머니의 이름은 세레나(가명)이며, 한국 나이로 35살인 인도네시아 출신의 한국 아줌마다. 은중이 어머니는 23살이 되던 해(1999년)에 한국 남자(은중의 아버지, 현재 43세)와 결혼을 하였다. 은중이 어머니는 당시 가정형편상 대학진학을 포기하고 한국인이 경영하는 회사(어업용 도구를 제조하는 중소기업)에 취직을 하였다. 그리고 그곳에서 지금의 은중이 아버지를 만났다. 당시 은중이 아버지도 그 회사의 직원이었는데, 그들은 회사에서 자연스럽게 사귀게 되었고, 사내 커플로 지내다가 마침내 결혼까지 하게 되었다.

당시 은중이 어머니는 한국이라는 나라를 동경했기 때문에 한국 남성에 대해 좋은 인상을 가지고 있었다. 은중이 어머니는 인도네시아보다 경제적으로 발전된 한국에서 살다 보면 지긋지긋한 가난으로부터 해방될 수 있을 것으로 생각하였던 것이다. 그래서 은중이 어머니는 자신보다 여덟 살이나 많은 한국 남자와 국제결혼을 하기로 마음먹었다.

그러나 은중이 아버지는 한국 드라마에 등장하는 부자가 결코 아니었다. 특히 한국은 2년 전(1997년)에 IMF로부터 구제 금융을 받았기 때문에 그들은 결혼 후 한국에서 정착할 수 없었다. 은중이 부모님은 경제적 여건 때문에 인도네시아 현지에서 간소하게 결혼식을 올렸다. 한국에 있는 남편의 가족들도 가난했기 때문에 결혼식에 참석한 한국의 시댁 식구들은 아무도 없었다. 은중이 어머니는 결혼 후 2001년까지 인도네시아의 친정에서 머물렀다. 남편과 자신의 직장이 인도네시아에 있었기 때문이다.

은중이 어머니는 결혼을 한 지 1년 만에 첫 아들인 은중이를 얻었다. 은중이 어머니는 친정어머니와 함께 기거했기 때문에 은중이를 3살까지 키워 준 사람은 은중이의 인도네시아 할머니였다. 2002년 초에 접어들어 부부가 일하는 회사가 부도를 맞게 되었다. 그래서 은중이 부모들은 동시에 실직하게 되었고, 어쩔 수 없이 한국에 가서 살기로 결심하였다.

2002년부터 은중이는 아버지가 새롭게 취직한 회사를 따라 아버지의 고향인 부산의 영도에서 살게 되었다. 한국으로 귀국한 은중이네 가족은 보금자리를 마련하기가 쉽지 않았으나 은중이 조모의 도움으로 네 사람이 머무를 수 있는 아담한 거처(단독주택, 월세 30만 원)를 마련하였다. 영도의 산중턱에 위치한 은중이네 집은 크고 깨끗하지는 않았지만 네 사람이 살기에는 부족함이 없었다. 그 해 겨울에 은중이 남동생인 철수가 태어났고, 이듬해(2003년)에 여동생인 은정이도 태어났다. 은중이 어머니는 자녀들의 육아 때문에 일을 하지는 않았다.

은중이는 유치원생활과 달리 학교생활에 잘 적응하였지만 불행하게도 새로운 고민에 빠지고 말았다. 갑자기 집안 분위기가 엉망이 되었기 때문이다. 초등학교에 입학한 2007년에 아버지가 갑자기 실직하였다. 아버지의 고정적인 수입이 사라지자 가정형편이 점차 어려워졌다. 시간이 흘러갈수록 아버지의 상실감과 자괴감은 커져 갔고 어머니의 한숨도 늘어 갔다.

그리고 은중이가 3학년이 되던 2009년에 은중이의 집은 최악의 상황으로 치닫고 말았다. 아버지는 신세한탄을 하며 매일같이 폭음을 하였는데 특히 술을 많이 마신 날에는 무서운 야수로 돌변하였다. 은중이 아버지는 어머니를 무자비하게 구타하기도 했으며, 이유 없이 살림살이를 깨부수고, 아들들과 딸을 괴롭혔다.

부산에서 살 때, 은중이 아버지는 맨날 저를 때렸어요. 아무런 이유도 없어요. 인도네시아 살 때는 그렇지 않았는데…… 부산에 이사 와서 사람이 갑자기 변했어요. 술만 마시면 정신을 못 차리고 막 때려요. 집에 있는 물건도 깨부수고, 아이들도 마구

때렸어요. 은중이는 내가 맞는 것을 많이 보고 자랐어요. 그래서 지금도 아버지 이야기를 하면 말을 안 해요.

어머니와 은중이 그리고 동생들은 아버지에게 고통을 호소했지만 끝내 아버지의 태도는 변화되지 않았다. 이러한 상황이 지속되자 어머니와 아버지는 서서히 서로를 포기하게 되었다. 이윽고 부부는 돌아올 수 없는 강(법률을 통한 강제적 별거)을 건너고 말았다.

2009년 5월에 어머니는 중대 결정을 내렸다. 남편의 상습적인 구타와 경제적 무능함을 견디지 못한 어머니는 복지센터를 통해 법원을 찾아갔다. 은중이네 가정상황을 파악한 법원은 아버지에게 엄한 벌을 내렸다. 이제 아버지는 가족과 함께 살 수 없는 처지가 되고 말았다. 이러한 악몽이 거듭되는 동안 5월부터 6월에 걸쳐 은중이는 23일이나 등교를 하지 못했다. 비탄에 빠진 어머니의 얼굴과 아버지의 빈 자리 그리고 장기 결석으로 은중이는 혼란에 빠지고야 말았다.

그러나 아버지가 가족으로부터 멀어진 후에 오히려 공포심과 불안감은 조금씩 수그러들었다. 아버지의 참을 수 없는 분노와 폭력이 사라졌기 때문이다. 그때 어머니는 또다시 어려운 결정을 내려야만 했다. 은중이 어머니는 그동안의 삶의 터전을 버리고 새로운 지역인 창원시로 이주하기로 결정하였다. 공장지대가 많은 창원시는 부산의 영도보다 일자리가 많았고 집값도 비교적 낮았다. 물론 어머니가 이러한 결정을 하는 데는 사회복지센터와 복지사의 도움이 컸다. 어머니는 인도네시아의 외삼촌이 일하고 있는 중소기업에 취직하였다. 월급(80~120만 원)은 턱없이 부족하였지만 4대 보험 처리가 되기 때문에 울며 겨자 먹기로 취직을 하였다.

창원시에서 살게 되면서부터 은중이의 일상생활에는 많은 변화가 나타났다. 우선 한국에서 일을 하고 있는 인도네시아의 외삼촌과 함께 살게 되었다. 외삼촌은 어머니보다 세 살이 어렸는데(32세), 한국에서 돈을 벌어 인도네시아에 살고 있는 외숙모와 아들에게 매달 돈(월 50만 원)을 부쳤다. 은중이는 외삼촌과 함께 살게 되어서 오히려 다행이라고 생각하였다. 외삼촌은 집에서 아버지 역할을 대신할 수 있고, 어머니를 보호해 줄 수도 있기 때문이다.

어머니가 매일 공장으로 출근하게 되어 은중이의 가정 내 역할도 크게 달라졌다. 어머니가 계시지 않는 동안에는 동생들을 돌보면서 저녁식사도 챙겨야 하고 알림장도 봐 주어야 했다. 은중이는 학원을 다니지 않기 때문에 나머지 시간은 대부분 혼자 TV를 보거나 만화책을 읽으며 보냈다.

어머니는 외삼촌과 함께 자동차 부품을 만드는 중소기업(금형전문 기업)에 취업하였으며, 한 달에 약 120만 원(잔업수당 포함)의 월급을 받았다. 이 월급으로 네 명의 가족이 살기에는 턱없이 부족하였다. 다행히 왕릉초등학교 측이 은중이의 두 동생에게 방과후학교 무료 수강권을 지급하여서 두 동생은 특기적성 교육을 받을 수 있었다. 그리고 동생들은 방과후학교 이후에도 무료 '돌봄교실'을 다녔기 때문에 은중이 어머니의 가계부담은 어느 정도 줄었다. 하지만 은중이는 이러한 혜택을 받지 못해 대부분의 시간을 혼자서 보냈다. 은중이는 학교 수업을 마친 후 마을 주변에서 친구들과 놀거나 TV를 보면서 오후를 보냈다.

은중이가 살고 있는 집은 소형 아파트(22평형의 3층)였으며, 보증금 2000만 원에 월세가 30만 원이었다. 하지만 사회복지센터의 도움으로 집세를 모두 내는 것은 아니었다. 은중이 어머니가 절반 정도(15만 원)를 부담했으며, 나머지 금액은 복지센터에서 지원해 주었다. 물론 보증금 2000만 원도 사회복지센터의 독지가가 지원해 주었다. 은중이는 어머니가 육체적으로 매우 힘들기 때문에 도움을 주고 싶었다. 그러나 말처럼 쉽지는 않았다. 집안일은 해도 해도 끝이 없고, 동생들이 금방 다시 어지럽히기 일쑤였다.

며칠 전에는 어머니가 인도네시아에 살고 있는 할머니에게 국제전화를 하였다. 은중이는 어머니를 통해 수화기를 바꿔 받았지만 한 마디도 할 수 없었다. 은중이는 인도네시아어를 전혀 하지 못했기 때문이다. 어머니가 통역을 해서 할머니께 전화를 해 보지만 어색함은 어쩔 수 없었다. 은중이는 워낙 어린 시절에 인도네시아에서 살았기 때문에 할머니의 얼굴도 생각나지 않았다.

외삼촌은 올해 9월 6일에 인도네시아에 간다. 은중이도 외삼촌을 따라 인도네시아에 한번 가고 싶지만 그럴 수는 없다. 개학하면 학교도 가야 하고, 무엇보다 항공료(왕복 90만 원)가 비싸기 때문이다. 은중이를 인도네시아 사람으로 키울 생각이 전혀 없는 은중이 어머니가 인도네시아에 있는 할머니에게 한 번씩 전화를 하는 것은 단지 은중이에게 할머니의 존재를 알려주고 싶어서이다. 어머니는 은중이를 완전한 한국인으로 키우고 싶어한다. 다음 글은 은중이 어머니의 이러한 마음을 잘 표현하고 있다.

은중이는 이제 완전한 한국 사람이라고 생각해요. 인도네시아 말도 전혀 몰라요. 너무 어려서 인도네시아에서 살았으니까요. 두 동생들은 더욱 그렇고요. 남편과 헤어져서 살고 있지만, 아이들과 함께 인도네시아로 돌아갈 마음은 전혀 없어요. 세 아이가 모두 한국의 학교에서 잘 생활하고 있어요. 혼자 인도네시아에 살고 있는 은중이 할머니도 내년에 한국으로 올 거예요. 엄마(은중이 할머니)랑 같이 학교 주변에서 식당을 해 보려고요. 인도네시아 전문 식당이요. 공장에서 주는 월급은 너무 적어요.

하지만 같이 살고 있는 남동생은 돈을 벌고 난 다음에 인도네시아로 돌아가고 싶어해요. 아내와 자식이 그곳에 있어요. 남동생은 왕릉동에서 인도네시아 사람들과 가끔 만나면서 함께 놀아요. 하지만 저는 아이가 셋이나 되니까 인도네시아 사람들을 만날 시간이 많지 않아요. 먹고 살기 바빠요. 하지만 주말이 되면 꼭 사원으로 가요. 저는 무슬림이니까요. 하루에도 몇 번을 가야 하지만 어쩔 수 없어요. 매일 출근을 해서…….

한 달 전부터 은중이네 집에는 새로운 가족이 들어왔다. 바로 외삼촌의 인도네시아 친구다. 외삼촌의 친구는 집세를 부담하지는 않았지만 수도세와 전기세를 전담하였기 때문에 가정 경제에 약간의 도움을 주었다. 하지만 어머니의 잠자리가 조금 불편해졌다. 외삼촌의 독방이 외삼촌 친구 방으로 바뀌어서 어머니 방에서 외삼촌과 두 동생이 함께 자게 되었다. 비록 은중이의 독방은 사라지지 않았지만 어머니에게 미안한 생각이 자꾸 들었다. 은중이는 가끔 어머니 방에서 자기도 하지만 대부분은 혼자서 잠을 잔다. 은중이는 큰 집으로 이사를 가고 싶지만 현재로서는 뾰족한 방법이 없다. 그래서 빨리 어른이 되어 어머니의 경제적 부담을 덜어 주고 싶다.

창원시에서 살게 된 이후로 아버지와는 자주 만나지 못했다. 은중이는 한 달에 한 번 정도 아버지를 만나는데 15분 정도가 고작이었다. 어떤 날에는 어머니 혼자 아버지를 만나러 가기도 하였다. 아버지를 만나는 곳은 언제나 똑같았다. 바로 학교 옆에 있는 사회복지센터였다. 그곳에는 사무실 사람들이 있기 때문에 은중이와 아버지는 자세한 이야기를 하지 못했다.

아빠가 저와 동생들을 왜 버렸는지 잘 모르겠어요. 왜 술만 먹으면 우리들을 때리는지도 잘 모르겠어요. 이제는 차라리 아빠가 없는 것이 편해요. 엄마가 저와 동생들을 위해 열심히 살고 있으니까요. 다른 집처럼 부자로 살 수는 없겠지만……. 지금이 옛날보다 훨씬 나아요.

우리 학교 교장선생님은 동생들이 공짜로 학원을 다닐 수 있도록 도와줘요. 그리고 복지센터 아저씨도 우리가 살 수 있도록 돈을 주었어요. 아저씨와 교장선생님의 도움이 없었더라면, 우리 엄마, 엄청 힘들었을 거예요. 참 다행이지요? 그 분들이 없었다면, 영도에서 살 때처럼, 엄마는 매일 매일 울었을 거예요. 계속 힘들었을 거예요.

아버지를 만나는 시간은 긴장되거나 어색할 때가 많았다. 은중이는 아버지가 다시 보고 싶지도 않았다. 아버지의 얼굴을 직접 보고 목소리를 듣는 순간 과거의 악몽이 되살아났다. 아버지와 대화를 나누는 어머니의 얼굴과 목소리도 여전히 차갑기만 했다. 은중이는 작년에 자신만의 휴대전화를 갖게 되었는데 대부분 아버지가 먼저 전화를 하여 가끔씩 아버지의 목소리를 들을 수 있었다. 하지만 올해 휴대전화를 잃어버려서 더 이상 아버지와 통화하는 일도 없어졌다. 은중이는 여전히 아버지가 그다지 그립지 않다. 오히려 아버지가 없어서 마음 편할 때가 많다. 은중이는 요즘 아버지와 자신이 점점 멀어지고 있음을 실감하고 있다. 아버지에 대한 감정은 동생들도 마찬가지다. 은중이는 아버지가 없을 때가 더 행복하다.

초등학생 은중이의 하루

은중이는 아침 6시 30분 정도가 되면 자동으로 눈을 뜬다. 아침에 늦잠을 자고 싶어도 소용이 없다. 회사로 출근해야 하는 어머니가 억지로라도 깨우기 때문이다. 눈을 비비며 거실로 나온 은중이는 어머니 방에서 자고 나온 남동생 철수(9세, 초등학교 2학년)와 여동생 은정(8세, 초등학교 1학년)이와 함께 샤워를 한다. 요즘은 열대야가 기승을 부려 세수만으로는 몸을 깨끗이 씻기 힘들다. 다른 친구들 집처럼 에어컨이 있으면 얼마나 좋을까 생각도 하지만 집안 형편을 생각하면 어림도 없다. 은중이는 예전에 비해 아침생활이 편안함을 실감한다. 어린 두 동생도 제법 커 이젠 스스로 샤워를 할 수 있기 때문이다.

샤워를 마치고 나면 어머니가 준비해 놓은 옷을 입고 밥상 앞에 앉는다. 은중이는 아침식사 시간을 매우 좋아한다. 저녁에는 어머니 역할을 대신해서 동생들을 챙겨 먹여야 하지만 아침식사는 어머니가 손수 챙겨 주기 때문이다. 은중이는 아침식사가 끝나자마자 빈 그릇과 수저를 들고 개수대로 가 어머니를 도와준다. 동생들도 이젠 습관이 되어서 자동적으로 은중이를 따라한다.

그러다 보면 어느덧 한 시간이 지나간다. 이때 시각은 아침 7시 30분! 그러나 학교로 출발하기에는 아직 30분 정도가 이르다. 그렇다면 차라리 7시에 일어나는 편이 좋다고 생각해 보지만 어쩔 수 없다. 어머니가 설거지를 해야 하기 때문이다. 요즘처럼 더운 날씨에는 설거지를 바로 하지 않으면 역겨운 냄새가 난다. 어차피 저녁을 직접 준비해야 하는 은중이는 어머니의 이러한 선택이 싫지만은 않다. 은중이가 30분만 빨리 일어나면 저녁에 설거지를 할 필요가 없기 때문이다.

은중이는 이를 깨끗이 닦고 난 다음에 곧바로 TV를 켠다. 두 동생도 앞 다투어 TV 앞에 모여 든다. 요즘 은중이가 즐겨 보는 프로그램은 유선채널(투니버스, 챔프)의 만화들이다. 어머니는 아침부터 TV를 보지 말라고 하지만 어쩔 수 없다. TV 말고는 별로 할 것이 없기 때문이다.

어머니가 등교를 재촉한다. 시계를 보니 벌써 아침 8시가 되었다. 은중이는 알림장과 준비물을 확인하고 무거운 가방을 멘다. 오늘 은중이의 마음은 가방처럼 무겁기만 하다. 어제 담임선생님이 내준 숙제를 다 하지 못했기 때문이다. 시간이 부족해서 그런 것은 아니다. 어려워서 숙제를 못한 것도 아니다. 요즘은 왠지 학교 숙제가 약간 지겹다. 공부보다는 노는 것이 더 재밌다. 하지만 올해 담임선생님은 은중이의 게으름을 좀처럼 용서하지 않는다. 그래서 은중이는 발걸음을 재촉한다. 아침자습 시간을 이용해서 밀린 숙제를 해야 하기 때문이다. 동생 철수가 도로 위에서 자꾸 장난을 쳐서 걱정이다. 하는 수 없이 철수의 손을 잡고 학교로 향한다.

은중이는 동생들을 각 교실로 보내고 난 후 자신의 자리에 앉는다. 교실에는 은중이보다 먼저 등교한 친구들 다섯이 둘러앉아 떠들고 있다. 하지만 밀린 숙제를 해야 하는 은중이는 오늘 아침 그 친구들과 어울릴 수 없다. 오늘 아침은 마음이 급하기만 하다. 칠판에 적혀 있는 학습지도 풀어야 하기 때문이다. 허겁지겁 숙제를 하고 있는데 아이들이 갑자기 조용해진다. 고개를 들어 보니 어느새 담임선생님이 교실에 앉아 계신다. 은중이는 선생님께 아침인사를 하고 난 후 학습지를 받아 문제를 풀기 시작한다. 8시 50분이 되자 수업 예비종이 울린다. 은중이는 비로소 안도의 숨을 내쉰다. 겨우 아침자습 과제와 숙제를 끝냈다.

드디어 1교시 수업이 끝났다. 은중이는 1교시 끝나고 쉬는 시간이 가장 즐겁다. 9시 40분부터 10시까지 20분 동안 마음껏 놀 수 있기 때문이다. 담임선생님은 티타임을 갖기 위해 교실을 나갔다. 그러나 은중이는 여느 때처럼 운동장에 나가 놀지 않는다. 요즘은 교실 안에서 살구놀이(공기놀이의 한 종류)하는 것이 대세다.

신나게 살구놀이를 하고 있던 은중이가 갑자기 담임선생님의 호출을 받았다. 4학년 연구실에 들어간 은중이는 담임선생님의 말씀을 듣고 영어실로 달려간다. 영어실에는 다문화교육을 담당하는 영어선생님이 있다. 영어선생님이 은중이에게 주말에 있는 다문화가정 교육프로그램 안내장을 주었다. 하지만 은중이는 영어선생님의 말이 머릿속에 전혀 들어오지 않았다. 살구놀이를 할 수 있는 시간이 점점 줄기 때문이다. 아니나 다를까 2교시 수업종이 울려 퍼진다. 은중이는 안내장을 받아 호주머니에 꾸깃 꾸깃 집어넣는다. 집에 가져가 봐야 아무 소용이 없다. 주말에도 일을 나가야 하는 어머니에게 안내장을 드려 봤자 소용이 없기 때문이다.

2교시 수학시간이 시작되었다. 수학시간은 비교적 재미있지만 집중하기가 좀처럼 쉽지 않다. 옆 자리에 앉아 있는 광수와 형민이가 자꾸 장난을 걸어오기 때문이다. 은중이는 담임선생님의 눈을 피해 속삭이면서 이야기를 하지만, 선생님이 모를 리가 없다. 은중이는 어제에 이어 오늘 또 담임선생님께 혼이 난다. 또 다시 떠들면 혼난다는 선생님의 말씀을 듣고 나서야 주위의 친구들이 조용해진다. 은중이는 2교시가 끝나자 운동장으로 달려 나간다. 광수, 형민이와 함께 승부차기를 연습하기 위해서다.

3, 4교시도 끝났다. 하지만 은중이는 곧바로 급식소로 갈 수 없다. 전교생이 동시에 점심을 먹다 보니 4학년 차례가 되려면 20분을 기다려야만 한다. 12시 20분부터 12시 40분까지는 살구놀이의 제2차전이 시작된다. 수업시간과 달리 살구놀이 시간은 쏜살같이 지나간다. 담임선생님의 지시에 따라 밥 먹으러 갈 줄을 선다. 좋아하는 친구들과 점심을 함께 먹기 위해서는 민첩하게 움직여야만 한다. 급식소에 들어서자 맛있는 냄새가 진동한다. 어머니의 아침도 맛있지만 학교의 점심식사도 나쁘지 않다. 영양선생님이 식판 검사를 철저히 하기 때문에 남김 없이 밥을 먹어야 한다. 어떤 친구들은 음식을 남겨 불합격을 받기도 하지만, 은중이는 별 걱정이 없다. 특별히 싫어하는 음식이 없기 때

문에 반찬을 남기지 않고 식사를 할 수 있기 때문이다.

점심을 먹고 나면 오후 1시가 된다. 5교시가 시작되려면 아직 20분이나 남았다. 따가운 햇볕이 운동장을 노려보고 있지만 축구를 하는 데 아무런 지장이 없다. 얼마의 시간이 흐르자 예비종이 울린다. 학교 본관에 걸린 시계를 보니 1시 15분을 가리킨다. 은중이는 서둘러 친구들과 함께 교실을 향해 뛴다. 지각하면 선생님께 혼이 나기도 한다. 5교시 수업은 언제나 힘들다. 운동장에서 달아오른 몸이 채 식지도 않았는데 식곤증까지 몰려오기 때문이다.

드디어 오후 2시다. 은중이는 알림장을 쓴 다음 곧바로 서관 1층으로 향한다. 담당구역 청소를 해야 하기 때문이다. 은중이는 1학년 교실과 계단을 청소해야 하는데, 이 일은 학교에서 하는 일 중 가장 하기 싫고 힘들다.

2시 30분이 되자 청소를 마친 친구들은 학원버스를 타기 위해 서둘러 교실을 빠져 나간다. 그러나 은중이는 오후 4시까지 수학 보충수업을 받아야 하기 때문에 집으로 곧바로 갈 수 없다. 은중이가 초등학교의 특별보충과정을 이수하는 것은 교과 성적이 낮아서가 아니다. 은중이가 다니고 있는 왕릉초등학교는 2008년부터 교육부지원 교육복지투자우선지역학교로 선정되었다. 학교에는 막대한 교육예산이 투입되기 때문에 기초생활수급자나 차상위계층의 학생들, 다문화가정 학생들이 무료로 학교의 특별보충과정을 받을 수 있다. 은중이도 이러한 혜택을 받아 사설학원을 다니지 않고 학교에서 수업을 받는다.

오후 4시가 되면 은중이는 집으로 향하지만 집에 가봤자 아무도 없다. 동생들은 학교의 돌봄교실(학교가 지원하는 방과후 보육교실)에 있기 때문에 저녁 6시가 되어야 집으로 온다. 그래서 '성동아파트(은중이가 살고 있는 아파트의 가명)' 주변에 살고 있는 친구들과 함께 놀거나, 친구들이 없으면 또다시 TV를 본다. 친구들과 주로 하는 놀이는 옥상탈출(술래잡기)이다. 하지만 이 친구들은 곧 사라진다. 대부분이 학원을 가기 때문이다. 가끔은 친구네 집에 놀러 갈 때도 있다. 친구네 집은 대부분 은중이네 집보다 훨씬 좋다. 아파트가 넓거나 비싼 TV가 있어서가 아니라 집에 어머니가 있기 때문이다. 은중이는 어머니의 보살핌을 받으며 학원을 다니는 친구들이 부러울 때도 있다.

시계를 보니 오후 5시 30분이다. 동생들이 집으로 돌아올 시간이다. 은중이는 서둘러 집에 돌아왔지만 별로 할 일이 없다. 그래서 동생들이 올 때까지 다시 TV를 본다. TV는 자꾸 봐도 질리지 않는 것이 신기할 따름이다. 드디어 동생들이 도착했다. 은중이는 지금부터 어머니 역할을 대신해야 한다. 먼저 은중이부터 샤워를 하고 어머니의 말을 따라 동생들도 샤워를 한다. 은중이는 동생들에게 깨끗한 속옷을 챙겨준 다음 TV를 보다가 7시가 되면 저녁식사를 준비한다. 은중이가 준비하는 저녁식사는 물론 어머니가 차려 주는 식사와는 전혀 다르다. 어머니가 냉장고에 넣어 둔 음식물을 데우거나 조금씩 덜어내는 것이다. 은중이가 열심히 저녁을 준비하면 동생들은 수저를 갖다 놓는다. 저녁을 먹고 나면 으레 설거지를 하는데 꾀가 나는 날에는 설거지를 하지 않아서 어머니에게 미안할 따름이다. 은중이는 동생들과 함께 10분 정도 저녁공부를 한다. 정확히 공부라고 말하기는 좀 그렇다. 알림장을 간단히 확인하는 것이 고작이다.

저녁 8시 혹은 9시쯤 되면 어머니와 외삼촌이 같이 집으로 돌아온다. 어머니와 외삼촌은 저녁 도시락까지 싸 가기 때문에 보통 집에서 저녁식사를 하지 않는다. 은중이 어머니는 이 시간에 세 자녀의 알림장을 확인하고 필요한 준비물을 사기도 한다. 어머니가 귀가를 해도 은중이의 TV 시청은 계속된다. 이 시간에는 가족이 모두 앉아 TV를 본다. 어머니는 은중이의 공부하는 습관을 나무라지는 않는다. 학년이 높아지면서 실제적인 도움을 주지 못하기 때문이다. 어머니는 한국어뿐만 아니라 교과내용 측면에서도 은중이를 돕지 못한다.

밤 10시 정도가 되면 은중이는 자기 방으로 들어간다. 간혹 어머니는 이 시간에 외삼촌과 마트에 가기도 하지만 대부분의 경우 피곤하여 잠자리에 든다. 은중이도 내일을 위해 잠을 청한다. 처음에는 혼자 자는 것이 무서웠지만 이제는 괜찮다.

은중이의 유치원과 학교생활

2002년에 4살이 된 은중이는 인도네시아를 떠나 어머니와 아버지를 따라 한국으로 왔다. 아버지의 생활 근거지가 부산 일대였기 때문에 은중이는 영도구의 항구동에서 살게 되었다. 한국에 온 첫 해에는 어머니와 함께 집에서 생활하였다.

은중이는 5살이 되던 2004년 봄에 어머니의 품을 떠나 영도의 중앙유치원에 입학하였다. 그때 은중이는 처음으로 자신과 어머니가 보통의 한국 사람들과 다르다는 것을 실감하였다. 유치원의 선생님과 친구들이 은중이의 말을 알아듣지 못하였다. 더 큰 문제는, 은중이가 선생님과 친구들의 말을 제대로 알아들을 수 없는 것이었다.

은중이는 어머니가 왜 하필 외국인인지 받아들이기 힘들었다. 다른 친구들은 어머니가 한국인이기 때문에 한국어를 잘한다. 하지만 은중이 어머니는 자신보다 한국어를 못하기 때문에 어머니로부터 한국어를 배우기가 쉽지 않았다. 더욱이 어머니들이 유치원을 방문하는 날이면, 은중이는 어머니가 인도네시아 사람이란 사실이 너무 싫었다. 어머니는 다른 어머니들처럼 유치원 선생님들과 자유롭게 이야기하지 못했다. 또한 어머니와 함께 하는 수업시간에 은중이는 다른 아이들처럼 수업에 제대로 참여할 수 없었다.

다행히도 신(神)은 은중이를 버리지 않았다. 은중이는 보통 아이들에 비해 두뇌가 명석하였다. 3년(2004~2006년) 동안의 유치원 생활, 선생님, 아버지, 할머니의 한국어 사용을 보고 듣고서 한국어를 완벽히 익힐 수 있었다. 은중이는 2007년 3월 3일에 부산 항구초등학교에 입학하였다. 초등학교에 입학한 은중이는 학교생활이 기대되면서도 걱정도 되었다. 과연 초등학교에 잘 적응할 수 있을까 하는 생각은 다행히도 기우였다. 특히 중앙유치원에서 만난 친구들 몇 명이 같은 반에 있었기 때문에 학교와 교실 생활에 금방 적응할 수 있었다.

　은중이는 두뇌가 명석하고 판단력이 예리하였다. 은중이의 이러한 타고난 특성은 한국어를 익히는 데 결정적인 도움이 되었다. 은중이의 폭발적인 언어 학습능력은 3년 동안의 언어적 공백기를 메우기에 충분하였다. 담임선생님을 제외한 교실의 친구들은 은중이가 다문화가정 학생이란 사실을 아무도 몰랐다. 은중이도 3년 동안 항구초등학교를 다니면서 친구들에게 자신이 다문화가정 학생이란 사실을 밝히지 않았다. 은중이는 항구초등학교에서 보낸 1학년(2007년 3월)부터 3학년 1학기(2009년 6월)에 대해 특별히 기억하고 있는 것이 없다. 따라서 학교생활 세부사항 기록부(학교 생활기록부Ⅱ의 일부 내용)를 통해 3년 동안의 삶을 이야기하고자 한다.

인적 사항

학생	성명: 이은중　성별: 남　주민등록번호: 000803-3******
아버지	성명: 이진창(가명)　　생년월일: 1968년 12월 **일
어머니	성명: 세레나(가명)　　생년월일: 1976년 03월 **일
특기사항	다문화가정 학생(어머니 국적: 인도네시아)

은중이가 3학년이 되면서, 어머니와 아버지는 결별하였고 은중이네 가족은 생계유지를 위해 정든 부산 영도를 떠나기로 결심하였다. 은중이네 가족이 새롭게 이주한 곳은 창원시였다. 이 지역에는 공업이 발달하여 일자리가 많고 특히 시내의 왕릉동은 집값이 매우 싼 곳이었다. 왕릉동은 과거 20년 전에는 시에서 가장 번화하였지만, 지금은 가장 낙후된 곳이었다. 도시 외곽에 공장들이 생겨나면서 주거와 상권의 중심이 바뀌었기 때문이다. 상황이 이렇다 보니 왕릉동에는 동남아시아 국가 출신의 사람들이 많이 모여 살게 되었다. 거북이시의 왕릉동은 외국인들 사이에서 제2의 이태원으로 불린다. 은중이네도 왕릉동의 낡고 작은 아파트에서 월세와 전세로 살게 되었다.

　2009년 6월 17일, 가정불화로 인해 왕릉초등학교로 전학을 간 은중이는 기대감과 불안감이 교차하였다. 한 달 가까이 무단결석을 하여서 다시 학교를 다니는 것이 어색했지만, 무엇보다 담임선생님과 친구들이 모두 바뀌었기 때문이다. 새 학교는 역사가 100년이나 되는 오래된 학교로 전교생은 약 500명 정도였으며 시설은 대부분 심하게 낡아 있었다. 인중이는 어머니와 함께 교무실에 앉아 있다가 드디어 새로운 학반과 번호 그리고 새 담임선생님을 배정받았다. 인중이는 그날 이후로 왕릉초등학교 3학년 2반 29번이 되었다. 담임선생님과 친구들은 의외로 상냥하고 친절하였다.

　한 달이 지나자 왕릉초등학교 생활에도 점차 적응이 되었다.

무엇보다 기뻤던 것은 부산의 항구초등학교보다 왕릉초등학교 친구들이 더 친절한 것이었다. 또한 아버지와 어머니가 떨어져 살고 있으니 예전처럼 부모가 싸우는 일이 거의 없었다. 그래서 학교를 마치고 집에 돌아가도 은중이를 불안하게 만드는 사람은 더 이상 없었다. 왕릉초등학교의 3학년 2반 담임선생님(김유미 선생님, 28세)은 키가 매우 크고, 시원한 성격을 가진 미혼의 선생님이었다. 담임선생님은 전학을 와서 힘들어하는 은중이를 잘 보살펴 주었으며, 장점을 발견하고 칭찬해 주는 상냥한 분이었다.

2010년 3월 2일, 은중이는 이제 왕릉초등학교의 4학년 3반 16번 학생이 되었다. 지난해 중간고사와 기말고사의 성적이 좋았기 때문에 학교와 교실 생활에 자신감이 생겼다. 새로운 담임선생님은 30대 초반의 미혼 선생님(이현화 선생님)이었는데, 차분한 성격과 부드러운 어조는 은중이의 호감을 사기에 충분하였다. 담임선생님은 가정환경 기초조사표를 확인하기 전까지 은중이가 다문화가정의 학생이라는 사실을 전혀 몰랐다. 다음 내러티브는 이러한 정황을 자세히 표현해 주고 있다.

전혀 몰랐어요. 모르다가 조사한다고, 아, 아니다. 처음에 그 학생 파일을 받아 보니 거기 다문화라고 적혀 있었거든요. 배정표를 보니 거기 다문화라고 적혀 있어서 그런 줄 알았는데, 아이를 처음 보았을 때는 그 다문화가정 아이가 은중이인 줄은 몰랐거든요.

지내 보면서, 또 나중에 조사해 보고서야 알게 되었죠. 어머니 국
적인 인도네시아라는 것도 작년 담임한테 들어서 알았어요.

담임선생님은 은중이의 외모와 말투, 행동을 보고 은중이가
다문화가정 학생이라는 것을 짐작조차 못했다. 은중이의 피부색
이 일반 아이들에 비해 전혀 검지 않았으며, 한국어도 능수능란
하였고, 특히 학업성적 면에서 상위권에 머물렀기 때문에 담임
선생님은 놀랄 수밖에 없었다. 다문화가정 학생에 대한 선생님
의 고정관념이 한순간에 무너졌다. 담임선생님의 관찰과 판단으
로 미루어 볼 때, 은중이는 교과 성적이 우수했지만 공부시간에
집중해서 수업을 경청하는 학생은 아니었다.

다른 고학년에 중에는 얼굴이 약간 티가 나는 아이들이 있대요.
아니면 읽기, 쓰기가 안 되는 건 아닐까 걱정이 되긴 했는데. 전에
다른 학교에서 다문화 아동을 맡은 적이 있긴 있어요. 그때는 어
머니가 일본인이었거든요. 어머니도 전화통화가 가능할 정도로
한국말을 잘하시고 아이들도 전혀 그런 게 없었거든요. 그래서 걱
정하지는 않았고요. "다를 순 있겠다." 이렇게만 생각했었어요.

공부는 매우 잘하는 것 같거든요. 이번(3월) 진단평가에서도 평
균이 90점이고, 성적은 좋은데 수업시간에 보면 자기가 일부러
막 떠들진 않는데 옆에서 떠들면 같이 막 떠드는 거 같아요. 지
금 맨 뒤에 앉아서 그런 건지 모르겠는데 주변에 남학생들이 말

을 시키면 꼭 같이 떠들어요.

담임선생님은 은중이의 교실생활에 대하여 대단히 만족스러워하였다. 일반 학생들에 비하여 별다른 특이사항이 없었고 친구들과의 관계도 좋은 편이었다. 특히, 은중이가 친구들에게 어머니가 인도네시아 사람이라고 당당히 밝히는 모습이 참이나 인상적이었다. 더욱 놀라운 점은 같은 반 친구들조차도 이 사실에 별다른 거부감이나 관심을 나타내지 않았다는 점이다. 물론 일부 학생들은 다소 신기해했지만 곧 자연스럽게 받아들였다.

다르거나 그런 게 없고요. 얼마 전에 애들이 인도네시아라는 거를 알았어요. 교장선생님이 다문화 아이들을 따로 불렀나 봐요. 그래가지고 얘기가 나오다가, 은중이가 아이들한테 자기 어머니가 인도네시아에서 왔다고 얘기한 거 같아요. 하여튼 그 이후로 아이들이 알게 되었어요. 어떤 아이 하나가 인도네시아 뭐 놀리는 투로 말해도 별로……. 그거가지고 아이들이 놀리는 분위기도 전혀 아니고. 그냥 "어, 신기하다." 이러고 끝이에요. 은중이가 말을 잘 못한다거나 그런 게 아니거든요. 수업시간에도 아이들 사이에서 공부 좀 잘하는 아이로 인식되어 있는 거 같고요. 발표도 자주 하지는 않아도 가끔 잘 아는 것에 대해서는 손 들고 발표해요.

은중이는 교실에서 친구들에게 나름 인기 있는 아이였다. 교실에서 가끔 싸움이 일어나면 앞장서서 친구들을 말리기도 하였다. 4학년 3반 남학생들 중에는 여학생들을 장난삼아 괴롭히는 무리가 있었는데, 은중이는 결코 이러한 무리에 가담하지 않았다.

은중이는 친구들하고는 친하게 지냈지만 담임선생님에게는 적극적으로 자신을 표현하지 않았다. 다문화교육 프로그램과 관련된 일이 아니면 먼저 다가와서 선생님에게 말하는 일이 없었다. 이처럼 수줍음이 많고 내성적인 은중이는 자존심이 매우 강해서 가정환경이 어렵고 불우하더라도 그것을 결코 티내지 않았다. 한 가지 아쉬운 것은 은중이가 스스로 열심히 공부하는 습관을 가지고 있지 않다는 것이다. 그래서 선생님이 내준 과제나 숙제를 해오지 않기가 다반사였다.

진짜 잘 지내요. 아이들이 싸우면 자기가 막 말리고요. 그냥 보통 아이들하고 똑같이 지내요. 여자아이들하고도 문제없이 잘 지내고요. 여자아이들 괴롭히는 아이들 있잖아요. 그런데 은중이는 전혀 그런 스타일도 아니고.

잘 안 와요. 말할 일이 별로 없대요. 은중이와는 가끔 다문화 관련해서만 얘기하거나, 아니면 지원받는 그거를 하니까요. 기초수급자는 아닌데, 담임 추천으로 작년까지 방과후교실도 했거든요. 올해도 그거 서류 받는다고 몇 번 얘기하고, 그것 말고는 따로 저한테 와서 치대지도 않고요. 집은 어려운 것 같지만 그런 걸 학교에서 티내지는 않고요.

처음에 제가 벌칙 안 주고, 그냥 안 한 사람은 남아서 (숙제)하고 가라 할 때는 거의 매일 안 해 왔거든요. 마의 삼각지대! 그 세 명. 매일 안 해 오는 애들 몰려 있었는데, 그 뒤로 하도 안 해 와서 한 시간 내내 벌을 서게 하니까 그 뒤로는 (숙제를) 잘 해 와요. 처음에는 매일 안 해 왔었어요. 매일 칠판에 이름 적혔는데, 은중이 이름이 거의 항상 (칠판에) 있었던 거 같거든요. 벌을 세우니까 그 뒤로는 잘 해 왔어요.

담임선생님은 스스로 공부하는 습관이 부족한 은중이를 위해 적극적으로 지도하였다. 은중이는 머리가 좋아서 이해력은 높은 편이었지만 집중력이 부족하였다. 그래서 수업 중에 떠들거나 숙제를 해 오지 않으면 은중이를 혼내었다. 담임선생님의 이러한 노력에도 불구하고 은중이의 학교성적은 1학기 초에 비해 오히려 떨어졌다. 1학기가 끝날 즈음, 담임선생님은 학기 초에 은중이를 과대평가한 것으로 판단하였다. 그러나 은중이의 하루 일과를 살펴본 사람이라면, 은중이가 왜 성적이 떨어졌는가를 금방 눈치 챌 수 있을 것이다. 은중이의 성적 유지와 향상은 담임선생님만의 노력으로는 역부족이었던 것이다.

그러니까는 집에서 안 챙겨봐 주니까 그런 것도 있고. 습관이 안 되가지고 안 해와도 별 거 없고, 이러니까 대충 해서 검사받으면 되니까.

4학년 1학기 교과평가 결과

교과	영역	평가내용	평가
국어	문학	기억에 남는 이야기 속 인물과 나를 관련지어 말하기	◎
	듣기	토의 절차를 알고 토의하기	◎
	문법	국어 높임말을 이해하여 웃어른께 편지 쓰기	◎
	읽기	필요한 정보를 생각하며 글을 읽고 방문 계획서 쓰기	O
	쓰기	제안하는 글의 짜임을 알고 제안하는 글쓰기	◎
도덕	도덕적 주체로서의 나	자주적인 생활을 하기 위한 계획을 세워 실천하기	O
	우리·타인·사회와의 관계	약속을 지키기 위한 계획을 세우고 실천하기	◎
	나라·민족·지구 공동체와의 관계	나라 발전을 위해 할 수 있는 일 찾아 실천하기	◎
사회	지리	우리 지역의 자연환경 알아보기	◎
	일반사회	지역 문제 해결 과정 살펴보기	◎
	일반사회	함께 더불어 사는 사회를 만들기 위해 노력하는 태도 기르기	◎
수학	측정	각도를 어림하고 각도의 합과 차 구하기	◎
	도형	이등변삼각형과 정삼각형의 성질 알기	◎
	수와 연산	혼합계산식의 계산순서 알기	O
	규칙성과 문제해결	규칙을 찾아 수로 나타내기	◎
과학	운동과 에너지	수평잡기의 원리 알아보기	△
	지구와 우주	물에 의한 지표의 변화 알아보기	O
	생명	식물의 한살이 알아보기	O
	물질	물의 세 가지 상태 알아보기	△
체육	건강활동	과식, 편식, 결식으로 생기는 문제점 비교하기	◎
	도전활동	콩 주머니를 표적에 맞히기	◎
	경쟁활동	공을 원하는 곳으로 던지며 피구 게임에 즐겁게 참여하기	◎
	표현활동	소리를 듣고 떠오르는 생각을 즉흥적으로 표현하기	◎
	여가활동	전통 놀이를 직접 해 보기	◎

4학년 1학기 교과평가 결과 (계속)

교과	영역	평가내용	평가
음악	활동(가창)	바른 자세와 호흡법, 자연스러운 발성으로 노래 부르기	◎
	생활화	어머님 은혜를 수화로 표현하며 노래 부르기	◎
	활동(감상)	악기 음색을 구별하며 감상하기	◎
	활동(기악)	리코더 이중주하기	◎
	활동(창작)	미, 라, 도 세 음을 사용하여 가락 만들기	◎
	이해	같은 가락, 다른 가락, 비슷한 가락 구별하기	○
미술	표현	나의 특징적인 모습을 살려 캐릭터 만들기	◎
	표현	동물의 모습을 관찰하고 환조로 만들기	◎
	미적체험	비슷한 색과 반대색을 찾아 특징 이해하기	◎
	감상	서로의 작품을 감상하고, 재미있게 표현한 점 말하기	◎
영어	말하기	날씨 표현과 상황에 맞는 말 하기	◎
	듣기	인물의 이름, 나이, 신분 알기	◎
	쓰기	시각을 듣고 정확하게 쓰기	◎

※ 교과평가에서 ◎는 잘함, ○는 보통, △는 노력 요함을 나타냅니다.

4학년 1학기 출결상황

수업일수	결석일수			지각			조퇴			결과			특기사항
	질병	무단	기타	질병	무단	기타	질병	무단	기타	질병	무단	기타	
108	1	.	.	.	.	.	.	.	.	.	.	.	감기(1)

4학년 1학기 행동특성 및 종합의견

행동특성 및 종합의견

성품이 조용하고 온화하며 교우관계가 좋음. 책임감이 강하여 주어진 일을 성실히 해내며 궂은 일이어도 남보다 앞장서기를 즐겨 하여 모범이 됨

2010학년도 1학기 중간 학업성취도 평가 결과표

번호	이름	국어	수학	사회	과학	영어	총점	평균	비고
16	이은중	96	88	88	75	95	442	88.40	

2010학년도 1학기 기말 학업성취도 평가 결과표

번호	이름	국어	수학	사회	과학	영어	음악	미술	체육	도덕	총점	평균
16	이은중	80	80	84	75	100	50	90	90	80	729	81.00

주변에 있는 축구부 아이들이 잘 떠들거든요. 축구부랑 말 잘하는 아이가 은중이 주변에 있어가지고 같이 잘 떠드는 거 같아요.

우리 반에는 지금 부진아 말고 다른 아이들을 모아서 하고 있는데요. 은중이도 같이 해요. 부진아는 아닌데 학원을 따로 안 가니까 남아서 같이 하거든요. 수학도 어려운 것을 설명해 주면 어떤 애들은 이해를 못해서 다시 (설명)해 달라고 하는데, 은중이는 금방 이해해요. 아, 알겠다고. 빨리 이해하는 편인 거 같고. 사회 같은 과목에서도 축척은 아이들이 몰라서 몇 번을 해야 하는데 은중이는 한두 번 하니 알겠다고 얘기를 해요. 이해력이 좀 좋은 거 같아요. 수학도 그렇고 사회도 그렇고. 별로 어려워하는 건 없는 것 같아요.

은중이의 교실생활에서 한 가지 재미있는 점은, 담임선생님과 은중이가 교과에 대한 성취도 및 선호도에 있어서 다르게 평가했다는 점이다. 앞의 내러티브에서 확인할 수 있는 것처럼, 담임선생님은 은중이가 수학과 사회에 흥미와 소질이 있는 것으로 파악하고 있다. 그러나 정작 은중이는 국어와 도덕을 어려워하여 기피하는 반면, 컴퓨터, 미술, 음악 등의 예체능 교과를 선호하였다.

> 학교에서 제일 재미있는 건 현장 체험학습이요. 도시락 가지고 소풍 가는 게 가장 좋았어요. 재미없는 과목은 국어, 도덕, 사회! 재미있는 과목을 순서대로 말하면, 음~ 컴퓨터, 미술, 음악, 체육이요. 국어와 도덕은 진짜 싫어요. 수학도 그렇긴 하지만……

담임선생님은 학기 초인데도 은중이네 가정환경을 상세히 알고 있었다. 이는 왕릉초등학교가 교과부지원 교육복지투자우선학교였고, 다문화가정 학생들을 전담하여 돌봐주는 복지사가 상주하고 있으며, 전 해 담임선생님과의 교류가 활발해서다. 이처럼 학교의 전폭적인 지원은 은중이에게 어느 정도의 도움이 되었다.

그러나 학교의 이러한 적극적인 지원에도 불구하고, 어머니의 소극적인 교육 참여 방식은 은중이가 학교에서 두각을 나타내는 데 걸림돌이 되었다. 담임선생님도 어머니의 적극적인 지원을 이끌어 내기가 쉽지 않았다. 아직까지 한국어에 능숙하지 않으며 자녀가 세 명인 어머니의 입장을 고려하면, 담임선생님도 어머니를 재촉할 수만은 없었다. 특히, 남편과의 불화 때문에

격리되어 살아가는 은중이 어머니에게 자주 연락하는 것 자체가
부담이 되었다.

> 서류 때문에 통화를 한 일이 있거든요. 근데 좀 잘 못 알아들으
> 시는 것 같았어요. 서류에는 어려운 말이 많잖아요. 그런 것을
> 잘 못 알아들으시는 것 같고, 그런 것을 작성할 때는 항상 은중
> 이가 다 적어와요. (어머니) 사인만 받아오고요.

> 음, 준비물은 비교적 잘 챙겨오는 것 같아요. 동의서 같은 거 갖
> 고 오라고 하면 좀 늦거든요. 부모님 사인을 받아야 되는 것, 허
> 락을 받아야 되는 것, 이런 것은 좀 늦어요. 자기 혼자 챙길 수 있
> 는 것은 잘 챙겨오는데, 그런 게 좀 늦어서……. (하지만) 그럴
> 때도 어머니한테 문자 보내면 빨리 오는 것 같아요.

담임선생님은 다른 학교의 담임선생님들처럼 이 글의 연구의
도에 대하여 약간의 의문을 제기하였다. 담임선생님의 입장에서
볼 때, 교실에서 교육적 관심과 지원이 절실한 아이는 은중이가
아니었기 때문이다. 비록 은중이가 다문화가정 학생이기는 하지
만 교실의 다른 학생들에 비하면 상황이 그나마 양호한 아이였
기 때문이다. 따라서 담임선생님은 다문화가정 학생에 대한 관
심과 지원뿐만 아니라 불우한 환경에 처해 있는 일반 학생들에
대한 교육적 관심과 지원도 강화되어야 한다고 말하였다.

은중이의 정체성 혼란과 극복

은중이는 유치원에 입학한 후 초등학교 4학년이 되기까지 풀리지 않는 의문점이 하나 있었다. 그것은 바로 어머니가 왜 외국인인가하는 물음이었다. 이 물음은 언제나 은중이를 따라다녔다. 하지만 이것은 누구에게도 물어볼 수 없는 자신만의 비밀스러운 물음이었다. 유치원에 입학하여 처음 느꼈던

그 답답함은 여전히 뇌리에 남아 있다. 그 답답함은 다름 아닌 낮은 한국어 실력이었고 은중이는 유치원을 다니면서 그 원인이 외국인 어머니에게서 비롯되었음을 깨달았다. 그러나 은중이는 초등학교에 입학하면서 이러한 물음을 가슴 깊숙한 곳에 묻어버렸다. 은중이를 괴롭히는 물음은 의문이라기보다는 해결될 수는 없는 자신에 대한 불만임을 깨달았기 때문이다. 그리고 그 물음은 아버지와 자신, 그리고 동생들로 고생하는 어머니를 저버리는 배신행위나 마찬가지였다.

이처럼 은중이는 자신이 누구인가에 대한 질문을 던지다 보면 머리가 아팠다. 자신이 가장 사랑하는 어머니가 한국의 보통 사람이 아니라서 아쉬웠고, 평범하지 않은 아버지의 존재도 싫었다. 그리고 남들처럼 외갓집이 있는 것도 아니고, 자가용이 있는 것도 아니고, 자상한 아버지와 함께 살 수도 없었다. 하지만 은중이는 명석하고 현명하였기 때문에 이러한 정체성의 혼란을 극복할 수 있는 대응전략을 가지고 있었다. 은중이는 자신의 한

계를 극복하기 위해 다음과 같은 두 가지 노력을 하였다.

첫째, 은중이는 한국의 유치원과 학교 그리고 교실에서 씩씩하게 살아가기 위해서 더욱 한국인다운 사람이 되어야 하는 것을 알았다. 다행히도 명석한 두뇌 덕분에 별다른 노력 없이 조기에 한국어를 익힐 수 있었다. 또한 비교적 어린 나이(3살)에 한국에 귀국한 것도 한국어 학습에 큰 도움이 되었다. 만일 조금이라도 늦게 한국에 왔더라면 지금처럼 쉽게 한국어를 익히기는 힘들었을 것이다. 초등학교를 다니는 동안 학교 친구들은 좀처럼 은중이 어머니의 국적에 대하여 묻지 않았다. 왜냐하면 은중이는 한국의 보통 학생들보다 한국어가 유창하고, 또래들의 놀이문화에 적극적으로 가담하였기 때문이다.

둘째, 은중이는 보통 한국 학생들에 비하여 학업성적과 학교생활 면에서 자신감이 있었다. 학교와 교실에서 별다른 부족함이 없는 은중이는 학급의 친구와 선생님에게 자신의 어머니가 외국인이라는 사실을 애써 숨기려고 하지 않았다. 오히려 자신이 먼저 친구들에게 어머니가 인도네시아인임을 밝혔다. 결과적으로 이러한 은중이의 생존전략은 대성공이었다. 은중이의 3, 4학년 친구들은 어머니의 외국 국적을 당당히 밝히는 은중이의 모습을 보며, 은중이 어머니에 대한 호기심이 반감되었다. 물론 일부 친구들은 은중이 어머니가 외국인이라는 것을 가지고 은중이를 놀리기도 하였다. 그러나 은중이가 그들에게 대수롭지 않게 대응하자 아이들의 조롱은 수그러지고 말았다. 만일 은중이가 언어능력이 현저히 저조하고, 피부색이 더 어둡고, 공부를 잘 하지 못했다면 이러한 전략은 실패했을지도 모른다. 하지만 결과적으로 이 생존전략은 매우 효과적이었다.

은중이를 맡은 담임선생님들도 은중이의 이러한 특성을 감안하여 별다른 교수적 처지를 하지 않았다. 선생님들의 이러한 교수전략은 교육적 무관심이 아닌 교육적 배려로 볼 수 있다. 선생님이 다문화가정 자녀라는 객관적인 사실을 염두에 두고 수업 중에 섣부른 상호작용을 할 경우, 오히려 약보다는 독이 될 수 있기 때문이다. 결국 어머니의 국적과 관계없이 다른 아이들과 동등하게 대하는 담임선생님들의 교수전략은 같은 반 학생들이 은중이를 소외시키지 않고 동일한 구성원으로 받아들이는 데 큰 도움을 주었다.

은중이는 미래 자신의 모습에 대하여 구체적인 밑그림을 그리지는 못하였다. 다만 경제적인 이유로 가정파탄이 일어났고, 돈 때문에 일상생활이 불편하기 때문에 어머니를 위해 돈을 빨리 벌고 싶다고 말하였다. 이러한 은중이의 꿈은 가슴 아프면서도 소박한 꿈이었다. 은중이는 대부분의 초등학생들이 그러하듯 구체적이고 현실적인 꿈을 가지지는 못했다. 그러나 일반 학생들과는 다른 화목한 미래 가정의 모습을 그리고 있었다. 은중이가 꿈꾸는 행복한 미래 가정의 그림에는 아버지가 없었다. 은중이는 여느 아이들처럼 아버지와 함께 오순도순 화목하게 사는 것을 소망하지 않았다. 폭력적인 아버지로 인해 지난 몇 년간의 고통이 너무나 극심했기에 아버지의 존재는 은중이에게 있어서 무의미하였다. 은중이는 이제 어머니가 외국인이기 때문에 자신이 특별한 학생이라고 생각하지 않는다. 그래서 담임선생님이나 친구들 그리고 이웃들이 자신을 특별하게 대해 주는 것도 달갑지 않다. 은중이는 그저 평범한 한국의 보통 사람으로 살고 싶을 뿐이다.

인도네시아 길에 오른 은중이

2010년 11월, 올해의 종착역을 맞이한 은중이는 머리가 복잡하기만 하다. 가정형편이 넉넉하지 못함에도 불구하고 어머니께 통사정을 해서 동생과 함께 특기적성교육(축구부)을 받고 있다. 맨체스터 유나이티드(EPL 축구 명문구단)의 붉은 유니폼을 입고 운동장을 누빌 때는 정말이지 신이 난다. 그러나 어젯밤 특기적성교육비(6만 원)를 걱정하시는 어머니의 모습을 보고 생각이 달라졌다. 나 혼자만 생각하면 월 3만 원이 그렇게 비싼 금액은 아니라고 생각했지만, 동생 철수의 특기적성교육비까지 생각하니 아찔하다. 어머니의 입장을 깊이 헤아리지 못한 자신이 못내 밉다.

경제적으로 힘든 어머니를 위해서 좋아하는 축구를 이제 그만두어야 할 것 같다. 하지만 동생 철수는 계속 축구를 하고 싶어한다. 그래서 은중이는 어머니께 이 이야기를 어떻게 말씀드릴지 고민 중이다. 그냥 축구가 재미없어서 그만두려 한다고 어머니께 말씀드릴 것이다. 어머니께 거짓말을 해야 철수라도 재밌는 축구를 계속할 수 있다. 그래야 어머니의 마음도 아프지 않을 테니까.

표에서 확인할 수 있는 것처럼, 은중이는 요즘 학교성적 때문에 고민이 많다. 4학년 2학기 중간고사 성적이 엉망이라서 한 달 전 어머니에게 엄청 혼이 났다. 그러나 은중이는 솔직히 성적이 예전처럼 잘 나오지 않는 이유를 잘 모른다. 은중이는 예전과 같은 방식으로 학교수업을 들었고, 나름 시험 준비도 열심히 했기 때문이다. 하지만 2학기 월말평가나 중간고사 성적은 예전과 같이 높게 나오지 않았다. 학급에서 언제나 상위권을 유지하던 은중이의 성적은 이제 중하위 수준으로 내려가 버린 것이다. 성적이 내려갈 때마다 은중이도 가끔은 다른 아이들처럼 사설학원을 다녔으면 하고 바라지만 쉽지 않다. 사설학원비는 상상을 초월하기 때문이다. 그래서 은중이는 어머니에게 사설학원을 가고 싶다는 말을 절대 할 수 없다.

2010학년도 2학기 중간고사 학업성취도 평가 결과표

번호	이름	국어	수학	사회	과학	영어	평균
16	이은중	74	88	65	77	67	74.20
학급 평균		79.52	84.96	85.36	78.56	57.84	77.25

은중이는 중간고사 이후로 정신을 차리고 열심히 수업을 듣고자 노력하였다. 하지만 4학년 때부터 흐트러진 학습태도를 하루아침에 고치기가 말처럼 쉽지 않았다. '열심히 공부해야지' 하고 마음을 다잡아 보지만 수업 중에 딴청을 피우는 자신을 곧 발견한다. 게다가 학교수업 중에 잘 모르는 내용이 있어도 이제는 그것을 해결할 뾰족한 방법이 없다. 예전에는 집으로 돌아가서 어머니나 아버지께 모르는 내용을 자세히 물어보았다. 하지만 이제는 아무런 소용이 없다. 어머니나 외삼촌은 은중이보다 교과내용을 잘 이해하지 못하고, 아버지도 더 이상 계시지 않기 때문이다.

요즘 은중이 어머니는 인도네시아에 살고 계신 외할머니께 부쩍 자주 전화를 한다. 몇 달 전까지만 해도 인도네시아에 살고 있는 외할머니가 한국에 와서 은중이네 가족과 함께 살기로 계획하였다. 어머니와 외할머니는 창원시의 왕릉동에서 인도네시아 전문식당을 운영하기로 하였다. 하지만 최근 은중이 어머니의 마음이 바뀌었다. 남편과의 오랜 별거와 이혼 그리고 절망적인 경제적 압박감은 은중이 어머니의 마음을 되돌려 놓았다. 은중이는 어머니의 이러한 중대 결정을 따를 수밖에 없다. 은중이가 생각해 봐도 한국에서 생활하는 어머니의 삶이 결코 행복하지 않기 때문이다.

내년(2011년)에 인도네시아로 떠나야 하는 은중이의 마음은 너무나 혼란스럽다. 한국에 살고 있는 아버지와 친지들을 더 이상 볼 수 없기 때문이다. 지금까지 아버지가 너무나 무섭고 싫었지만, 앞으로 영영 볼 수 없을지도 모른다고 생각하니 마음 한구석이 허전하다. 그리고 정든 마을과 학교, 친구들과 헤어져야 한다는 사실도 두렵기만 하다. 학교 주변에 나뒹굴고 있는 낙엽들을 보고 있노라면 쓸쓸한 기분이 엄습해 온다.

은중이는 어머니가 비록 외국인이기는 하지만, 거의 완벽한 한국인으로서 살기 위해 노력했고 또 그렇게 살아 왔다. 이제 은중이는 한국말을 완벽하게 사용하고 한국 음식을 너무 좋아하는 평범한 한국 소년인데, 어머니의 모국인 인도네시아에 가서 한국인의 혈통을 지닌 또 다른 이방인으로 살아야 한다. 유치원 시절의 경험을 어렴풋이 떠올려 보면, 인도네시아에서의 생활이 기대만 되는 것은 아니다. 당장 그 곳에 가면 낯선 인도네시아어를 새롭게 배워야 할 것이다. 그리고 인도네시아의 학교생활과 교실수업에도 새롭게 적응해야 할 것이다.

은중이는 아버지의 나라 한국에서 지금까지 한국인으로서 살아 왔다. 그리고 내년부터는 어머니의 나라에서 인도네시아인으로 살아가야 한다. 한국에서의 생활이 힘들었던 것만큼 인도네시아 생활도 만만치 않을 것이다. 은중이는 아직 어린 탓에 자신의 이러한 정체성 혼란을 개념화할 수 없다. 다만, 두 나라를 옮겨 다니면서 살아야 하는 자신의 처지가 혼란스러울 뿐이다.

은중이는 부모의 국제결혼을 통해서 태어났기 때문에 완벽한 한국인도 아니고 그렇다고 완벽한 인도네시아인도 아닌 사람으로 살아가야 한다. 게다가 부모의 이혼 때문에 더욱 어정쩡한 입장이 되어 버렸다. 은중이의 이러한 자아 정체성이 다른 사람들에게 장점보다는 단점으로 인식되는 것이 현실이다. 그러나 한국에서 혼란스러운 정체성을 극복하기 위해 최선을 다한 은중이의 슬기와 숨은 잠재력을 다시 한 번 기대해 본다.

중국 소녀 하니:
흑룡강성 비행기표

하니 어머니의 결혼과 한국 생활

1997년 11월, 하니 어머니는 지금의 하니 아버지를 처음으로 만났다. 하니 어머니는 하니 아버지가 중국 흑룡강성에 놀러와 있던 중 지인의 소개로 알게 되었다. 결혼에 대한 생각이 없었지만 호기심 반 기대 반으로 하니 아버지와의 만남을 기꺼이 승낙하였다. 첫 만남에서 하니 어머니는 자신보다 세 살 많은 그에게서 듬직하고 책임감 있는 모습을 보았다. 비록 성격을 완전히 파악하지 못했고 그에 대한 충분한 사전 지식도 없었지만 큰 결심을 하게 되었다. 공장에 다니고 있으며 평생 흑룡강성을 떠나 본 적이 없는 그녀가 더군다나 남들이 하는 연애도 한 번 해 보지 않고 남편과의 첫 만남에서 듬직하고 책임감 있는 모습, 즉 사람하나 괜찮은 것에 끌려 무작정 한국에 올 결심을 하게 된 것이다. 당시 나이 스물여섯이었다.

하니 어머니는 중국 흑룡강성에서 태어난 조선족이다. 한국에 온 지는 1997년 올해로 13년째라서 의사소통에 큰 어려움은 없지만 말을 나누어 보면 한국 사람이 아니라는 것을 알 정도로 말투와 억양이 어색하다. 그나마 중국에 있을 때 학교에서 한국어를 배운 것이 의사소통에 큰 도움이 되었다. 그때는 지금과 같이 한국에 들어와 살게 될 것을 상상도 하지 못했었는데……. 그럴 줄 알았다면 한국어 공부를 더 열심히 했을 텐데 하고 아쉬웠다. 13살 사춘기 시절, 그녀가 지금 하니만 했을 때 어머니가 돌아가셨다. 어린 나이에 어머니의 죽음을 받아들여야 하는 것이 매우 힘들었지만 스스로 견뎌내고 자제하며 열심히 살려고 노력했다. 하지만 이 시기에 아버지는 새 어머니를 받아들였고 사춘기 소녀에게 그 일은 충격이었다.

드디어 하니 어머니가 한국이라는 낯선 땅에 발을 내딛었다. 즐겁고 행복했던 중국에서의 삶을 버리고 어쩌면 무모한 도전일지도 모르는 인생의 새로운 장을 여는 순간이었다. 언어, 환경, 문화, 사람 이 모든 것이 낯설고 두려웠지만 희망과 기대를 가지고 그녀 특유의 씩씩함과 도전의식을 방배 삼아 그렇게 한국에서의 삶을 시작했다.

한국 생활은 우려했던 것보다 수월했다. 능숙하진 않지만 한국말도 어느 정도 할 줄 알았고 주위 사람들도 모두 친절하고 좋았다. 의외로 하니 어머니를 힘들게 한 것은 언어적인 면도 경제적인 부분도 아닌 남편과의 문화 차이였다. 부부 생활에서

70~80% 정도는 만족하지만, 결혼 초부터 남편이 명령투로 "이거 해라, 저거 해라." 하며 지시한다는 것을 알게 되면서 당황스럽고 황당하였다. 이와 반대로 중국에서는 오히려 남자가 여자에게 "이거 해 줄까, 저거 해 줄까?" 물어보는데 말이다. 한국에서는 전통적인 가부장제의 영향이 남아 있어서 아직까지 남자의 권위의식이 강하다는 것을 막연히 느끼면서도 남편을 이해하고 따라주기가 어려웠다. 남편을 믿고 머나먼 한국 땅으로 왔고 가장 가까이 있으면서 의지해야 할 사람이 남편뿐이기에 그 차이는 더욱더 그녀를 힘들게 하였다. 한국 남자들, 아니 남편은 하니 어머니가 생각한 것과 달랐다.

하니 어머니는 중국에서는 3월 8일에는 여자에게 아무 일도 안 시키며 17세 이상이면 나라에서 돈이 나와 그 돈으로 하루를 보내는 데 쓰는 전통이 있으며, 그만큼 여성을 존중하고 사랑하라는 뜻이 담겨 있다고 강조했다. 하니 어머니는 중국에서의 처녀시절 기억을 떠올리며 신이 나 있었다. 현실에 이런 일을 기대하는 것이 욕심인 줄 알면서도 서운한 모습을 숨기지 못했다.

하니 어머니가 혼자 감당해야 했던 가사와 육아

한국에 들어온 1997년 11월, 그 해 바로 임신을 한 하니 어머니는 기쁨보다 걱정이 앞섰다. 아직 적응도 못한 이 나라에서 과연 아이를 낳아서 잘 기를 수 있을까? 아이는 엄마의 영향을 많이 받는다는데……. 가장 많이 걱정된 것은 무엇보다 '언어'였다. 아이가 태어나면 어머니의 영향을 가장 많이 받는 것을 알고 있었기에 한국어에 익숙하지 않은 어머니의 말투와 억양을 아이가 따라 할까 봐 염려되었다. 또한 아이가 성장해 가는 도중에 엄마가 중국인이라는, 여느 아이들과는 다른 가정환경 때문에 혹 놀림을 받지는 않을지 그래서 아이가 생활하는 데 위축되지는 않을지……. 이런저런 걱정으로 잠을 이루지 못할 때가 많았다.

하니 어머니의 이러한 복잡한 고민 속에서 첫째 딸 '하니'가 태어났다. 하니가 세상에 나왔을 때의 그 기쁨이란……. 이 낯선 땅에서 겪은 그동안의 외로움과 그리움이 한순간에 사라지는 듯했다. 하지만 곧 현실로 돌아와 하니를 어떻게 하면 잘 키울 수 있을 것인가에 대한 근심에 빠졌다.

하지만 그런 걱정도 잠시, 하니는 돌 지나고 나서부터 오히려 또래보다 빠르게 말을 잘 했다. 어머니는 "알아서 잘 하대요."라는 말로 그간의 우려가 추억이 되었다고 웃으며 이야기했다. 이로써 어머니의 어눌한 말투와 억양을 딸인 하니가 그대로 따라 할 것에 대한 불안감은 종식된 셈이었다.

그러나 얼마 지나지 않아 두 번째 걱정이 어머니의 머릿속을 떠나지 않고 꼬리표처럼 따라다녔다. 하니 어머니는 하니가 또래와 관계를 맺기 시작할 무렵인 유치원 때부터 딸에게 당당할 것을 요구했다. 하니 어머니가 하니를 교육하면서 가장 강조하고 의식한 것이 바로 이 당당함이었다. 그 이면에는 다문화가정에 대한 다른 학생들의 시선이 하니를 힘들게 할지도 모른다는 불안감이 깔려 있었다. 그러한 이유로 어머니는 하니에게 "아빠와 엄마의 나라가 서로 달라도 사랑해서 하니를 낳았기 때문에 괜찮다."는 말을 입버릇처럼 자주 하였다.

그래서 그런지 하니도 주위 친구들에게 어머니가 중국인이라는 것을 거리낌 없이 밝혔다. 그런 거침없는 딸의 성격이 내심 흡족하면서도 왜 물어 보지도 않는 것을 먼저 얘기하는지 물어 보면 하니는 "그냥 말하고 싶어서 얘기하는 거예요." 하며 웃는다. 그런 하니를 보며 조금은 여성스럽고 차분했으면 좋겠다고 생각한다고 말하는 하니 어머니. 이래서 부모 욕심은 끝이 없는 것 같다.

하니 아버지는 오랫동안 통영에서 산 토박이였다. 태어나서 지금까지 여행을 제외하고는 통영을 벗어난 적이 없다. 그는 전형적인 경상도 남자라 매우 무뚝뚝하였다. 뿐만 아니라 지금 하고 있는 조선업이라는 일의 특성상 새벽 근무부터 밤 근무까지 하루 종일 일하기 때문에 아내와 아이들과 마주하며 보낼 시간이 거의 없었다. 한 달에 두 번 쉬는 날에도 사회생활을 하는 데 시간을 보내서 아이들과 같이 할 시간은 더더욱 없었다.

이런 아버지의 생활은 어머니를 힘들게 하는 또 다른 이유였다. 아이들을 양육하는 데 있어서 남편의 부재. 자녀교육을 함께 하면서 관심을 가지면 좋겠는데 이른 출근과 늦은 퇴근 그리고 쉬는 날에는 친구들을 만나 시간을 보내는 것. 한편으로는 남편의 사회생활을 인정해 주는 것이 옳은 줄 알지만 그 때문에 아이들의 교육을 자신에게만 일임하는 것이 어머니를 외롭게 하였다.

이런 외로움 속에서도 어머니는 하니가 어렸을 때부터 바쁘더라도 숙제나 공부를 봐 주었다. 하니 어머니는 하니가 1, 2학년일 때만 해도 옆에서 잘 돌보았는데 식당에 일을 하러 나가기 시작하면서 점점 시간을 낼 수 없게 되었다.

하니가 커 가면서 특히 수학 과목에서는 난이도가 제법 높아져 모르는 문제가 생기기도 하였다. 그걸 아는지 하니는 어머니를 시험해 본다며 자기가 아는 문제를 종종 물어 보기도 하였다. 그럴 때면 하니 어머니는 모르는 것은 모른다고 솔직하게 시인하였다. 딸 앞에서 모른다고 말하는 것이 한편으로는 부끄럽기도 하였지만 어쩔 수 없는 현실에 타협한 셈이다. 더군다나 요즘은 풀이과정을 중요하게 여기는 터라 섣불리 가르쳐 줬다가는 하니의 공부에 지장을 줄까 봐 괜한 아는 척은 하지 않는 게 좋겠다고 생각하였다. 숙제를 잘 하겠지 하는 믿음을 가지고 있긴 했지만 숙제를 확인할 수 있는 시간적 여유도 점점 줄어갔다.

하니 어머니의 교육열

하니 어머니가 현실적인 경제 문제로 하니의 교육에 소홀한 것은 아니었다. 어머니는 한국의 보통 어머니들 못지않게 자식에 대해 대단한 교육열을 가지고 있었다. 하니에 대한 교육열은 학교에서 나누어 준 기초조사표에 잘 나타나 있다. 기초조사표는 학기 초에 담임선생님이 아이들의 신상을 파악하기 위해 학부모에게 보내는 첫 안내장이다. 가족의 기본 신상을 적도록 되어 있으며 기초조사표 하단에 있는 '담임선생님께 하고 싶은 말' 란에 학부모가 담임선생님에게 1년 동안 아이를 어떻게 지도해 달라고 부탁하는 말을 적도록 되어 있다.

6학년쯤 되면 한국의 보통 부모들은 이곳에 아무것도 적지 않는다. 5년이라는 세월이 흐르면 자녀들이 학교에서 잘 적응할까에 대한 걱정이 무뎌지는 것일까? 기껏해야 간단한 인사말을 적는 경우가 대부분이지만 하니 어머니는 서툰 한국어 솜씨로 이곳을 빼곡하게 채운 것을 볼 수 있다.

내용은 하니에 대한 걱정과 담임선생님에게 드리는 부탁이 대부분이었다. 특히 글 속엔 어머니의 교육철학이 담겨 있었다. 기초조사표에는 하니가 학교생활을 하며 상처받는 것이 두렵고, 또래의 다른 아이들처럼 학교에 잘 적응하기를 바라며, 다른 친구들을 존중하고 더불어 살아가는 것에 관심을 가지고, 뿐만 아니라 성적 향상도 기대하고 있음이 여실히 드러나 있었다.

선생님에게 사소한 부탁을 열거한 것에 대한 미안함도 엿볼 수 있었다. 하지만 이러한 완곡한 표현은 6학년 기초조사표에만 있었다. 이러한 표현을 하기까지 몇 년의 시간이 필요했는지 모른다. 기초조사표는 자주 찾아뵐 수 없다는 것과 이렇게나마 학기 초에 담임선생님에게 부탁하는 것이 현명하다는 것을 여러 해의 경험을 통해 스스로 체득한 담임선생님과의 대화 방법이었다.

으레 학교에서 학기 초에 실시하는 학부모총회. 하니 어머니는 올해 큰마음을 먹고 참석하였다. 그러나 지각하여 5학년인 막내 하영이의 학부모총회는 이미 끝나버렸고 6학년인 하니의 학부모총회에만 참석했는데 조금 늦어서인지 다른 어머니들은 모두 와 있었다. 13년이라는 긴 세월이 흐르는 동안 하니 어머니가 중국 사람이라는 것을 다른 학부모들도 알게 되었기에 자리가 그리 불편하지는 않았다. 하니 어머니를 보고 쑥덕이기보다는 오히려 학부모 대다수가 더 챙겨 주고 이야기에 동참하도록 이끌어 주었다.

이미 담임선생님의 교육철학 및 아이들 지도방법에 대한 안내는 끝났고 자유롭게 면담을 하는 분위기라 평소 궁금했던 하니의 학교생활과 성적에 대해 물어 보았다. 선생님은 하니를 매우 좋게 그리고 높이 평가하고 있었다. 학급활동에 매우 적극적이고 리더십이 있다며 칭찬을 많이 했다. 그 덕에 하니 어머니는 괜히 우쭐해졌다. 딸이 학교에서 기 죽지 않고 적극적으로 행동하는 것이 기특하게 여겨졌다.

학교생활에 이어 평소에 관심이 있었던 독서교육에 대한 선생님의 조언을 구했다. 책 읽는 것을 매우 좋아하는 하니 어머니는 하니와 하영이도 책을 많이 읽길 바라지만 만화책만 읽는 현실 앞에서 번번이 갈등을 느끼고 있었다.

독서 습관을 기르기 위해 만화책도 허용해야 하는지 아니면 바른 습관을 길들이기 위해 만화책을 금해야 하는지 선생님의 의견을 물었다. 선생님은 학교에서는 절대 만화책을 읽지 못하게 하므로 가정에서는 어느 정도 허용해 주는 것도 괜찮을 것이라고 하였다. 독서 습관이 정착된다면 중학교, 고등학교에 가서도 상위권을 유지할 수 있기 때문에 독서가 매우 중요하다는 것에 대한 생각은 어머니와 선생님이 일치하였다.

1년에 한 번 있는 담임선생님과의 유일한 만남인데 시간이 짧아 아쉬웠다.

하니 어머니의 시련과 회복

이렇듯 하니 어머니는 자식에 대한 애정이 깊고 교육열이 강한 한국의 여느 어머니와 다를 바 없는 생활을 하는 듯 보이지만 한국 생활이 그렇게 평탄한 것만은 아니었다. 하니를 낳고 1년 후 하니의 동생 하영이를 낳은 어머니는 몸을 추릴 여유도 없이 돈을 벌기 위해 일을 찾아 나서야만 했다. 그럴 수밖에 없었던 배경에는 하니 아버지가 있다. 어머니가 하니를 임신했을 때 한국에는 IMF가 찾아왔고 그 여파가 미쳐 하니 아버지는 몸담고 있던 조선소에서 정리해고를 당하였다.

하니 어머니는 한국에 올 때 이런 시련을 상상조차 하지 못했다. 행복한 그림만 그렸는데 뜻밖의 시련은 현실로 다가왔다. 어떻게 하면 잘 살 수 있을까 하는 고민의 연속이었다. 그때에는 교회에 다니지 않았지만 매일 기도했다. 남편이 150만 원만 벌어 오면 좋겠다는 생각을. 더도 덜도 말고 150만 원만.

이런 상황에서 엎친 데 덮친 격으로 바로 하영이가 태어나자 하니 어머니는 어쩔 수 없이 직업 전선에 뛰어들게 되었다. 처음 엔 식당의 서빙을 하였다. 이 가게 저 가게를 옮겨 다니며 서빙을 하던 하니 어머니는 아이들을 어느 정도 돌보면서 밤에 늦게 들어가도 되는 좀 더 전문적이며 아이들 교육에 지장이 없는 일을 찾게 되었다.

그 일이 하니 어머니가 요즘 열정적으로 배우고 있는 미용이다. 실업자로 신청하여 나라에서 70%의 보조금을 받고 시내에 있는 미용학원에 다니고 있는 하니 어머니는 배우고 있는 일에 매우 큰 자부심을 느끼며 즐거워했다. 어렸을 때 아이들 머리를 가끔씩 잘라 주는 것이 미용에 대한 경험 전부였지만 새로운 것을 배우고 알아가는 기쁨에 흠뻑 빠져 있었다. 미용 선생님이 하는 말을 잘 알아듣지 못하고 노트에 적는 것도 시간이 걸려서 어렵다는 말이 행복한 투정처럼 들렸다.

하니의 학교생활

2005년 3월, 하니는 본격적인 집단생활을 시작하게 되었다. 학교에 입학하게 된 것이다. 하니가 초등학교 1학년에 입학하자 하니 어머니의 걱정은 눈덩이처럼 불어났다. 이전에는 집에서 교육을 시켰기 때문에 친구들과의 문제에 대해서는 크게 걱정할 필요가 없었는데, 아니나 다를까 하니가 1학년에 입학하고 얼마 지나지 않아 우려했던 문제들이 하나둘 나타나기 시작했다. 특히 같이 앉은 짝꿍이 하니를 괴롭히고 때리는 일이 지속적으로 일어났다. 처음에 하니 어머니는 짝꿍을 좋은 방향으로 달래 보려고 애썼다. 하니를 괴롭히는 아이를 집으로 데리고 가서 중국식 만두도 먹이고 사탕도 사 주며 관계를 개선하기 위해 엄마로써 할 수 있는 나름의 최선을 다했다. 그러나 그 아이는 어머니의 바람과는 다르게 다른 친구를 꼬드겨 하니에게 폭력을 행사하기까지 했다. 일이 확대되자 하니의 상처는 날이 갈수록 심해졌다.

그때 하니는 비빔밥을 매우 좋아했는데, 그런 하니가 비빔밥을 앞에 두고 계속 젓가락으로 그릇만 쿡쿡 찌르며 먹을 기미를 보이지 않자 하니 어머니는 딸에게 뭔가 큰 사건이 일어났다는 것을 알아챘다. 나중에 알고 보니 그 친구가 어느 날 하니를 화장실로 불러내어 변기 청소하는 도구로 하니를 찌르며 '죽어라 죽어라!' 하며 욕설과 협박을 퍼부었던 것이다.

그 일이 있은 후 지난번 짝꿍과 마찬가지로 그 아이를 집으로 데리고 와서 맛있는 것을 사 주고 타일러 보기도 했지만 효과는 없었다. 고민을 하다 결국 담임선생님에게 전화를 하게 되었다. 짝꿍을 바꿔 주면 안 되겠냐며 간곡하게 부탁을 했다. 사실 학교에서 자리를 바꿔 달라는 학부모의 요구는 자리를 바꿀 시기가 되거나 자리를 바꾸고 나면 으레 있기 마련이어서 담임선생님은 그 일의 심각성을 미처 알아차리지 못하고 하니의 자리를 바꾸어 주지 않았다.

계속되는 하니의 이상행동에 어머니는 하니를 데리고 정신과로 상담을 받으러 가게 되었다. 처음 병원에 갔을 때 비싼 진료비를 보고 놀랐지만 없는 돈이라 생각하고 상담을 계속 받기로 하였다.

병원에 갔다 오는 길에 버스 안에 앉아 있는 아이의 얼굴을 보고 있노라니 화가 치밀었다. 담임선생님의 미온적인 태도에 끓어오르는 화를 억누를 수가 없었다. 그래서 다시 강경한 태도로 선생님에게 "우리 아이가 이렇게까지 아픔을 겪고 있는데 왜 어떠한 해결책도 만들어 주지 않느냐?"고 항의를 했다. 그제서야 선생님은 사건의 심각성을 깨닫고 여름방학이 시작되기 전 7월에 자리를 바꿔 주었다.

병이 생기기는 쉽지만 고치기는 쉽지 않다는 생각이 굳어질 만큼 병원에서의 상담은 계속되었다. 하니의 마음의 상처가 완전히 치유될 때까지.

생활기록부에 기재된 출결상황을 보면 하니는 1학년 1학기 때 수업일수 216일 중 질병으로 9일 결석하고, 하루는 지각을 하고, 무단결석도 4일이나 되어 질병과 무단으로 결석한 날이 많은 것을 알 수 있다. 그것을 통해 하니가 얼마나 힘들어했는지 짐작할 수 있었다.

정신과 치료가 끝나고, 상담 덕분인지 여름방학이 끝나갈 무렙 하니는 조금씩 제자리를 찾아가는 것 같았다. 학교에 결석하는 일도 없어졌고 2005년 1학년 2학기에 학업성취도 평가에서 우수상을 받고 2학년 때도 총괄평가와 학업성취도 평가에서 우수상을 받은 것을 보면, 물론 그것이 학교생활을 잘한다는 100% 증명서는 아니지만, 하니가 학교에 점차 적응해 가고 있다는 것을 알 수 있다.

하니가 5학년이었던 2009년 뜨거운 여름, 반 축구 대항 경기에서 하니는 일약 스타가 되었다. 5교시에 3반과 하니가 속한 4반 남학생들이 축구를 하고 있었다. 반 대항 경기지만 뜨거운 열기만큼이나 치열한 경기가 벌어지고 있었다. 학생들의 경기였지만 선생님들도 은근히 신경 쓰고 있는 눈치였다.

남학생들은 운동장에서 경기를 하고 여학생들은 운동장 옆 계단에 앉아 자기 반을 응원하고 있는데 이때 하니가 "3반 이겨라" "아무나 이겨라"라고 응원을 한 것이다. 선생님은 다른 반을 응원한 하니의 행동에 대해 자기 것, 자기 반에 대한 정체성이 부족하다고 판단하여 교실에 들어와 크게 꾸중을 하며 매를 들었다. 별 생각 없이 한 말이었는데 친구들 앞에서 매를 맞고 나니 자존심이 상했다. 그리고 자신의 행동이 매를 맞을 정도로 잘못한 일이었는지 전혀 이해할 수가 없었다. 문제는 그 다음이었다.

다음 날 하니는 학교에 가지 않았다. 어머니가 학교에 가라고 몇 번을 다그쳤지만 소용이 없었다. 아침에 출석을 확인하던 중 하니가 오지 않은 것을 안 담임선생님은 어제 일이 생각나 전화를 했지만 하니는 받지 않았다. 친구들 앞에서 선생님에게 혼난 것에 대한 앙금이 남아 있었던 것이다.

하니 집이 학교 근처라 선생님은 점심시간에 밥을 먹자마자 하니 집을 방문하였다. 선생님이 방에 들어오자 하니는 덮고 있던 이불을 얼굴을 덮을 만큼 끌어올렸다. 선생님은 어머니와 아이들 앞에서 혼을 낸 이유에 대해 다시 한 번 설명하고 하니와 대화하려고 시도했지만 하니는 이불 속에서 나오려고 하지 않았다. 선생님은 다시 어머니에게 몇 번의 설득을 요청한 끝에 겨우 하니의 손을 끌고 하니를 학교에 데려왔다.

하니가 선생님과 같이 교실에 들어오는 모습을 보며 아이들은 하니에게 하나둘 모여들었다. 어제의 일도 그렇고 오전에 등교를 하지 않은 것에 대한 민망함으로 하니는 조용히 있고 싶었지만 친구들은 끊임없이 하니의 행동에 대해 궁금해하였다. 친구들은 하니의 행동이 감히 표출하지 못했던 선생님의 권위에 대한 도전이라고 생각했던 것이다.

2학기가 끝날 무렵 담임선생님은 학급 문집을 만들어 아이들의 활동사진, 작품, 사건을 기록했는데, 그중 올해 일어난 10대 주요 사건에 하니가 학교에 오지 않은 일도 당당하게 순위를 차지하고 있었다.

이 일로 선생님에 대한 두려움이 생겼다. 그러나 선생님 덕분에 '내 것을 사랑하고 소중히 여길 줄 아는 마음'을 표현해야 한다고 생각하게 되었다. 이 사건은 하니에게 큰 충격이었던 만큼 하니의 삶에 있어 절대 잊을 수 없는 교훈을 남기게 되었다. 이렇게 하니의 5학년 생활은 한 번의 큰 사건으로 조용히 마무리되었다.

6학년의 하니는 항상 얼굴에 웃음이 가득하다. 좋을 때든 싫을 때든 특유의 "하하하~" 웃음소리를 낼 때마다 보이지 않을 정도로 눈이 작아지는 모양을 보면 영락없는 개구쟁이다. 긴 생머리에 일자 앞머리를 하고 눈이 작으며 6학년 치고는 150㎝의 작은 키지만 친구들과의 수다에는 빠지지 않고 등장한다. 별명은 4차원 소녀인데 또래 아이들이 생각하지 못하는 재치 있는 표정과 말 때문에 친구들도 함께 있으면 즐겁고 유쾌해진다.

남자 같은 목소리에 여성스러움이라고는 찾아볼 수 없는 씩씩함과 짓궂은 장난끼를 지닌 하니는 친구를 매우 좋아하며 특히 친구들과의 관계를 소중하게 여긴다. 그러한 이유 때문인지 밝고 활기찬 하니답게 어울려 다니는 무리가 많으며 학교에 등교할 때부터 집에 돌아올 때까지 단 1초도 하니 곁에 친구가 없는 때가 없다.

때때로 친구들과의 다툼이나 의견 충돌로 인해 상처를 받거나 화가 나면 그마저도 하니다운 방식으로 해결한다. 그것은 바로 쿨함이다. 화가 나면 그것을 마음속에 품고 가슴앓이를 하는 것이 아니라 잊어버리고 무시한다. 그러면 친구가 알아서 하니를 찾아오거나 서로의 필요 때문에 관계가 회복된다. 그것이 O형의 특징이라며 한바탕 웃는 하니. 화해하는 방법 역시 밝고 솔직하고 씩씩한 하니다웠다.

6학년이 된 하니는 친한 친구들과 한 반이 되어 몹시 기뻤다. 다시 본래의 밝고 활기찬 하니로 돌아온 듯했다. 하지만 그것도 잠시 6학년 담임선생님은 4학년 때 담임선생님이었다. 굳은 표정과 저음의 목소리가 특징적인 선생님은 여자임에도 불구하고 매우 엄한 카리스마를 지녔다.

하루는 영문도 모른 채 미술실로 오라는 담임선생님의 호출을 받았다. 미술실은 해가 들지 않는 서편에 위치해 있어 어두컴컴한 분위기를 자아내는 곳으로 하니네 반 학생들이 잘못을 했을 때 꾸중을 받거나 벌을 서는 공간이었다. 미술실만 가면 선생님이 때리는 것은 아니지만 독수리 같은 눈매와 낮고 굵은 저음의 목소리로 무섭게 아이들을 다그치기 때문에 하니뿐만 아니라 반 친구 모두는 미술실이라는 곳 자체에 공포를 느끼고 있었다. 미술실에는 주로 다른 친구와 싸우거나 선생님의 지적을 받거나 다른 선생님께 혼난 경우에 가게 되는데 무서울 것, 두려울 것 하나 없는 씩씩한 하니 역시 유일하게 겁을 먹는 것이 바로 담임선생님과의 면담이다.

그날도 이유도 모른 채 미술실에 가는 그 짧은 순간에도 무엇을 잘못했는지 걱정되고 두려운 마음에 온갖 생각이 머리를 스쳤다. 3교시 쉬는 시간에 옆 반 김준호가 오해한 일이 있어 줄넘기로 날 때려서 억울함과 아픈 마음에 울고 있었는데 그 일 때문일까? 얼마 전 합주부 유리창을 장난치다가 깼는데 그 사실을 선생님이 안 걸까?

온갖 생각이 머리를 스치던 중 선생님을 대면하였다. 아니나 다를까 3교시 쉬는 시간에 벌어진 일 때문이었다. 사실은 쉬는 시간에 복도에 서 있었는데 준호가 진주를 좋아한다고 소영이가 소문을 낸 것을 내가 말한 줄 알고 준호가 줄넘기로 내 머리를 때린 것이라고 용기를 내어 무죄를 주장했지만 돌아오는 것은 선생님의 꾸짖는 강렬한 눈빛이었다.

다행히 많이 혼나지 않았지만 미술실에 갔다 교실에 돌아오면 다른 친구들이 하니를 보는 눈빛이 애처롭고 얼음물을 끼얹은 듯이 차가우며 심지어는 오싹한 기분마저 들게 한다. 그 스산한 분위기란 '마치 공포영화의 한 장면' 처럼 음산하다.

하니의 생활기록부를 보면 학교생활을 엿볼 수 있다. 1학년 국어에서는 "그림이나 주제에 맞게 이야기를 잘 꾸미며 말을 자연스럽게 잘 하였다"고 기록되어 있었다. 언어에 대한 하니 어머니의 우려는 점점 사라져 갔으며 오히려 고학년으로 갈수록 말하는 능력이 뛰어나다는 기록이 대부분이었다. 특히 수학교과는 기초연산부터 응용문제까지 곧잘 해결하여 선생님의 교과 특기사항 평가는 우수하다는 평이 대부분이었다. 대부분의 교과평가에서 쌍동그라미를 받았다.

하지만 6학년에 들어서 6학년 1학기 교과평가 결과가 좋지 않았다. 다른 과목에는 한두 개뿐인 O가 수학에는 무려 세 개나 있었다. 측정과 확률, 통계에서 좋은 평가를 받지 못했다. 사회 교과도 성적이 좋지 않았다. 다른 교과에 비해 대한민국 역사와 암기할 부분이 많아 어려움을 느끼는 것으로 보였다. 하지만 그 외 실과, 체육, 음악, 미술, 영어 교과에서는 전 영역에 걸쳐 우수한 성적을 거두었다.

담임선생님의 행동특성 및 종합의견에는 다음과 같이 적혀 있다.

"국어 교과 성적은 우수하나 사회 교과(역사부분)에 어려움을 보임. 매사 말씨와 행동에 붙임성이 있어서 교우관계가 원만하고 학습규칙을 잘 이행함"

선생님마다 차이가 있지만 하니 담임선생님은 세부능력특기 사항난에 학생의 부족한 부분을 적을 때도 비교적 완곡하게 표현하는 편이었다. 예를 들어 부족한 아이들에게 부족함이라고 표현하기보다는 요구됨, 양호함이라는 표현을 사용하였다. 그런데도 유독 하니의 5학년 도덕 교과의 특기사항에 "서로 신뢰하는 마음이 중요함을 알고 있으나 이를 실천하는 의지가 약함"이라고 적은 것은 하니의 태도에 대하여 담임선생님이 부모에게 전하고 싶은 일종의 메시지 같은 것이었다.

하니의 활발한 부서활동 — 육상부와 합주부

활동적인 하니는 학교에서도 다양한 부서활동에 적극적으로 참여하였다. 그중 하나가 5학년 때부터 시작한 육상부 활동이다. 또래에 비해 키가 작은 편이며 빠른 편도 아니지만 또래 여자아이들이 육상부에 대한 거부감이 있는 반면 하니는 성격 탓인지 체육, 특히 달리기 하는 것을 좋아하였다.

하니가 다니는 학교의 교기는 육상. 그래서 학기 초부터 육상부 선수를 선발해 아침마다 훈련을 시킨다. 5학년 때도 육상부원 선발을 위해 반에서 빠른 선수 두 명씩을 뽑았다. 그중에서 400m 계주 선수 네 명을 선발하는데 유난히 특출난 세 명밖에 선발이 되지 않았다. 마지막 선수로 그나마 성적이 좋은 하니가 선수로 뽑히게 되었다. 선발된 아이들보다는 느리지만 네 명을 채울 수 있었으며 하니도 세 명의 여학생들과는 단짝 친구라 훈련보다는 아이들과 함께할 수 있다는 것에 기분이 좋았다.

훈련은 아침 8시부터 8시 40분까지 하는데 하니는 항상 지각이었다. 아침에 훈련이 있는 날이면 머리가 붕 뜬 채 달려갔다. 방금 일어나 고양이 세수하고 나왔다는 것을 금방 알 수 있었다.

훈련 중간 중간에도 또래 여학생들과 이야기하느라 육상훈련은 뒷전이었다. 훈련에 열중하지 않아 여러 번 선생님께 주의를 받았지만 심각한 척하다가도 금방 웃고 다니는 모습에 선생님도 어이없는 웃음을 짓곤 했다.

드디어 5월 30일 육상대회 날이 되었다. 두 달 동안 아침과 점심시간에 연습했지만 실력이 크게 늘지 않아서 5학년 네 명이 같이 달리는 400m 계주에서는 3등, 혼자 달리는 100m에서는 일곱 명 중 6등을 했고, 학교는 육상대회에서 순위에 들지 못했다. 하지만 두 달 동안 친구들과 수다를 떨고 함께한 것만으로도 즐거웠다.

또 다른 부서는 바로 합주부다. 이 활동 역시 친한 친구들이 많아 의욕적으로 시작하였지만 막상 시작하고 보니 악기 연주하는 것이 힘들고 연습시간도 많았다. 합주부 담당선생님이 부드럽고 엄하지 않은 스타일이라는 것을 파악한 하니는 합주부에서는 조금 다른 모습을 보여주었다. 연습할 때 보통의 아이들은 몰입하여 곡을 연주하는 데 반해 하니는 집중을 하지 않고 혼자 멍하니 쉬고 있다거나 시작하는 사인을 보지 않고 다른 아이들이 연주를 시작하면 그제서야 악기를 입에 무는 행동을 취했다. 그리고 연주하기 어려운 부분은 연습을 통해 완성하려 하지 않고 대충 연주하고 넘어가곤 했다.

합주부 선생님은 2009년 3월부터 하니와 1년 반을 함께하면서 합주부원들과 하니의 관계를 조금 더 가까이에서 지켜보았는데 그들의 관계를 지금까지와는 조금 다르게 보았다. 하니에게는 5~6명 정도 어울려 다니는 무리가 있는데 나름 학교에서 잘 놀고 남자아이들과도 잘 어울린다. 하니도 그 친구들과 함께 놀지만 소위 주류가 아닌 비주류에 속하는 편이라는 것이다. 그 무리의 짱이 하니와 같은 클라리넷 파트에 속해 있는데 그 친구가 평소에 하니를 대하는 태도를 보면 도저히 친한 친구라고는 할 수 없을 정도로 하니를 막 대하는 모습을 많이 볼 수 있다고 한다. 그 친구는 악보를 하니를 향해 던진다든지 대화를 나눌 때 명령조로 말하는 반면 하니는 주로 당하는 쪽이었고 눈치도 보았다. 이 같은 관찰을 통해 합주부 선생님은 은연중에 친구들 사이에서 하니가 겉도는 것이 아닌가 하는 염려를 나타내었다.

하니의 알리고 싶지 않은 마음

하니에게 일기장은 숨겨진 마음을 표현하는 비밀의 공간이다. 하니는 일주일에 두 번 정도 일기를 쓰는데 교실에서는 선생님과 사적인 이야기를 하지 않지만 일기에는 그날 있었던 이야기, 친구들과의 관계, 어머니와 있었던 일상적인 일을 썼다. 친구들과 노래방에 가서 즐겁게 논 이야기, 어머니와 동생이랑 집에서 요리를 한 경험, 남자아이들과 장난을 친 이야기, 친구들이 서로 사귄다는 이야기 등 학교와 가정에서 일어나는 소소한 일상을 글로 옮겼다.

그러나 일기장 어디에도 아버지 이야기는 없었다. 그도 그럴 것이 아버지는 조선소 일로 이른 새벽에 나가 밤늦게 돌아와 얼굴 볼 일이 없으며 한 달에 이틀이 휴일인데 그마저도 사회생활이나 휴식을 하는 데 보내기에 아버지와 일상을 함께할 기회가 없기 때문이다. 숙제를 해야 한다는 생각도 있었지만 자신의 마음을 표현하는 것이어서 큰 부담은 없었다.

담임선생님은 어버이날을 앞두고 아이들에게 편지지를 한 장씩 나누어 주었다. 학생들이 부모님의 사랑에 대해 생각해 보는 시간인 만큼 하니도 평소는 철없는 딸이었지만 부모님의 사랑을 애틋하게 표현하였다. 아버지의 건강을 생각하며 금연했으면 좋겠다는 것과 부모님의 뒷바라지에 감사한 마음을 표현하였다. 평소에 장난기 가득한 하니를 보던 어머니는 진솔한 하니의 편지를 읽고 하니의 진심을 알게 되었지만, 답장에는 하니가 공부를 더 열심히 했으면 좋겠다는 바람과 지금 모습처럼 밝게 자라주기를 기대하는 마음이 드러나 있었다. 철자가 틀렸지만 꾹꾹 힘주어 눌러 쓴 글씨 모양에는 하니에 대한 사랑과 정성이 가득 배어 있었다.

하니의 방과후 생활과 친구들

하니는 4시쯤 학교에서 끝나면 곧장 문구점으로 향한다. 문구점에서 친구들과 이야기를 하며 군것질을 시작한다. 군것질을 좋아하기도 하지만 이 시간에 군것질을 하는 것은 5시 10분에 학원에 가서 8시가 되어야 수업이 끝나기 때문에 출출해질 허기를 미리 달래기 위해서다.

학원에서는 국어, 수학, 사회, 과학, 영어를 가르치는데 반별로 아이들의 수준이 비슷하지만 요즘 들어 하니 반 아이들이 조금 산만한 편이어서 진도가 늦어지고 있었다. 다른 교과 진도는 학교에서 나가는 진도보다 비교적 빠르고, 짧은 시간에 진도를 나가다 보니 학원에서 못한 부분의 복습을 집에서 하게 되어서 항상 숙제에 대한 스트레스를 받곤 했다. 시골이지만 같은 학원에 있는 아이들 중 몇몇은 과외를 받는데 6학년인데도 "유리수를 배운다." "중학교 수학은 더 어렵다"는 등의 이야기를 들으면 처음 보는 내용에 대한 생소함과 중학교에 가면 복잡한 것을 배운다는 것에 대한 막연한 두려움에 스트레스를 더 받곤 했다.

하니는 집에 가면 주로 컴퓨터 앞에서 시간을 보낸다. 주로 친구들과 채팅을 하는 데 시간을 보내는데 휴대전화로 통화를 하면 통화요금이 나오기 때문에 친구들과 자유롭게 이야기할 수 있는 공간으로 컴퓨터를 이용했다. 하지만 어머니가 컴퓨터 하는 것을 싫어해서 눈치를 보며 몰래 컴퓨터를 이용한다.

보통 하니 어머니는 9시 반경에 하니를 잠자리에 들도록 한다. 하지만 어머니의 이 말씀은 하니에겐 잔소리일 뿐이고, 부모님이 잠자리에 드는 신호나 마찬가지여서 하니에겐 이때부터 또 다른 세계가 열린다. 하니의 방에 있는 하나뿐인 컴퓨터로의 초대. 부모님이 안방으로 들어가는 소리를 확인하면 그때부터 하니와 하니 친구들의 가상 세계가 시작된다. 그 가상 세계에서는 오프라인에서 못다 나눈 이야기들과 미처 생각하지 못해 잊은 이야기들, 그리고 온갖 무성한 소문을 풀어 놓는다.

그때 '찰칵' 하고 현관문 열리는 소리가 들린다. 아버지가 오셨다는 신호다. 잽싸게 모니터만 끈 채 이불 속으로 들어가 눕는다. 컴퓨터의 가상공간은 하니와 하니 친구들의 끓어오르는 에

너지를 발산할 또 하나의 통로가 되는 것이 아닐까.

하니와 함께 노는 친구들 사이에는 서로에 대해 모르는 것이 없는 것 같아 보인다. 물론 그 나이 또래 아이들을 보면 그런 점은 전혀 이상하지 않지만. 친구들은 함께 하교를 하면서 오늘 학교에서 어떤 일이 있었는지 서로에게 재잘대고 비밀을 털어 놓는다. 매일 학원 가기 전까지 함께 노는 생활이 반복되었다. 헤어져 집에 가서도 휴대전화를 통해 문자를 주고받고 컴퓨터에서 메신저를 통해 만나니 서로의 생활에 대해서 모르는 것이 없었다.

그런데 면담 과정은 조금 특별한 스케줄이었다. 바로 선생님과의 만남이었던 것이다. 그걸 다른 친구들이 모를 수가 없고, 어디서 만나며 무엇을 하며 특히 왜 만나는지 매우 궁금해했다. 면담 중에도 계속 친구들의 문자가 쉴 새 없이 온 것을 생각해 보면 알 수 있다.

엄마가 중국인이라는 것을 아무렇지도 않게 생각하는 하니지만 막상 친구들에게 "내가 다문화가정 아동이라서 선생님이 나에게 물어볼 게 있으시대."라고 선뜻 말할 정도로 그 사실에 대해 자랑스럽고 떳떳하게 생각하는 것은 아니었다. 친구들이 자기와 같은 다문화가정 아이와 어울리는 것에 대해 자신의 노력보다도 '친구들이 착한' 덕분이라고 생각하는 하니이기에 친구들의 무뚝뚝한 반응을 더 걱정했을지도 모른다. 그래서 선생님을 만날 때마다 아이들이 어떻게 생각할까 고민하고 혼자 만나기보다는 친구를 데리고 나왔다.

하니의 꿈

하니의 꿈은 수시로 바뀐다. 얼마 전까지만 해도 조련사였는데 지금은 요리사다.

요리를 좋아하기도 하지만 요리사가 되기로 한 데는 어머니의 영향이 크다. 어머니는 종종 하니 친구들을 집에 초대하곤 했다. 초대하면 중국음식인 속 없는 빵이나 중국식 두부를 해 주었다. 하니 친구들은 하니 어머니가 만들어 주는 음식이 생소하면서도 외국 음식을 접했다는 생각에 신이 나 있었다. 친구들의 모습을 보며 왠지 모르게 우쭐해지는 순간이었다.

오랜만에 여유가 있는 일요일, 어머니에게 감자전을 만들어 먹자고 하였다. 하지만 하니가 요리를 하면 부엌이 엉망이 될 것이라고 생각한 어머니는 단번에 거절을 했다. 하지만 설거지 및 뒷정리까지 완벽하게 해 놓겠다는 하니의 꼬임에 부엌을 깨끗하게 사용하라는 전제하에 허락을 했다.

하니는 먼저 감자를 깎고 감자 칼로 껍질을 깎아내고 강판에 감자를 갈았다. 튀김가루를 뿌리고 섞은 후 달군 프라이팬에 반죽된 것을 넣었다. 지글지글 익는 소리가 너무 맛있게 들렸다. 이 정도면 미래의 요리사가 되는 것도 나쁘진 않을 것 같다는 생각이 들었다. 그런데 아뿔사! 반죽에 물을 많이 넣어 감자전이 잘 찢어졌다. 다행히도 엄마는 엉망진창이 된 감자전의 참상을 보지 못했다. 얼른 튀김가루를 넣고 섞었다. 이제는 제법 감자전의 모양새를 갖춘 것 같았다. 맛을 보니 괜찮았지만 어머니가 만들어 준 중국식 전이 더 맛있었다. 어머니처럼 맛을 내려면 더 많이 연습해야 한다는 생각이 들었다.

달라져 버린 하니와 어머니의 갈등

2010년 2학기 학부모 공개수업이 있는 날이었다. 그 날은 3교시 공개수업 후 아이들을 하교시킨 뒤에 학부모들과의 면담이 예정되어 있었다. 그러나 6학년이 끝나갈 무렵 열린 공개수업에 관심을 가지고 참석한 학부모는 겨우 8명 정도였고 그마저도 대부분 저학년의 동생을 챙기러 가고 없었다.

그렇게 면담이 자연스럽게 무산되어 하니 담임선생님은 아이들을 하교시키고 교실 뒷정리를 하던 중이었다. 교실 뒷문이 열리더니 "선생님, 안녕하세요?" 하는 인사말이 들렸다. 바로 1학기 학부모총회 때 만났던 하니 어머니였다. 오랜만에 얼굴을 뵌

터라 인사말이 오가다가 자연스럽게 대화 내용이 하니로 옮겨갔다.

어머니는 하니에 대한 우려와 걱정으로 얼굴에 수심이 가득하였다. 2학기 들어 가장 큰 걱정은 하니의 변화된 모습이었다. 하니는 예전과 다르게 최근 들어 가족들을 대하는 태도가 달라졌다. 엄마로서 할 수 있는 잔소리, 예를 들면 '골고루 먹어라', '빨리 자라', '숙제해라'와 같은 일상적인 훈계에 하니는 기분이 좋을 때면 '하하하' 웃어버리면서 행동을 고치려고 노력하는 모습은 눈 씻고 찾아볼 수 없는 무심함과 나태함을 보였고, 기분이 나쁠 때면 '그것을 왜 해야 하냐'는 말과 함께 온갖 짜증과 불쾌함을 내비쳤다. 그러면서 가족과의 싸움도 잦아졌다.

어머니는 하니가 평소 잘 챙기고 아껴 주던 한 살 터울의 동생에게 말을 함부로 하고 언니의 관심을 받고 싶어 장난을 치는 동생에게 짜증으로 응대해 싸우는 횟수도 점점 늘어나고 있는 상황을 자세하게 말해 주었다. 또한 이러한 딸의 행동 변화와 계속된 충돌에 난감함을 표하는 하니 어머니는 매우 지친 기색이 역력했다.

문제는 이것만이 아니었다. 요즘 하니는 거의 중독수준으로 인터넷 소설에 빠져 있다. 학원에서 8시쯤 돌아오는 하니는 오자마자 TV 드라마에 넋을 놓고 10시가 되어서야 부랴부랴 학교 숙제를 하느라 허둥댄다. 그마저도 대충대충 해 놓고 (어떤 때는 다 끝내지도 않은 채) 방에 들어가 잔답시고 불을 끈다. 그러나 하니는 자는 것이 아니다. 어두컴컴한 방과 푹 눌러 덮은 이불 속에서 그 늦은 시각에도 인터넷 소설을 탐독하고 있는 것이다. 왜 이런 것을 읽고 있느냐고 물으면 친구들과의 대화를 위해 읽는 것이라고 변명 같지도 않은 변명을 한다.

한창 인터넷 소설과 같은 연애 소설에 빠져들 나이지만 예전에는 이러한 것을 접해 본 적이 없으며 자기 할 일을 제대로 해놓고 그 후에 다른 일을 하던 모습과는 전혀 다른 모습을 보이는 하니를 어머니는 도무지 이해하지 못한다. 사춘기라서 그런 것인지를 묻는 어머니는 선생님에게 죄송한 마음이 들면서도 선생님이 매를 들어서라도 다시 예전의 하니 모습으로 바로잡아 주기를 바라는 눈치였다.

어머니에게서 하니의 태도에 대해 들은 담임선생님은 매우 놀랐다. 여전히 하니는 학교에서는 선생님의 말씀이라면 귀를 쫑긋 세워 열심히 듣고 적극적으로 활동하는 밝고 활기차며 리더십이 강했기 때문이다. 가정에서의 생활 모습을 전해 들은 담임선생님은 하니가 가면을 쓴 것처럼 이중적인 생활을 하고 있다고 판단하였다. 어머니의 바람처럼 이러한 잘못된 생활태도를 자신이 바로잡아야겠다고 다짐하는 것 같았다.

하니 어머니는 최근 하니와의 갈등 속에서도 딸을 향한 안쓰러움과 안타까움을 드러냈다. 자녀 교육에 무심한 하니 아버지는 하니가 커 갈수록 딸을 대하는 태도가 더 무뚝뚝하고 매정해졌다. 일례로 하니가 방과후나 학원 수업이 끝난 후 친구들과 놀고 집에 들어가겠다고 전화를 하면, 항상 하니 아버지는 여느 아버지들과는 너무나도 다르게 '당장 들어와' 라는 강경한 어조로 엄격하게 딸을 대한다. 다른 것에는 무관심하면서도 하니가 친구들과 노는 것에 대해서만은 매우 못마땅해하며 항상 반대만 하는 아버지.

그래서인지 사춘기인 하니는 더욱더 아버지에게 마음을 열지 못하고 거리를 둔다. 이런 부녀지간을 보며 하니 어머니는 자신이라도 다정하게 딸을 대하려고 노력하지만 교육에 일체 관심을 두지 않는 남편을 대신해야 하므로 마냥 자상할 수만은 없는 자신의 처지가 참 원망스럽다.

'내가 한국인 엄마였다면⋯⋯.'
'하니 아버지가 한국인 여자를 만났다면 더 잘 가르치고 더 잘 되지 않았을까'

아이들에게 더 많은 관심을 가지고자 최근에는 그토록 즐거워했던 미용학원 수강을 과감하게 그만두었다. 하고 싶었던 일이지만 하니 어머니에게 가장 소중한 것은 바로 두 딸이었다.

어머니의 눈물 – 흑룡강성 비행기표

하니는 멀어서 어머니의 고향에는 자주 가 보지 못하지만 2009년 여름에 가족들과 두 번째 중국여행을 하였다. 외할머니와 외할아버지를 오랜만에 찾아뵙고, 생경한 중국 음식들과 친척들의 모습에서 가족의 의미를 되새겨보고, 어머니가 종종 가르쳐 주었던 중국어를 실제로 사용하며 짤막한 대화를 하고 물건을 사는 일이 여간 신기한 것이 아니었다. 하니에게 중국에 있는 가족들이 보고 싶냐고 묻자 '아니요'라고 대답하여 친척들에 대한 그리움을 볼 수 없었다. 전화 연락은 가끔 하지만 가까이 있지 않기에 보지 못하는 아쉬움도 없는 편이었다.

하니는 활발한 성격 덕분에 학급에서 문화부장(현장체험학습이나 야외에서 학습할 때 명랑한 분위기를 이끄는 역할)이라는 역할을 맡고 있었다. 다음 날이 현장학습날이라 다른 부원들은 무슨 게임을 해야 할지를 정하느라 신이 나 있었지만 하니의 표정은 어두웠다. 부장 대신 다른 부원들이 장기자랑 내용을 정했다.

항상 반의 분위기를 이끌었던 하니가 이번에 뒤로 물러나 있다는 것이 도무지 이해되지 않았다. 부장으로서 게임을 만들어야 하는데 집 분위기가 좋지 않아서 게임 만들기가 어렵다고 하였다. 그 날은 바로 중국에 계신 외할머니가 돌아가신 것을 하니 어머니가 알게 된 날이었다. 외할머니가 돌아가신 지는 이틀이 지났지만 어머니는 오늘에서야 이모부의 전화를 받고 알게 되었다. 어머니의 표정과 떨리는 말투에서 이상한 것을 알아차린 하니가 어머니에게 몇 번을 물어 며칠 전 외할머니가 돌아가신 것을 알게 되었다. 외할머니가 돌아가셨지만 하니 어머니는 갈 수가 없었다. 비행기 표 때문에.

하니 어머니는 하니에게는 이야기하면서도 아버지에게는 비밀로 하라고 당부했다. 아버지 일에 방해가 될까 봐. 모친을 볼 수 없는 현실도 가슴 아프지만, 자신의 형편을 잘 알기에 일상의 평온을 깨지 않기 위해 혼자 감내해야 한다는 것을 어머니는 알고 있었다.

아버지는 오늘도 어머니가 감기에 걸려 있는 줄 알 것이다. 어제처럼 말이다. 하니는 오늘만이라도 착한 딸이 되어야겠다고 생각하고, 집으로 향하는 발걸음을 재촉했다.

필리핀 소년 봉식이:
나는 우리 학교 도움반 엘리트

∎∎∎∎∎∎∎∎∎∎∎∎∎∎∎∎∎∎∎∎∎∎∎∎∎∎∎∎∎

봉식이 어머니 이사벨의 결혼과 출산 그리고 현실

이사벨은 1975년 어느 여름 날 필리핀 이사벨라(Isabela)에서 태어났다. 이사벨은 한국으로 오기 전까지 자신이 태어나고 자란 지역을 떠난 적이 없었다. 이사벨의 가족은 경제적으로 어려운 상황에 있었으나 이사벨은 공부를 꽤 잘하는 편이었기 때문에 3남 2녀의 남매들 중 유일하게 대학교를 졸업하였다. 이사벨은 대학교에 입학할 당시 생물학을 전공하였다. 하지만 비위가 약해 '해부학' 수업을 제대로 듣지 못하고 고민 끝에 전공을 '영문학'으로 바꾸었다. 1998년 영문학 전공으로 학사학위를 받은 이사벨은 한국으로 이주하기로 결정하였다. 남매들 중 결혼해서 다른 나라에서 살고 있는 사람은 이사벨 혼자다.

한국으로 시집 가기로 마음먹은 이사벨은 종교를 인연으로 봉식이 아버지를 만났다. 이사벨은 종교단체의 교리에 따라 생면부지의 사람과 결혼하였다. 서로의 사진과 이름을 주고받고 1999년 봄 봉식이 아버지와 봉식이 할머니가 이사벨을 만나러 필리핀을 다녀온 몇 달 후 그들은 마닐라에서 결혼식을 올렸다. 그 합동결혼식에서 모든 신랑은 한국인으로 30대 후반부터 50대 초반까지였으며, 모든 신부는 필리핀 여성으로 20대 초중반이었다.

결혼식을 마친 그들은 이사벨의 고향에서 친척들을 모셔 놓고 1박 2일 동안 잔치를 벌였다. 결혼식과 피로연 비용은 봉식이 아버지 쪽에서 지불하였다. 봉식이 아버지도 경제적으로 그리 넉넉한 편은 아니었지만 매일 끼니 걱정을 해야 하는 아내의 식구들을 보며 매우 안타까워했다. 그래서 아버지는 한국으로 오기 전 한국 돈으로 100만 원 정도를 주고 쌀도 한 가마니 사 주었다. 그렇게 세 사람은 1999년 6월 어느 날 한국으로 날아오는 비행기에 몸을 실었다. 결혼식을 마치고 한국으로 온 과정에 대해서 이사벨은 이렇게 생각하였다.

Before our engagement, maybe a few months. before the wedding they came in the philippines two times. for a second then they brought me here.

이사벨은 남편과 시어머니가 자신을 이곳으로 데리고 왔다고 웃으며 이야기하였지만 은연중 그들에게 끌려온 것으로 느끼고 있는 듯하였다.

하지만 이사벨이 한국에 오기 전까지 그녀에게 한국은 미지의 땅이자 희망의 땅이었다. 대학을 갓 졸업하고 남편과 시어머니의 손에 이끌려 한국으로 날아오는 비행기 안에서 이사벨은 매우 흥분되고 기대에 차 있었다. 그러나 그 기대감이 다른 감정것으로 바뀌는 데는 며칠이 걸리지 않았다.

이사벨은 가족 그리고 주위의 어느 누구와도 의사소통을 할 수 없었다. 가족들은 그다지 친절하지 않았으며 남편 또한 그녀가 한국 생활에 적응하도록 적극적으로 도와주지 않았다. 시어머니가 그녀에게 다른 한국인 며느리들과 같은 것을 기대했기 때문에 음식, 언어, 생활풍습 등에 익숙하지 않은 이사벨은 힘겨운 나날을 보낼 수밖에 없었다.

이사벨은 이러한 문화적 장벽 속에서 남편의 가족과 같이 지내면서 향수병을 앓았다. 고향과 그곳의 사람들을 몹시 그리워하며 3여 년을 보내자 어느새 이사벨의 한국어 실력은 의사소통이 어느 정도 가능할 만큼 늘었고 향수병도 견딜 수 있게 되었다. 이사벨은 그때를 다음과 같이 회상한다.

After a few days, oh this is very hard. I always thought that this is a homesickness. My husband let me very much together with his family.

한국에 온 이사벨은 곧 봉식이를 가졌다. 지방의 조그마한 종합병원에서 봉식이를 낳은 이사벨은 급성폐렴에 걸려 대구광역시에 있는 한 대학병원에서 3개월가량 입원치료를 받아야 했다. 봉식이 아버지는 그때를 이렇게 회상한다.

"그런데 집사람이 봉식이를 낳고, 급성 폐렴이 왔어요. 적십자 병원에 3일 있다가 거기서 안 나아서 대구 영대병원으로 갔어요. 이 폐가 시커멓게 있어야 하잖아요. 그런데 이 폐가 허예(하얗다의 사투리)요. 양쪽 다. 그때 집사람이 진짜 죽을 뻔했어요."

연구자가 물었다.

"영대병원에서 치료해서 나았습니까?"

"우리 외가 쪽에, 그러니까 이모 아들이 흉부외과를 잘 보는 서울 병원에 있어요. 외삼촌하고 대구 영대병원에 입원해 있다 캉 께 왔어요. 의사들끼리는 통하잖아요. 병원비는 많이 안 나왔어요. 죽다가 살아났죠. 둘째를 낳고는 수술을 해서 막아버렸어요. 아기를 낳거나 아예 임신 못하게 해 놨어요. 집사람이 대구 영대병원 중환자실에 있을 때 한 마흔여덟 된 한참 선배가 일본 사람하고 결혼을 했거든요. 제가 통일교 쪽 주선으로 결혼을 했는데, 그 선배도 그렇게 일본 사람이랑 결혼했어요. 일본에서 온 그 형수가 큰 애 봉식이를 갓난아기 때부터 키웠어요. 몇 달을."

봉식이 아버지의 목소리는 아내가 입원해 있고 자신이 아내를 돌보는 동안 친지들과 가족들이 봉식이를 돌보아주지 않은 것에 대한 원망과 서러움으로 가느다랗게 떨렸다.

여러 친척들이 주위에 살고 있었고 봉식이의 할머니 또한 멀지 않은 곳에 살고 있었지만 정작 봉식이를 돌본 사람은 봉식이의 아버지처럼 종교로 인해 일본인과 결혼한 봉식이 아버지의 고등학교 선배였다. 2000년 10월 봉식이를 낳은 이사벨은 3년 후 재왕절개 수술로 봉식이 여동생을 낳았다. 그 뒤 이사벨과 남편은 셋째를 가지지 않기 위해 적극적으로 의료적 조치를 취했다.

아이 둘을 낳고 기르는 동안 그들은 시골에서 노모를 모시고 살았다. 그 노모의 성품은 동네에서도 알아줄 만큼 거칠고 강해서 어떤 이는 봉식이 할머니를 여장부라고 부르기도 했다. 당시 봉식이 할머니는 시골에서 조그만 식당을 운영했는데 이사벨도 그 식당에서 일을 도왔다. 한국 문화와 음식에 익숙하지 않은 이사벨은 매일 식당에서 시어머니로부터 꾸지람을 듣기 일쑤였다.

이사벨은 식당 일을 거드는 동안 많은 스트레스를 받았으며 시어머니와의 관계가 더욱 나빠졌다. 더구나 봉식이 아버지의 숙모, 고모들 또한 이사벨에게 친절하지 않았고, 간혹 명절에 만나면 잘 못하는 것에 대해서만 지적하고 나무라는 바람에 이사벨과 시댁 가족들과의 관계는 악화일로를 달렸다. 이제 더 이상 이사벨은 시댁에 가지 않는다. 명절이나 제사가 있으면 봉식이 아버지가 봉식이만 데리고 다녀오고 이사벨은 봉식이 동생을 데리고 집에 있다. 봉식이 아버지는 고부간의 갈등, 친척들과 원만하지 못한 관계에 대해서 이렇게 이야기한다.

"옛날에는 잘 지냈어요."

"지금은 안 좋아요. 집사람이 임신했을 때 어머니가 식당을 잠깐 했었어요. 그때 어머니가 집사람에게 스트레스를 좀 많이 줬어요. 그리고 내 여동생도 매일 스트레스를 팍팍 주니까. 또 명절 때 가면 고모들이나 큰 엄마들이나……."

"저도 솔직히, 집사람이 이해돼요. 명절 때는 갔었어요. 그런데 어느 날 큰 엄마가 집사람한테 스트레스를 많이 줘버렸어요. 왜 아버님 제사에는 오지 않느냐 이런 이야기를 하니까."

이사벨은 한국 정서와 문화에 익숙하지 않아 시어머니, 시누이, 그리고 다른 친척들로부터 적지 않은 스트레스를 받았다.

"How was the language barrier and cultural differences?"

"The culture and language is very difficult to me."

"What made you uncomfortable the most?"

"Language? the language and also the culture especially 추석날, 설날. During that time we need to work very hard for the sake of the family. We need to cook, we need to help the family. we need to prepare many foods then we have them. We have to face them. We need to talk to them. It gets me very hard and also how to communicate with them."

2002년 9월 20일 추석 전날이었다. 봉식이의 아버지와 남동생들, 이사벨의 어머니 그리고 한 필리핀 여성, 이렇게 다섯 명이 방에서 화투를 치고 있었다. 오랜만에 모인 가족들은 이른 저녁을 먹고 안방에 둘러앉아 시간을 보내고 있었다. 안방에서 부엌으로 통하는 문이 열리더니 과일과 유과가 담긴 쟁반이 먼저 고개를 내민다. 이어서 이사벨이 들어와 상 위에 음식들을 내려놓았다. 이사벨은 등에 업은 봉식이를 얼르며 화투판을 지켜본다. 이사벨은 몇 번 보아 그림에는 익숙하지만 아직도 어떤 것이 어떤 것과 짝인지 알지 못한다.

사실 그녀도 같이 화투를 치고 싶다. 하지만 남편을 비롯한 어느 누구도 그녀에게 화투를 가르쳐 주지 않았다. 그러나 한 고등학교에서 기능직으로 일하는 봉식이 삼촌은 아내(필리핀 여성)에게 '화투'를 가르쳐 주고 같이 즐기고 있었다. 이사벨과 그녀의 동서 두 사람 모두 필리핀에서 온 결혼이주여성이지만 둘은 별로 가깝게 지내지 않는다. 남편과의 관계와 가족들로부터 받는 대우가 달랐기 때문에 이사벨로서는 자신이 더욱 초라하고 불쌍하게 느껴져 동서는 자주 만나고 싶지 않은 사람이었다.

이러한 상황에서 이사벨과 남편은 가끔 말다툼을 하지만 그 싸움은 언제나 이사벨이 남편의 말에 응대하지 않음으로써 끝났다. 그들이 다투고 그것을 적절하게 해결하지 못하는 것은 언어적 장벽이 있어 서로의 말을 충분히 이해하지 못하기 때문이었다.

"We sometimes quarreled and fought each other because of these language, dialogues. We can not understand each other."

이사벨과 남편은 서로의 의사를 가늠할 수는 있지만 서로의 마음을 읽고 배려하기에는 그 이해의 정도가 부족하였다. 남편은 그녀를 이해할 수 없다는 말을 자주 했고 이사벨은 그를 이해시킬 만큼의 한국어 실력을 가지고 있지 못해 대화를 중단할 수밖에 없었다.

"He said that he never understand me. I am just keeping to be quiet quiet. That's the only way to stop fighting."

가족과의 불화, 남편과의 다툼으로 인해 이사벨은 자신의 삶에 대해 부정적이며 소극적인 태도를 가지게 되었다. 이사벨은 지난 3년 남짓 지독한 향수병을 앓으며 고통스러워했고, 이제 지금의 현실은 피할 수 없고, 어쩔 수도 없는, 예전에는 생각조차 하지 못한 악몽의 연속이라고 생각하고 있다.

이사벨은 태어나고 자랐으며 가족과 친구들이 살고 있는 모국을 떠나 한국으로 이주했다. 그런데 한국에서 그녀의 삶은 자신의 생각과는 너무도 달랐으며 그녀로서는 어쩔 수 없는, 피할 수 없는, 어떻게 바꿀 수 없는 일의 연속이었다. 그녀는 웃어넘기거나 포기할 수밖에 없었다.

"How have you overcome when you have trouble in Korea?"

"I don't know. It's just like a dream. I met many people, my friends outside. I overcame this just like napping, just like I dreamed. Especially when I changed my nationality, I became strong. I thought that I am Korean. That's the one way that I overcame my difficulties here in Korean. Before 하하 우스워 I was not comfortable before here in Korea when I've never changed my nationality."

최근 몇 년 동안 이사벨은 학교의 방과후 영어교육, 공부방 영어강사, 학원 영어강사 등을 하였지만 몇 개월 지나지 않아 그만두어야 했다. 이사벨이 학교에서 방과후 영어강사를 할 때 함께 일했던 한 교사는 이사벨이 영어뿐만 아니라 교수법에서도 허점을 많이 보여 수강생이 급격하게 줄었으며 급기야 최소 수강인원을 채우지 못하고 폐강되었다고 하였다.

봉식이 아버지와의 첫 만남

봉식이 가족은 아버지의 직장을 따라 봉식이가 4살 때 거창으로 이주하였다. 이곳저곳을 전전하다가 지금 살고 있는 집은 보증금 100만 원에 1년에 170만 원을 내는 방 두 칸짜리 셋방이다.

봉식이 아버지는 100만 원이 조금 넘는 월급으로 네 식구의 생계를 꾸려 나간다. 물론 '기초생활 수급자'로 지정되어 의료보험, 교육비, 여러 가지 교육 활동비를 면제받고 있다. 봉식이 아버지는 고등학교를 졸업하였지만 그의 말투와 사용하는 단어는 고등학교를 졸업한 사람으로 보일 만큼 세련되지 못했다.

연구자가 봉식이 만나기로 약속한 장소에 도착하니 40대 중반 혹은 후반으로 보이는 남루한 옷차림의 남자가 계단에 쪼그리고 앉아 있었다. 낡은 양복바지를 입고 있었는데 허리띠는 배 아래로 묶고, 오래되어 색이 바래고 목이 늘어진 회색 라운드 티를 입고 있었다. '아무래도 저 사람이 봉식이 아버지인가 보다.' 생각한 연구자는 도로가에 주차하고 다가갔다.

가까이에서 보니 160cm 되어 보이는 키, 짧은 목, 동그란 얼굴이 봉식이와 많이 닮아 확인하지 않아도 봉식이 아버지임을 알 수 있었다. 손에는 캔 커피 두 개가 들려 있었다. '나와 커피를 마시려고 사셨나?' 생각한 순간 은행에서 비슷한 옷차림의 남자가 나오자 그 사람에게 캔 커피 하나를 건넸다. 그러고는 "행님, 나 가봐야 돼요. 우리 봉식이 담임선생님하고⋯⋯." 담임이 아니라 영어전담이라고 이야기했는데도 봉식이 아버지는 여전히 착각하고 있었다.

두 사람은 차에 올랐다. 이윽고 봉식이 아버지는 힘든 세상살이와 경제적 어려움에 대한 푸념을 늘어놓았다. 그중에는 곧 있을 지방 선거에 관한 이야기도 있었고, 이전에 다닌 직장 이야기도 있었다. 이야기의 요지는 '살아가기 힘들다' 였다.

청소외주 업체 직원인 봉식이 아버지의 실제 나이는 38세지만 45세 혹은 그 이상으로도 볼 수 있을 만큼 나이 들어 보였다. 얼굴에 깊게 패인 주름살과 어두운 분위기가 그가 살아오는 동안 겪었을 힘겨운 생활을 그려 주고 있었다. 봉식이 아버지의 첫인상은 고되고 어려운 삶을 살아가고 있는 가난하고 초라한 중년의 이미지였으며, 말투와 사투리에서 그의 교육수준과 자녀에 대한 관심을 엿볼 수 있었다.

> "솔직히 내가 아무리 고등학교 나왔어도 조금 그래요. 그래서 지금 공부를 하고 싶어도 머리가 안 따라주고. 그래도 솔직히 우리 집사람한테는 그런 얘기 안 합니다. 나 못 배웠다 그런 얘기 안 해요. 나도 초등학교 1학년 때는 한글을 읽을 수 있었는데 한 5학년 때 어느 날 공부가 하기 싫더라고요. 그래서 공부를 안 해버리니 한글을 영 모르겠더라고요. 솔직히 내가 글을 좀 몰라요. 그래도 뭐 적어오라고 하는 거 있으면 내 이름하고 그런 거는 적을 줄 알거든요. 공부를 안 해서 내가 못한 거지. 공부를 했으면 저도 쓰레기 치우는 그런 일은 안 할 겁니다."

봉식이 아버지는 고등학교를 졸업했지만 한글조차도 제대로 읽고 쓰지 못한다. 글을 모르는 것에 대해서 매우 부끄럽게 생각했지만 애써 태연한 척하는 모습이 역력했다.

그는 머뭇거리다가 자신의 경제적 상황과 건강상의 문제에 대해서 이야기하기 시작했다.

"저도 대출금이 450만 원 있는데 처갓집에 돈을 조금씩 보내 주고 그랬거든요. 그래서 빚이 400만 원 남았어요. 450만 원 갚았지만 마이너스 통장 2000만 원이 더 있어요. 지금 돈 문제로 나도 스트레스 엄청 많이 받아요. 제가 신경 쓰면 안 되거든요."

"제가 소변이 잘 안 나와서, 지금 전립선 병원에 다니고 있어요. 병원에서 신경을 쓰지 말라는데 신경을 쓸 게 많아 가지고 신경을 써 버리니까. 제가 전립선이 조금 심했었어요. 지금 약을 먹고 있지만, 모르지요 몇 년 동안 약을 먹어야 하는지. 첫째는 돈이 문제지 그렇잖아요? 나도 솔직히 처갓집에 딸만 셋이에요. 우리 집사람이 둘째 딸인데, 그쪽 언니하고 처제는 그쪽 사람들하고 결혼했고, 돈을 보내 줘야 하는데. 그래서 집사람 목걸이와 반지 팔아서 월요일까지 돈 보내기로 했어요. 처갓집에서 70만 원을 얘기했는데 팔아 보니까 20 몇 만 원밖에 안 되더라고요. 그거라도 월요일에 보내려고요. 그거 팔아 가지고 아까 전화카드 만천 원짜린가 그거 하나 사고. 장모님하고 장인하고 몸이 참 안 좋아요. 당뇨가 있고, 우리 한국처럼 의료보험이 안 돼요. 그러니까 필리핀은 돈 안 주면 병을 안 고쳐 줘요. 그래서 70만 원 보내라고 하는데 나도 이번 어버이날에는 뭐 이리저리 할 게 없어요."

"제가 선생님 만나면 20만 원이라도 조금 빌리려고 했어요. 그래 내가 참 그렇습니다. 저도 금전적으로 좀 그런 것도 있고, 솔직히 우리가 거기 3년째 살고 있어요. 1년에 170만 원 주고 보증금 100만 원 걸고 지금 살고 있는데 아주 옛날 집이에요. 나도 지금 당장 돈만 있으면 우리 애들……."

봉식이 아버지는 서러움에 복받쳐 잠시 울먹이며 머뭇거리다 말을 이었다.

"돈만 있으면 아파트나 주택으로라도 이사를 가고 싶지만, 일단 100만 원 가지고는 여기서 집 구하기 힘들어요. 최하 2000만 원 넘어야 구하겠더라고요. 봉급을 따지자면 받기는 많이 받는데 봉급 딱 들어오면 여기저기 돈 줘야 해요. 그리고 집사람이 국제전화를 많이 해서 200만 원이 넘어버렸어요."

"그래서 몇 달을 일해 갚았어요. 집이 어머니 명의로 되어 있어요. 그래 가지고 그거 다 갚고……. 둘째도 봉식이 따라 공부방을 보내면 되는데 이사도 가야 하고. 저기 집이 하나 있는데 매달 주는 거 없고 보증금도 없는데 일 년에 300만 원 달라고 하더라고요."

"사글세로요?"

"아니요. 사글세 없고, 보증금도 없고, 1년 다 채우고 나서 다시 살고 싶으면 300만 원 주는 거예요. 그래서 가려고 하니 아이들을 전학시켜야 해서 그 집은 내가 포기했어요."

봉식이 아버지는 억척스럽게 살아가려고 노력하고 자신이 가지고 있는 빚을 계획적으로 상환해 나가고 조금이라도 나은 환경에서 살고자 애쓰지만 현실은 너무나도 멀리 있다. 경제적인 압박과 스트레스로 인해 봉식이 아버지는 몇 년 전부터 '전립선비대증'을 앓고 있다.

놀라운 것은 처음 만난 자녀의 학교 선생님에게 돈을 빌릴 생각을 하고 나왔다는 것이다. 냉정하게 다시 돌아보면 봉식이 아버지는 자신의 처지를 자신이 상상할 수 있는 만큼 비관적으로 생각하고 있었다.

그거 좀 보내지 마소

38세의 봉식이 아버지는 직장에서 시간이 날 때면 상사로부터 읽고 쓰는 법을 배운다. 읽고 쓰는 것이 자유롭지 못한 봉식이 아버지에게 학교에서 보내는 알림장이나 조사지는 그야말로 스트레스다.

> "그래 나는 제발 학교에서 적는 거나 그런 거 제발 안 보내 주면 안 될까. 뭐 하려고 똑같은 거 자꾸 보내요. 솔직히 아는 것만 적는데 뭐 생판 모르는 것 있으면……. 그래서 대충 아는 것만 적어서 아이들에게 주지만. 그리고 제발 학교에서 보내는 그거 좀 보내지 마십시오."

"왜 그러십니까? 무엇 말씀입니까?"

"제발 그것 좀 보내지 말라고 해 주세요. 어차피 불편해 가지
도 못하는데. 어제도 그거 수업, 뭐 그거 했잖아요."

봉식이 아버지는 학교에서 혹은 담임선생님이 학부모에게 요
구하는 여러 가지 조사지조차도 제대로 작성하지 못했고, 오히
려 가능하면 보내지 말아 달라고 부탁까지 하였다. 학교에서 보
내는 안내장이나 조사지는 매년 반복되는 것도 있지만 그렇지
않은 것이 있음에도 불구하고 '같은 것을 보내지 말아 달라'고
강조하는 것으로 보아 봉식이 아버지는 학교에서 요구하는 것을
'학교에 가야 할 것, 적어야 할 것'으로 거의 비슷하게 인식하고
있었다.

한 예로 학교에서는 연초에 담임선생님들이 아동 개인과 가
정을 이해하기 위해 '학생 기초 조사표'를 배부하여 부모님과
함께 적어 오도록 한다. 봉식이 담임선생님의 요청에 의해서 봉
식이와 아버지가 적어서 보낸 조사표가 있다. 봉식이의 조사표
에 있는 개인 정보를 지우니 거의 백지가 되어 버렸다. 봉식이의
반 친구인, 부모가 공무원인 아이의 조사표와는 매우 대조적이
다. 조사표를 통해 봉식이 아버지의 교육수준과 학교에 대한 관
심을 엿볼 수 있다. '본교 재학 가족'란에는 1학년으로 입학한
동생이 있음에도 불구하고 적지 않았으며, 학원 수강 여부란에
도 현재 다니고 있는 학원이 있지만 적지 않았다.

학생 기초 조사표

초등학교   제4 학년   반   번

학생	이 름	한글) 봉식이		한자)		
	생년월일	00108-		주민등록번호		
	현주소				전화번호	

가족사항 (본교재학 아동 및 학생사진 제외)	관 계	이 름	나 이	직업(자세히)	핸드폰 번호
	아버지	박	36		
	어머니		36		

본교 재학 가족	이 름	학 반	담 임

학원 수강 여부	순	학원이름(현재 다니는 학원)	학생의 흥미 및 욕구	
	1		좋아하는 과목	
	2		싫어하는 과목	
	3		특 기	

제일 좋아하는 친구		취 미	
부모님이 바라는 희망		장래희망	
주거환경에 O표	단독주택, 아파트, 연립주택, 전세, ⓐ월세, 기타( )		
가 훈			
가정에서 공부를 도와주는 사람			
부모님의 요구사항 및 부탁하고 싶은 의견			

학생 기초 조사표

초등학교   제 4 학년   반   번

학생	이 름	한글) 임			한자) 林	
	생년월일	2000. 2. 19		주민등록번호		000219-
	현주소				전화번호	

가족사항 (본교재학 아동 및 학생사진 제외)	관 계	이 름	나 이	직업(자세히)	핸드폰 번호
	아버지	임	46	공무원 (면사무소)	010-0000-1990
	어머니	안	46	공무원 (우체국)	016-0000-1990

본교 재학 가족	이 름	학 반	담 임

학원 수강 여부	순	학원이름(현재 다니는 학원)	학생의 흥미 및 욕구	
	1	아람태권도 e 스쿨	좋아하는 과목	사회(역사, 정치)
	2		싫어하는 과목	
	3		특 기	엉뚱함(?), 상상력, 발표

제일 좋아하는 친구	이	취 미	태권도
부모님이 바라는 희망	국가를 위해 큰 일을 할 수 있는 사람	장래희망	공군 조종사(군인)

주거환경에 O표	단독주택, 아파트, 연립주택, 전세, (월세), 기타( )
가 훈	愚公移山
가정에서 공부를 도와주는 사람	부모 모두 직장을 다니는 관계로 도와주는 이가 없음
부모님의 요구사항 및 부탁하고 싶은 의견	건강하고 씩씩하게 자랄 수 있도록 많은 관심 부탁드립니다.

봉식이와 동생의 양육 및 교육은 이사벨이 도맡고 있다. 봉식이 아버지는 자녀 교육에 대해 언어조차 서툰 아내에게 전적으로 맡겨 놓고 있다. 이는 봉식이 아버지가 자녀 교육에 무관심해서일 수도 있지만 그보다 자신이 무엇을 어떻게 해야 하는지를 모르기 때문일 것이다.

"아이들의 교육은 누가 책임지고 하고 있습니까?"

"솔직히 저는 잘 몰라요. 집사람이…… 그런데 솔직히 봉식이하고 동생하고 보면, 봉식이는 학교 갔다가 공부방 갔다가 숙제할 거 있으면 숙제하고, 동생은 계속 텔레비전만 봐요. 봉식이 동생 선생님이 '글자를 모른다'고 하더라고요. 봉식이도 글자를 몰랐어요. 그래도 공부방 가더니 이제 글자를 다 읽어요."

"그럼 아이들 어릴 때부터 교육은 어머니께서 맡아서……."

"네. 그리고 뭐 적을 것 있으면 내가……."

그러던 봉식이 아버지가 2010년 들어 자녀 교육에 약간의 관심을 가지기 시작했다. 아이들 교육이나 집안 살림을 전혀 도와주지 않았던 예전의 봉식이 아버지를 떠올린다면 이것은 실로 큰 변화였다. 이사벨은 한글을 읽을 수 있지만 의미를 제대로 이해하지는 못한다. 때문에 아이들에게 한글을 제대로 가르칠 수 없었으므로 자신이 '한국인이었으면' 하고 생각한다. 다행히도 최근 들어 봉식이 아버지가 자녀 교육에 대해 변화된 태도를 보이고 있었다. 이사벨은 남편의 태도가 변화된 것에 무척 기뻐했다.

"Does your husband help you raise and educate your children at home?"

"Only now, Only this year. Before he was very busy. He hates to help me to teach my children especially Korean."

"He checks their homework and assignment. 'Have you done it?' 'Have you finished it?' 'You can play the computer only 30 minutes.' I am very happy with it. While I am cooking, he is doing this activities with my children."

엄마의 친구는 컴퓨터: 나중에 전화해!

봉식이 아버지는 새벽 5시에 출근하기 때문에 이른 저녁을 먹고 잠자리에 든다. 가끔 모임이 있을 경우를 제외하고는 7시나 8시에 잔다. 봉식이 어머니와의 만남을 주선해 주겠다던 아버지가 계속 전화를 받지 않았다. 아침, 점심, 오후에 집으로 전화를 해도 받지 않았다. 저녁을 먹고 다시 전화를 걸었다. 세 번째 시도 끝에 봉식이가 전화를 받았다.

"봉식아, 선생님이야. 학교 영어선생님"

"네."

"아버지 계시니? 통화를 좀 하고 싶은데."

알아들을 수는 없지만 전화기 저편에서 뭐라고 말하는 소리
가 들린다.

　"아빠 자는데."

　"그래? 그럼 어머니 계셔?"

　"엄마 컴퓨터해요."

　"엄마랑 통화하고 싶은데 엄마한테 전화 좀 받으시라고 얘기
해 줄래?"

　"네, 엄마~ 선생님!"

봉식이가 엄마에게 전화가 왔다고 얘기하는 소리가 들리고
"왜? 나중에"라고 또렷하게 들린다.

　"선생님, 나중에, 엄마가 나중에"

　"어머니 지금 바쁘시니?"

　"네"

　"컴퓨터 하신다고?"

　"네"

　"그럼 언제 전화할까?"

　"엄마 언제? 엄마 언제?"

십여 초의 시간이 흐르고 어머니가 전화를 받았다.

　"여보세요, Hello"

"I'm one of the teachers at the school that your children go to."

"Ok"

"I met your husband last week and we had a talk about your son's education."

"Did he let you know what we talked about on that day?"

"Yes and he said that you want to see me"

"Do you have time next Monday morning?"

"Yes, teacher."

"Could you come to school next Monday, please?".

저녁 7시가 조금 지난 시각이었다. 봉식이 아버지는 일찍 잠자리에 들었고, 이사벨은 컴퓨터를 하고 있었다. 학부모의 경우 대부분 일을 하다가도 자녀가 다니는 학교의 교사가 전화를 하면 하던 일도 제쳐 두고 전화를 받는데 이사벨은 그렇지 않았다. 그녀는 컴퓨터를 하는 데 오랜 시간을 낭비하고 있었다.

"아빠는 일찍 출근하시지? 엄마는 어때?"

"엄마는 6시에 일어나서 컴퓨터 해요."

"아침부터? 뭐 하시는데?"

"빙고게임"

"밥은 챙겨 주시고?"

"네."

"낮에도 빙고게임 하시고?"

"네."

이사벨이 집에서 컴퓨터를 하는 시간이 길다는 것은 공부방의 선생님이나 이전의 담임선생님 그리고 군청에서 다문화가정 방문 및 상담일을 하는 상담사 모두 알고 있다. 이러한 이사벨의 생활은 1학년인 봉식이의 동생을 통해서 여실히 드러났다. 봉식이 동생은 봉식이와 닮아 작은 키에 통통하며, 야물게 다문 입술이 인상적이다.

봉식이 동생의 담임선생님은 할 말이 많다는 듯이 안타깝고 답답한 표정을 지으며 말을 이어갔다.

"안 돼, 하나도 안 돼요. 글자도 모르고 책을 주면 다 찢어 버리고. 하도 책을 가지고 오지 않아서 책가방을 봤더니 온갖 쓰레기들이 다 들어 있어요. 집에서 가방도 열어 보지 않나 봐요. 매일 확인하고 아이를 봐 줘야 하는데 안 봐줘요."

"네 그렇군요."

"하도 책을 가지고 오지 않아서 내가 엄마한테 전화했잖아요. 그러니까 엄마가 책을 한 권 들고 왔더라고요. 그러고는 "지연아, 책 어디 있어?" 이러는 거예요. 그래서 책을 전부 다 다시 줬어요."

"아이 공부는 어떤가요?"

"내가 다른 학교 있을 때 글을 못 깨친 아이들을 여럿 가르쳐 봤지만 이 아이는 너무 힘들고 말귀를 못 알아먹어요. 고생 좀 하게 생겼어요. 어렸을 때부터 아이를 돌보고 가르치지 않은 것이 표가 딱 나요."

지연이 또한 다른 아이들과 많은 면에서 달랐다. 담임선생님은 지연이가 학습과 언어 습득뿐만 아니라 정서면에서도 다소 문제점을 나타내고 있다고 생각한다. 봉식이 동생의 경우를 통해 이사벨 부부가 아이의 학교생활에 대해서 어느 정도 관심과 정성을 기울이고 있는지 알 수 있다. 봉식이의 1, 2학년 생활을 돌아볼 수 있고 그것이 봉식이의 학교생활과 학습에 어떤 영향을 끼쳤을지 짐작할 수 있다.

가정에서의 특히 부모의 부족한 관심과 준비는 초등학교 저학년 아이의 학교생활과 학습에 결정적인 영향을 미친다. 책을 준비해 오지 않는 수준을 벗어나 책을 잃어 버리거나 찢어 버리거나 하는 행위는 아주 특별한 관심과 지도가 필요하다는 것을 나타낸다.

부모 역할을 어렵게 하는 것들

봉식이의 아버지와 어머니가 자녀들에 대해 의논하는 일은 거의 없었다. 자녀의 양육과 교육은 전적으로 이사벨의 몫이었다.

이사벨이 자녀 교육에 대해 유일하게 도움을 받은 사람은 봉식이가 다니는 공부방의 선생님이었다. 이사벨은 그 공부방에서 한동안 영어를 가르쳤기 때문에 다른 한국인이나 학교의 선생님보다는 그 공부방의 선생님과 더 친하게 지내고 있었다. 그러나 도움의 정도는 학교에서 중요한 일이 있어 연락이 오면 그 내용을 전달해 주는 정도였다. 봉식이가 도움반에서 자신에게 맞는 공부를 할 수 있도록 해 준 봉식이의 2학년 담임선생님도 가정으로 전달해야 할 사항이 있으면 반드시 공부방 선생님을 통해 연락했다. 이사벨은 봉식이의 교육을 생각할 때마다 자신이 한국인이 아닌 외국인인 것을 매우 안타까워했다.

이사벨의 부모 역할을 힘들게 하는 것은 언어, 문화적 장벽만은 아니었다. 봉식이는 성장하면서 어머니가 외국에서 온 사람이라는 것을 인식하고부터는 어머니에 대한 생각에 변화가 생겼다. 봉식이가 집에서 가장 많은 대화를 나누는 사람은 아버지다.

"봉식아 집에서 누구랑 이야기를 가장 많이 해?"

"아빠"

"아빠는 일찍 출근하시잖아. 언제 아빠랑 이야기해?"

"아빠가 집에 왔을 때"

"아빠가 몇 시에 들어오셔?"

"음……."

4학년인 봉식이는 바늘시계를 읽을 수 없으며 장소와 공간에 대해서도 잘 설명하지 못한다.

"봉식이가 7시에 들어간다고 했지. 그 때 아빠 와 계셔?"

"네."

"아빠랑 뭐하고 놀아?"

"TV"

"다른 놀이는 안 해?"

"……."

"음~ 책 읽기는?"

"……."

"TV 보고 놀아?"

"네."

"봉식이 엄마랑은 이야기 많이 안 해?"

"네."

"왜?"

"……."

"왜 엄마랑 이야기를 많이 안 하지?"

"……."

"집에 있을 때 엄마랑 외출 자주 하니?"

"아니요." 주저하지 않고 바로 대답한다.

"그럼 아빠랑은?"

"해요."

집에서 가장 많은 대화를 나누는 사람이 아버지인데 아

버지와 하는 활동은 TV를 보는 것이고 다른 놀이나 책 읽기 등의 활동은 전혀 하지 않는다. 봉식이는 3학년이 되면서 엄마와 외출하는 것을 꺼리게 되었다. 봉식이는 이사벨과 많은 대화를 나누지 않을 뿐만 아니라 이사벨의 훈육을 잘 따르지 않는다.

"Your husband said that you are in charge of raising your children. What is the most difficult thing to raise your children here?"

"말을 안 들어. 하하하하. They only follow you only if you hit them."

"Oh no."

"Or if you talk to them loudly. If I say '봉식아~~, 가연아~~' They don't follow me but if I say '봉식아 이거 해라' If you make promise for doing homework, they make it fast. If you don't, they never give anything.

이사벨은 아이들이 부모의 말을 듣지 않을 때 큰소리고 이야기하거나 때리는 것 혹은 어떤 보상을 약속할 때에만 자신들이 해야 할 것을 한다고 생각하고 있다. 그러나 이사벨은 자녀의 훈육이나 그들의 태도 변화를 이끌기 위해서 어떤 구체적인 노력을 하고 있지는 않았다. 이사벨은 아이들과 함께 있을 때 숙제를 하게 하거나 공부하라고 말은 하지만 주로 자신은 컴퓨터를 하고 아이들은 TV를 본다.

　'이사벨의 부모노릇하기'를 힘들게 하는 것으로 언어뿐만 아니라 학교와의 소통 문제, 자녀의 교육과 양육에 도움을 주지 않는 남편, 이제는 자신과 많은 대화조차 하려 하지 않는 아들, 자녀의 담임선생님과도 직접적으로 소통할 수 없는 상황이 동시에 작용하고 있다. 한국에 온 지 11년이 지났지만 간단한 의사소통만 가능한 이사벨의 삶의 태도에도 문제가 없는 것은 아니다.

소통의 부재

　봉식이의 2학년, 3학년, 4학년 담임선생님들 모두 봉식이 아버지를 만나 본 적은 없다. 단 몇 차례의 전화통화만 했을 뿐이다. 봉식이의 2학년, 3학년 담임선생님은 봉식이 어머니를 한두 차례 만난 적이 있다. 봉식이의 2학년 담임선생님은 봉식이의 도움반(특수반) 입적을 주도했으며, 봉식이가 만난 선생님들 중에서 봉식이의 문제를 해결하기 위해 가장 적극적으로 행동한 사람으로 보이며, 이사벨도 가장 기억에 남는 선생님으로 여기고 있다. 선생님은 봉식이를 도움반에 입적시켜야겠다고 마음먹고 봉식이의 공부방 선생님에게 연락해서 봉식이 부모님의 허락을 받아냈다. 그 과정에 대해서 선생님은 다음과 같이 말한다.

　　"아버지는 조금 이상하다고 하더라고요. 전화 왔을 때도 그렇고. 그래서 공부방 전화번호를 알아내서 그 공부방 선생님과 얘기했죠."

"그런데 공부방 선생님과 얘기해 봤자 뭐가 되나요?"

"그래서 그 선생님께 봉식이 어머니한테 전달해 달라고. 그 분은 봉식이 어머니랑 이야기가 좀 통하는 모양이더라고요. 그리고 봉식이 공부하는 문제나 그 밖의 문제에 대해서 물어볼 것이 있으면 그 선생님한테 물어봤죠."

그렇게 선생님이 봉식이의 가정과 접촉하려고 노력하고 봉식이의 뒤처진 교육 문제를 적극적으로 논의하려 할 즈음 이사벨이 학교를 방문했다.

"봉식이 어머니가 한 번 왔었어요. 사탕을 한 봉지 들고 왔나? 네. 가지고 와서 아이들과 사이좋게 지내게 해 달라고 하시기에 제가 아이들에게 '봉식이가 주는 거야' 그러면서 사탕을 하나씩 나눠 주었어요. 아이들이 봉식이를 많이 괴롭히지는 않는 것 같은데 봉식이는 나름대로 괴로웠던 것 같아요. 아이들이 조금만 해도 금방 울었으니까. 그냥 눈물을 뚝뚝 흘리고. 엄마는 괜찮더라고요."

봉식이가 도움반에 입급되기 전까지, 아니 그 후에도 학교와 봉식이 가정의 상호작용은 거의 없다고 봐도 과언이 아니다. 봉식이처럼 특별한 어려움에 처해 있어 지속적인 관심과 구체적인 도움이 필요한 학생에게 이 같은 문제는 학습과 학교생활의 발달을 저해하는 결정적인 역할을 할 것임이 틀림없기에 그 안타까움은 더욱 크다. 이사벨은 봉식이의 교육 문제에 대해서 담임 선생님들과 상의하려 했지만 이 문제에서도 언어가 가장 큰 장벽이었다. 이사벨은 서툰 한국말과 영어로 의사를 표현하고 선생님들의 말을 이해하기 위해 노력하였지만 쉽지 않았다.

"Have you had a talk in Korean with the teachers?"

"In Korean language? Yes, in Korean and English."

"But because of my language, it's really difficult to understand."

이사벨은 "지금까지 봉식이가 만났던 선생님들 중에 가장 기억에 남는 선생님이 누구냐?"는 질문에 지금까지 약 2년째 봉식이를 가르치고 있는 도움반 선생님(특수교사)이라고 말하였다.

"Who is the most memorable teacher among your son's teachers?"

"Memorable, maybe here?"

"Any where."

"I don't know. Maybe his special teacher because they always get together. When they go to picnic, they stay together. They work together."

이사벨이 생각하고 느끼는 것처럼 봉식이의 교육에 가장 많은 영향을 미치고 있는 사람은 도움반 선생님이었다. 그래서 도움반 선생님에게 "봉식이 어머니 만나 보셨어요?" 하고 물어보았다. 한참을 생각하던 도움반 선생님은 이렇게 답하였다.

"어머니가 정식으로 도움반에 와서 애기를 해 본 적은 한 번도 없구요. 그때도 아! 한 번 있었구나! 입급할 때, 그것도 그때 담임선생님께서 지금 너무 급하고 더 이상 늦추면 안 된다고 저한테 이야기하시고 담임선생님이 어머니에게 애기해서 들어왔어요. 그때, 입급 상담할 때 한 번 오셨어요. 도움반에 오면 이렇게 이런 것들을 공부하고 시간은 이렇게 되고 등등 설명해 드리니까 그냥 '네네.' 이 정도만 말할 뿐이었어요. 전화통화를 해도 제 말을 잘 못 알아듣는 것 같아서 대화가 잘 안 되더라고요. 대화가 안 되니 학교에 와서 상담을 해 보거나 그런 적은 없었던 것 같아요."

"봉식이 교육에 대해서 가정과의 협력은 어느 정도입니까?"

"거의 없어요."

도움반 선생님(특수교사)도 아버지를 만난 적이 없으며 어머니 또한 도움반 입적을 할 때 한 번 만났고 그 후로는 몇 번 마주치기는 했으나 대화를 주고받은 일은 없다고 하였다. 이사벨은 간혹 봉식이나 봉식이 동생을 데리러 학교에 오지만 교문이나 학교 밖에서 아이들을 만나 데리고 가기 때문에 선생님들과 거의 마주치지 않았다.

봉식이 아버지도 둘째 딸아이를 데리러 학교에 간 적이 있었다. 교실을 나오는 아이들 중에 딸아이가 모이지 않자 봉식이 아버지는 창문 너머로 교실을 들여다보았다. 봉식이의 동생은 글자를 몰라 방과 후에 남아서 지도를 받고 있었다. 숙제는 물론 책도 챙겨오지 않고 오히려 책을 찢어 버린 봉식이의 동생을 선생님은 야단치고 있었다. 그 광경을 본 봉식이 아버지는 그때를 이렇게 회상했다.

"제가 학교에 한 번 갔었어요. 그런데 다른 아이들은 다 나오고 우리 딸은 시간이 되어나 안 나오더라고요. 다른 아이들은 숙제도 잘 해오는데 우리 딸은 책도 다 째고 그래가지고 선생님이 인자 성이 나서 한 때 때리더라고요. 그래서 나는 이제 못 본 체했죠. 우리 애가 공부를, 한글을 모른다고 하더라고요. 그래서 선생님이 우리 애만 별도로 공부를 좀 가르쳐 주고……."

말을 하는 봉식이 아버지의 표정에서 부끄러움과 안타까움 그리고 미안함 등의 감정이 교차하는 것을 읽을 수 있었다. 아니, 어쩌면 봉식이 아버지가 느꼈으면 하고 바라는 감정을 연구자가 대신 느끼고 있었는지도 모른다. 연구자는 "그 선생님이 절대로 아이가 미워서 때린 건 아닐 거예요." 하며 봉식이 아버지를 위로하였다. 그러자 봉식이 아버지도 "아니에요. 나는 그거는 뭐 절대로 잘못된 건 아닝께."라고 말하였다.

봉식이 동생의 교실 옆 반이 도움반이고 봉식이 동생의 담임 선생님 또한 봉식이를 알고 도움반 담임선생님을 통해 봉식이 부모님이 어떤 분들인지 알기 때문에, 봉식의 동생의 문제를 가정과 협력하여 해결하려고 하지는 않았다. 다행스럽게도 3개월 가량의 개별지도를 받은 봉식이 동생은 받침이 없는 글자는 제법 읽을 수 있게 되었다.

자녀 교육에 대한 막연함

봉식이 아버지와 어머니는 봉식이가 기초학습이 부진하여 도움반(특수반)에서 공부를 하고 있다는 사실을 알고 있다. 봉식이가 또래 아이들보다 배우는 속도가 느려 도움반에 가게 되었다는 사실도 알고 있다.

하지만 봉식이가 도움반에 입급될 당시 한글을 읽고 쓸 수 없으며 숫자 5를 넘는 수 개념 또한 형성되어 있지 않은 사태의 심각성을 알지는 못했다. 봉식이의 부모들은 단지 그렇게 공부하는 것을 당연하고 고맙게 여겼다. 봉식이 아버지는 심지어 4학년인 봉식이가 도움반(특수반)에서 2학년 1학기 내용을 배우고 있는데도 불구하고 잘 하고 있다고 생각하고 있었다.

"내가 워낙 못 배워서. 그래서 저는 봉식이도 내 짝 나면 어쩔꼬. 제가 그런 걱정도 많이 했어요. 봉식이가 내 짝 안 나고 크고 잘 하고 있잖아요."

필리핀에서 영어를 전공하며 대학을 졸업한 봉식이 어머니는 언어 장벽에도 불구하고 아버지보다 봉식이 학습에 대해 더 깊이 이해하고 관여하며, 그래서 고민도 많다.

"What about Bong-sick's learning abilities?"

"Ah, Bong-sick is not good at reading and making sentences in writing Korean. He can't easily understand also Korean. For example, he can not understand exactly the meaning of the sentences. He can read but he can not understand."

"Do you know that according to his homeroom teacher and the special teacher, your son still has very lower academic achievement."

"Yes, I know that I always think about him about his study. I observe him when he studies. He is just lazy to read.

"When he read Korean, I observe him. I ask him "What's this?"

"아~ 몰라"

"Let's read together."

"하지 마, 저리 가"

"Why aren't you reading? Why are you holding books?"

"하지 마. 머리 아파. 알아~ 아는데."

"Ok, try to read it."

이사벨은 봉식이가 아주 낮은 성취를 보이고 학습에 어려움을 겪고 있다는 것을 알고 집에서 봉식이를 가르치려고 시도해 보지만 11살이 된 봉식이는 이사벨의 말을 잘 따르지 않는다. 봉식이 학습에 대한 이야기를 할 때 이사벨은 나름대로 봉식이를 파악하기 위해 애쓴다며 안타까워했다. 하지만 그것이 전부였다. 어떤 행동을 취하거나 구체적인 노력을 하고 있지는 않았다. 단지 학교(특수반 선생님과 담임선생님)와 공부방에게 자녀들의 교육을 맡겨 놓을 뿐이었다.

한국에서는 '특수반'이라고 하면 지적 혹은 신체적 장애가 있는 특수한 학생들이나 가는 곳으로 여겨져 특수 교육이 필요한 학생도 입급을 거부하는 일이 종종 있지만 필리핀의 특수반은 그렇지 않았다. 이사벨은 자신의 나라에도 특수반이 있으며, 그 특수반은 어떤 과목에서 아주 낮은 성취도를 보인 학생들이 가서 보충학습을 하는 곳이라고 하였다. 더불어 자신은 대학을 졸업할 때까지 그 반에 가서 공부해 본 경험이 전혀 없다고도 말했다. 그래서 한국의 여느 부모들과 달리 이사벨은 특수반에 대한 거부감을 갖고 있지 않았다.

이사벨은 아들이 특수반에서 공부를 한다는 사실이 조금은 부끄럽지만 웃음으로 넘기려는 듯 의도적으로 크게 웃었다. 이사벨과 봉식이 아버지는 아들이 고등학교를 졸업하면 필리핀에 있는 대학에 보낼 계획을 가지고 있었다. 하지만 막연하게 생각할 뿐 심사숙고하여 내린 결정은 아니었다. 부부간에 봉식이 교육과 관련한 이야기는 '대학은 필리핀으로 보내자'가 전부였다. 요즘 그들은 봉식이 교육에 대해서 상의하거나 심지어 이야기조차도 나눈 적이 없다. 그들은 막연하게 한국에서 대학을 보내는 것은 비용이 많이 들기 때문에 봉식이가 고등학교를 졸업하면 필리핀 대학에 보내겠다는 계획만 가지고 있었다.

초등학생 봉식이의 하루 – 2010년 4월 6일 화요일

새벽 5시가 지나자 작업복 차림의 한 남자가 조그만 주택이 다닥다닥 붙어 있는 어두운 골목에 모습을 드러낸다. 봉식이 아버지는 청소 용역업체에서 일하기 때문에 새벽 5시경 일어나서 출근해 오후 3시쯤 퇴근한다. 거창으로 오면서부터 이 일을 시작했으니 새벽길 출근은 벌써 7년째인 셈이다. 집에서 멀지 않은 곳에 읍내를 관통하는 강이 있고 약 200미터의 다리 건너편에 있는 편의점 앞에서 출근하는 동료의 트럭을 타고 일터로 향한다. 지금은 면허증이 없지만 언젠가 면허증을 따서 운전을 하는 것이 봉식이 아버지의 꿈이다.

봉식이 아버지가 출근한 지 한 시간쯤 지나자 이사벨이 눈을 부비며 일어나 컴퓨터 전원을 켠다. 늘 그렇듯이 인터넷 이곳저곳을 둘러보고 고향에 있는 친구들에게 메일을 쓰기도 한다.

7시가 넘자 봉식이가 배시시 잠이 덜 깬 모습으로 방에서 나온다. 봉식이는 현재 초등학교 4학년 11살이다. 또래 아이들보다 작은 키에 가무잡잡한 피부색을 가지고 있다. 짧은 머리에 크고 동그란 눈을 가지고 있으며 살이 올라 통통하고 제법 야무진 표정을 지니고 있는 것이 누가 보더라도 다문화가정의 아이인 것을 한눈에 알 것이다.

봉식이는 늘 그렇듯이 오늘도 혼자 씻고 옷을 챙겨 입힌다. 봉식이는 혼자서도 옷을 잘 입고 다닌다. 가끔 날씨에 맞지 않게 얇거나 두껍게 입고 오는 것으로 보아 봉식이가 직접 옷을 골라 입는 것이다. 이사벨은 영희를 깨워 세수시키고, 머리를 빗겨 묶고, 옷을 입힌다. 가족이 둘러앉아 흰 밥에 소시지를 얹어서 아침을 먹는다.

아침을 먹고 나니 8시가 넘었다. 학교는 집에서 약 5분 정도의 거리에 있지만 요즘은 동생을 데리고 다니기 때문에 학교까지 가는 데 10분이 넘게 걸린다. 2층으로 된 학교 건물의 서편 끝에서 정문을 바라보면, 등교지도를 하는 선생님과 학교에 오는 아이들, 학교 앞 문방구에서 준비물을 사거나 과자를 사 먹는 아이들을 훤히 볼 수 있다.

봉식이가 학교 정문 횡단보도 근처에 서 있는 모습이 보인다. 봉식이는 학교로 건너오는 횡단보도 뒤편에 주차해 놓은 승합차 뒤에서 머뭇거리더니 동생의 손을 꼭 잡고 모습을 드러냈다. 승합차와 횡단보도와의 거리가 2미터나 되는데도 동생을 자기 뒤에 숨기고 주위를 유심히 살핀다. 다른 아이들이 여차하면 뛰어갈 기세로 횡단보도 끝에 붙어 서 있는 것과는 사뭇 다른 모습이다. 등교지도를 하는 교통봉사 할아버지의 안내를 받아 횡단보도를 건너고 교문을 지나 운동장 깊숙이 들어올 때까지 봉식이는 동생의 손을 놓지 않는다.

3층으로 한걸음에 뛰어 올라온 봉식이는 숨을 헐떡거린다. 신발을 정리하고 교실에 들어가 오른쪽 분단 제일 앞자리에 가방을 벗어 놓고 다시 복도로 나온다. 복도에서 서성이고 있다가 요즘 자신에게 잘해 주는 영어선생님을 발견하고 부끄러운 듯 교실 문턱에 서서 눈인사를 한다. 영어선생님이 다가가자 몸을 비스듬히 꼬며 벽 쪽을 향한 채 눈치를 보다가 선생님을 따라 영어실로 들어가서 말을 붙인다.

"(이마를 가리키며) 선생님 저 여기 부었게요, 안 부었게요?"

초등학교 4학년이 하는 질문치고는 어딘가 엉성하고 유치하다.

"모르겠는데. 부었나? 한 번 볼까? 부었네. 왜 그랬어?"
"차에서 그거 쇠로 되어 있는 거 거기 받쳤어요."

시내버스에서 승객들이 붙잡고 서 있도록 만들어 놓은 쇠막대기를 말한다.

"그래? 조심하지 그랬어. 많이 아팠겠다."

"조금 울었어요. 잘 안 보여가지고……."

보통 아이들 같으면 "저 어디 이상한 곳 없어요?" 아니면 가까이 와서 아픈 곳을 만지작거리며 주위를 끌었겠지만, 봉식이는 제법 부어오른 이마를 만지며 "저 여기 부었게요 안 부었게요?" 하고 묻는다. 뿐만 아니라 보통은 2학년, 늦어도 3학년이면 시계바늘을 보고 시각을 읽지만 봉식이는 그렇지 못하다.

"오늘 학교 마치고 선생님하고 얘기 좀 할까? 봉식이 오늘 몇 시까지 시간이 나지?"

"……."

봉식이는 멀뚱멀뚱 선생님 얼굴만 쳐다본다.

"쉬운 질문이잖아. 몇 시까지 가야 하지?"

"……."

"지금 몇 시야?"

교실 벽 뒤쪽에 걸려 있는 시계를 가리킨다.

"(머뭇거리다가) 여덟시?"

시계는 8시 50분을 가리키고 있다.

"오늘 어디 가야 하지?"

"도움반하고 영어체험센터"

"영어체험센터 몇 시에 시작하지?"

"아니 그 시험"

"무슨 시험?"

"영어시험"

"영어시험?"

"안 했어요"

"왜 안 했지?"

"깜빡했어요."

"집에서 해 와야 하는데 안 했나?"

"네."

"아~ 숙제였어?"

"네."

봉식이는 머릿속에 어떤 생각을 담고 있어도 그것을 상대방이 이해할 수 있도록 풀어내는 것이 어렵다. 요지는 영어숙제를 하지 않아서 영어체험센터 선생님에게 가서 검사를 받아야 한다는 것이다. '숙제'라는 낱말이 떠오르지 않았던 모양이다. '숙제'는 초등학생들이 적어도 하루에 열 번 이상은 듣거나 사용하는 말인데……. "아~ 숙제였어?"하는 말에 봉식이는 매우 반가운 듯이 "네."라고 힘차게 대답한다.

"띠리리리 띠리리리 리~~" '엘리제를 위하여' 전자음 가락이 학교에 울려 퍼진다. 1교시가 시작하기 5분 전, 봉식이는 3층에 있는 자신의 교실이 아닌 1층 1학년 2반과 급식소 사이에 있는 '도움반'으로 달려간다. 도움반에는 네 명이 공부를 하는데 6

학년인 지예, 5학년인 광호와 재민이 그리고 4학년인 봉식이이다. 지예와 광호는 심한 정신지체를 가지고 있으며, 재민이는 소아마비를 앓고 있다. 따라서 도움반에 있는 아이들 중에는 봉식이가 제일 정상에 가깝다.

1교시는 '국어' 시간인데 도움반에 있는 학생들은 자기만의 교육과정을 가지고 있어 학습하는 내용과 속도가 제각각 다르다. 물론 그중에서 봉식이는 으뜸이다. 4학년 1학기를 보내고 있는 봉식이는 현재 2학년 1학기의 내용을 공부하고 있다.

사실 보통 아이들이 일 년에 한 학년의 과정을 끝내는 것은 대단하거나 이상한 것이 아니다. 하지만 도움반에 있는 학생이 그와 같은 진보를 꾸준히 보인다는 것은 굉장히 드물고 힘겨운 노력의 결과다. 도움반에 들어온 지 불과 일 년 반 되었으며, 그때는 한글을 읽고 쓰지 못하고 숫자도 잘 모르며 아주 낮은 학습능력을 가지고 낮은 성취도를 보였던 봉식이가 이렇게 꾸준한 발달을 보이게 된 것은 2학년 때의 담임선생님과 도움반 선생님의 관심과 노력이 컸다.

하지만 빼놓을 수 없는 것은 봉식이 자신의 근면과 노력이다. 봉식이는 도움반에서 공부하는 것을 좋아한다. 학급에서 공부하는 것을 싫어하는 것은 아니지만 도움반에서는 자신의 존재감을 더 느낄 수 있기 때문이다. 도움반에서는 존재감이 커져서 봉식이는 다른 아이들을 챙기고 때로는 나무라기도 한다. 봉식이가 공부하러 가는 도움반에서는 지적장애, 뇌성마비 등 중증장애

아이들이 공부하고 있었기 때문에 봉식이는 도움반에 처음 왔을 때부터 엘리트 대우를 받았다.

"봉식이가 처음에 왔을 때는 굉장히 힘들어했어요. 공부를 해도 변화되는 것이 거의 없었고. 그런데 봉식이가 굉장히 성실해요. 제가 뭐 하라고 하나를 시키면 다른 것 전혀 신경 안 쓰고 그것만 하거든요. 그렇게 한참이 흐르고 나서는 꾸준하게 잘 하고 있어요. 봉식이는 여기 오면 굉장히 적극적이에요. 선생님도 보시다시피 우리 반에 있는 아이들이 좀 심하잖아요. 그에 비하면 봉식이는 거의 천재죠. 그래서 이렇게 공부하다가 '지예야, 그거 풀어', '광호야, 그러지 마' 이런 식으로 옆 친구들을 지적하고 고쳐주는 버릇이 생겼어요. 아마 교실에서 다른 친구들이 자기한테 한 것을 여기서 도움반 아이들에게 하는 것이 아닌가 싶기도 해요. 아무튼 봉식이는 꾸준하게 잘 하고 있어요. 약간의 생각을 필요로 하거나 서술식 문장으로 된 문제 해결, 규칙 찾기 등에서는 많이 힘들어하는데 단순히 계산하는 문제는 지금까지는 잘 하고 있어요. 이제 곱셈하고 조금 더 복합한 문제로 넘어가야 하는데 두고 봐야죠."

봉식이는 초등교육 보조교재로 유명한 출판사의 문제집과 교과서로 공부한다. 매일 해야 할 분량을 정해 주면 그것을 혼자 풀고 검사를 받고 틀린 부분이나 잘 모르는 부분에 대한 설명을 다시 듣고 푸는 활동을 반복한다. 학생은 네 명뿐이지만 네 명 모두 교사가 일대일로 지도해야 하기 때문에 40분 수업시간 동안 선생님의 지도를 받을 수 있는 시간은 10분이 되지 않는다. 봉식이는 언제든지 선생님이 과제를 내주면 그것을 해결하려고 성실하게 노력한다.

봉식이가 학습지 문제를 다 풀고 자기 차례를 기다리고 있는데 옆자리에 앉아 있는 지예가 두 팔꿈치와 이마를 책상 위에 대고 의자를 뒤로 쭉 빼고 그 끝에 앉아 다리를 떨고 있다. 지예가 자세를 바짝 낮추어 고개를 돌려가며 주위를 살피는 모습을 본 봉식이는 그 쪽으로 몸을 기울여 조용히 말한다. "누나 지금 이거 풀어. 바로 앉고!" 정신지체를 앓고 있는 지예는 봉식이 말을 듣고 바로 앉아 자신이 해야 할 것을 하는 시늉을 하더니 3분이 지나지 않아 또 주위를 두리번거린다.

한참이 지나서야 도움반 선생님은 봉식이에게로 다가와서 봉식이의 풀이를 살펴보고 검사해 준다. 그 시간에 해야 할 것을 모두 끝내면 쉬는 시간이다. 그러다 보니 봉식이는 도움반에 오면 교실에서보다 쉬는 시간을 훨씬 많이 가질 수 있다.

둘째 시간은 수학 시간이다. 봉식이는 교실 한쪽에 있는 책꽂이에서 수학 교재를 가지고 와 어제에 이어서 해야 할 부분을 편다. 요즘은 세 자릿수의 덧셈과 뺄셈을 배우고 있는데 쉽지가 않다. 그래도 숫자 세기나 한 자릿수 덧셈을 하고 있는 옆의 아이들에 비하면 굉장히 높은 수준이다. 그래서 봉식이는 도움반에 오면 어깨에 힘이 들어가고 자신감이 생긴다. 4학년 2반에서 봉식이는 주위 사람들의 이해와 배려가 필요한 사람이지만 도움반에 오면 전혀 그렇지 않다. 혼자서 일을 해결하고 다른 사람을 돕는 존재가 된다.

원래 말이 많지 않은 봉식이지만 교실에서의 수업시간에는 더욱 그렇다. 교실에서 봉식이는 질문이나 발표, 어떤 것도 하지 않는다. 담임선생님이 해야 할 과제를 제시하면 무엇을 어떻게 해야 할지 모르는 경우가 많고 옆의 친구나 선생님이 다시 설명해 주는 경우가 많다.

3교시 사회 시간이 되자 선생님께서 '인문환경'과 '자연환경'에 대해서 예를 들어가며 설명을 한다. 그리고 인구 분포, 산업 등을 연결하여 설명하는데 봉식이는 무슨 말인지 도통 이해하지 못한다. 선생님은 봉식이의 표정을 읽고 봉식이에게는 나중에 다시 설명해 줘야겠다고 생각한다. 선생님의 오랜 설명이 이어지는 동안 봉식이의 시선은 점점 아래를 향한다.

선생님은 학생들에게 해야 할 거리를 주고 봉식이에게 다가와 봉식이와 시선을 맞추고 천천히 설명해 준다. 봉식이가 고개를 끄덕이지만 선생님은 봉식이가 이해하지 못한 것을 짐작한다. 그래서 재차 설명하고 가르쳐 주려고 노력하지만 쉽지 않다. 봉식이만 계속 바라보고 있을 수만은 없기 때문이다.

봉식이의 담임선생님은 혼란스럽다. 분명히 4학년 사회 교육과정에 있는 내용이고 봉식이는 4학년이기 때문에 가르치긴 하지만 '봉식이에게 이것을 이해시키는 것이 무리가 아닐까?',

'이 아이에게 큰 스트레스가 되지 않을까?' 수업시간마다 봉식이를 신경 쓰지 않을 수 없다. 다른 아이들과 비교했을 때 이해 정도나 과제수행 속도가 매우 떨어지기 때문에 봉식이에게 맞는 과제를 주는 것조차 쉽지 않다.

2009년 3월에 교사생활을 시작한 담임선생님은 첫 해에 음악을 가르쳤고 올해 처음으로 4학년 담임을 맡아 지도하고 있다. 초임교사에 학급경영도 처음이라 정신없이 3월을 보내고 4월이 되어서야 학생들 한 명 한 명이 눈에 들어오기 시작했다. 그중 키가 작아 맨 앞에 앉아 있는 봉식이에게 유난히 시선이 자주 간다. 선생님은 매 시간 봉식이에게 어디까지 가르쳐야 할지 고민이다.

"아~ 봉식이를 위해서 내가 어떻게 해야 하지? 그런데 어차피 봉식이는 시험을 친다고 하더라도 '외'로 관리되잖아요. 도움반에 다니는 학생은 성적을 따로 관리하는데 그러면 이 아이의 성적은 어떻게 되는 거지? 알아야 하나? 말아야 하나? 분명히 배우라고 사회시간에 우리 반에서 공부하는 건데 봉식이에게는 체험밖에 되지 않는 거예요. 시험을 치면 과연 가능할까 이런 생각도 들고."

도덕 시간에는 '절제하는 생활을 하기 위한 계획과 실천하기'라는 주제를 가지고 공부한다. 선생님은 5~6명씩 모둠을 나누고 모둠별로 과제를 주고 보상을 하는 경우가 종종 있는데 이때 봉식이가 문제가 되곤 한다. 음악시간에 배운 동요를 절제하는 생활과 관련한 가사로 바꾸어서 모둠별로 부르는 활동을 한다. 모둠별로 준비하고 연습할 시간을 주고 발표하는 과제다. 봉식이가 속해 있는 모둠의 창수가 불평을 한다.

"선생님 봉식이는 왜 맨날 우리 모둠에 와요? 다른 모둠에 가면 안 되요?"

"봉식이도 열심히 하면 잘 할 수 있어. 같이 해봐, 응?"

창수는 승부욕이 강해서 특히 모둠활동을 할 경우 구성원이 마음에 들지 않는다고 불평하는 경우가 종종 있다. 세 모둠의 발표가 끝나고 봉식이네 모둠이 발표할 차례가 다가왔다. 다른 네 명의 아이들은 노래를 부르는데 봉식이는 눈치만 보고 있다. 당연히 발표 수준이나 완성도가 다른 모둠에 비해 떨어진다. 부족함을 느낀 선생님은 연습 기회를 더 주기로 한다.

"자, 이 모둠은 다시 한 번 더 해 보세요."

"선생님 왜 그 모둠만 기회를 한 번 더 줘요?"

"봉식이는 우리나라 말이 아직 서툴기 때문에 가사를 외우는 것이 너희들보다 더 어려워서 그래."

"아~"

대부분의 아이들이 수긍을 하지만 그렇지 않은 아이도 몇 명 있다. 하지만 봉식이에 관한 부분은 선생님이 학기 초부터 강조해 왔기 때문에 학급에서 더 이상 큰 문제가 되진 않는다. 선생님은 학기 초에 "봉식이 어머니는 우리나라 분이 아니기 때문에 봉식이가 우리나라 말을 다 배우지 못했고, 그래서 수학도 조금 부족하기 때문에 도움반에 가서 공부를 한다."고 이야기하며 반 친구들이 도와줘야 한다고 여러 차례 이야기해 왔다.

사회와 도덕 수업이 끝나고 점심시간이 되자 아이들은 정해진 순서에 따라 줄을 선다. 4월은 4학년이 제일 먼저 배식을 받는 달이기 때문에 점심을 먹고도 오래 놀 수 있다. 3월에는 주로 봉식이 혼자 놀았지만 요즘은 남학생들과 잘 어울려 논다.

오후 1시 20분이 되면 점심을 일찍 먹고 뛰놀던 아이들이 어느 정도 교실에 들어와 장난을 치거나 잡담을 한다. 봉식이는 책상에 앉아 무언가를 조물락조물락 만지고 있다.

이때 교실 어디에선가 "에이, 씨발" 하는 욕설이 들린다. 교실에 있던 스무 명 가량의 학생들과 장 선생님은 모두 놀라 소리의 근원을 찾아 두리번거린다. 화가 난 얼굴로 씩씩거리며 교실 뒷문을 나가고 있는 아이는 틀림없는 봉식이다.

봉식이 목소리를 알아채고 봉식이가 나가는 것을 본 선생님은 상민이에게 봉식이를 데리고 오라고 말한다. 상민이에게 붙들려 끌려오듯이 봉식이가 선생님 앞으로 온다. 입을 오물거리며 당황한 듯한 표정을 짓고 있다.

"봉식아 왜 욕을 하고 나갔어?"

"……"

"응? 왜 그랬어?"

"이게 안 돼서요."

봉식이는 왼쪽 손목을 가리킨다. 어린이 만화 캐릭터가 그려져 있는 전자시계를 차고 있는데 그것이 작동되지 않았다는 것이다.

"그래도 그렇게 욕하는 것 아니야. 알겠니?"

"네."

기어들어가는 작은 목소리로 대답한 봉식이는 자리로 들어간다. 사실 이런 일이 처음은 아니다. 이번이 세 번째다. 봉식이는 아주 가끔 소리를 지르거나 욕을 하면서 화를 내는 경우가 있는데, 그 대상은 항상 사람이 아니었다. 자신이 하고 있는 일이 잘 풀리지 않거나 어떤 사물이 마음에 들지 않을 경우 그 사물에게 그렇게 화를 내는 경우가 있었다. 선생님은 집이나 학교에서 약자로서 억눌린 감정이 표출되는 것일 수도 있다고 생각했다.

오후수업과 종례가 끝나면 봉식이는 도움반으로 간다. 지금까지는 바로 공부방으로 갔지만 이제는 동생을 챙겨야 하기 때문에 도움반 옆에 있는 1학년 2반에서 공부하는 동생을 도움반에서 기다린다. 봉식이도 종종 자신의 반에서 수업을 마치고 다시 도움반에 와서 미처 하지 못한 공부를 할 때도 있다. 봉식이 동생도 봉식이처럼 글자를 모르고 입학했기 때문에 담임선생님이 하루에 2~3시간씩 남겨서 보충지도를 하고 있다.

봉식이 동생의 수업이 끝나면 4시가 넘는데 봉식이는 이때까지 도움반에 있거나 운동장에서 놀며 기다린다. 조금 있으면 공부방 간식시간이 되기 때문에 서둘러 가야 한다. 학교에서 공부방까지는 걸어서 약 15분 정도 걸린다. 큰 사거리를 세 개나 건너야 하기 때문에 봉식이는 동생의 손을 절대로 놓는 법이 없다. 봉식이 남매는 매일 공부방에서 저녁을 먹는다. 그것은 공부방을 다니는 다른 아이들도 마찬가지다. 간식과 저녁을 먹고 7시가 다 되어야 집에 돌아간다.

동생을 데리고 집으로 돌아가는 길에 아버지가 동생에게 전화를 했다. 어디쯤 오고 있는지 궁금하였던 모양이다. 아버지는 하루에도 몇 번씩 동생에게 전화를 한다. 동생도 아버지를 무척 잘 따르고 좋아한다. 이사벨과 봉식이 아버지는 아이들을 반긴다. 내일 아침에도 일찍 출근해야 하기 때문에 아버지는 일찍 잠자리에 든다. 이사벨과 봉식이, 봉식이 동생은 TV를 보다가 아이들은 9시에, 이사벨은 더 늦게 잠을 청한다.

봉식이의 꾸준한 변화

봉식이는 유치원, 초등학교 1학년, 2학년, 3학년 때까지 친구들로부터 놀림을 당한 것으로 기억하고 있었다. 봉식이의 2학년 담임선생님은 당시 봉식이의 사회성과 또래와의 상호작용에 대해서 또렷이 기억하고 있었다.

"그냥 늘 입을 꾹 다물고 있어요. 그냥 이렇게 꾹~ 다물고 있어요. 그러다가 아이들 사이를 슥~ 다니면서 한 번 쿡 찔러 보고, 그러면 아이들이 되게 싫어하잖아요. 그러면 또 막 울어. 아이들과 말로 어떻게 해 보지 않고 입을 꾹 닫고 있어요. 하루에 몇 마디 안 할 걸요? 입을 꾹 닫고 있다가 이렇~게 돌아다녀요. 돌아다니다가, 그냥 이렇게 저기 갔다가 오는 길에 애를 이렇게 쿡 찔러 봐요. 그렇게 찔러 보고 그냥 와요. 그럼 애들이 '봉식이가 어쨌어요' 그래서 이렇게 보면 또 막 울어요."

"선생님과 대화를 했습니까?"

"처음에는 하지 않다가 시간이 지나면서 음~ 말해도 뭐 그냥 말귀를 잘 못 알아들으니까 단순한 것 물어 보면 '네' 하고 말해요. 대답을 할 때 보면 되게 밝잖아요. 웃으면 되게 환하거든요. '네', '아니요', '네' 이 정도. 길게 말은 잘 안 했죠. 아니 못했죠.

"선생님께서 도움반에 입적시키셨죠? 2학기 때? 1학기 때?"

"1학기 때는 시기를 놓쳐서, 아니다 2학년 때 못 넣는다고 그래서 3학년 때 넣기로 하고 2학년 2학기 동안에는 선생님이 그냥 봐 주셨어요."

"그때 봉식이의 학습수준은 어땠습니까?"

"글을 몰랐고, 글자는 그냥 자기가 아는 글자 정도. 그러니까 다섯 살 정도 되면 통문자로 아는 글자 있잖아요. 그 정도밖에 몰랐던 것 같고. 수학은 다섯 개까지 헤아릴 수 있었나? 그 정도"

"2학년 2학기인데요?"

"네. 그리고 글자를 또박또박 잘 써요. 그런데 쓰는 게 아니라 베껴서 그리는 수준이에요. 그대로 이렇게 딱 보고 그리는 수준 이었죠."

봉식이는 2학년 2학기에 도움반에 가면서부터 사회성과 학습적인 면에서 눈에 띄는 변화를 지속적으로 보이고 있다. 2학년 때의 또래 상호작용은 담임선생님의 말처럼 말이 없이 일방적인 '호기심'을 나타내는 게 다였지만, 지금의 봉식이는 친구들과 뛰어놀고 공도 차고 어울려 논다. 봉식이의 또래와의 상호작용은 4학년이 되면서 급격하게 좋아졌는데, 이는 봉식이 자신의 변화와 담임선생님의 지속적인 관심과 노력이 이루어낸 성과다.

봉식이의 지난날 학습 수준을 헤아려 보기 위해 봉식이의 생활기록부를 들여다보았다. 현재 4학년이기 때문에 1학년, 2학년, 3학년 때의 기록을 볼 수 있었는데 모든 학년과 과목에서 무언가 부족하고 노력이 필요하다고 기록되어 있었다.

특징적인 것은 봉식이가 도움반에 갈 즈음 2학년부터 변화가 보이기 시작한 것이다. 일례로 2학년 1학기에 5 이상의 수 개념이 형성되어 있지 않던 봉식이는 2학년 2학기에 수 개념이 형성되기 시작하였고, 3학년 때는 50까지의 수를 알고 10까지의 수 덧셈과 뺄셈이 가능해졌다. 지금은 두 자릿수의 덧셈과 뺄셈을 해내고 곧 곱셈으로 넘어갈 단계에 있다.

봉식이 생활기록부의 교과학습 발달상황

학년	과목	세부능력 특기사항
1	국어	인상 깊었던 일이나 느낌을 표현하는 능력이 부족하고 조리 있게 발표를 하지 못함
	수학1-가	구체적 상황이 주어진 간단한 이야기 문제를 해결할 수 있는 능력이 향상되었음
	수학1-나	수학적 사고력이 부족하여 수학과 전 영역에서 성취 수준이 떨어짐
	바른생활	친구들과의 사이가 원만하며 공동 생활에 바르게 참여하려고 노력함
	슬기로운생활	주변의 생물을 잘 구분하고 돌볼 줄 알며 동물을 관찰하고 특징을 이해하려고 노력함
	우리들은	친구의 좋은 점을 알고, 서로 사이좋게 지내려는 태도가 돋보이고
	1학년	기초적인 기능을 익혀 학교 생활을 잘 함
2	국어	자기의 생각을 정확하게 전달하기 어려워지만 다른 사람이 말하는 것을 듣고 그 의미를 이해함
	수학1-가	5 이상의 수에 대한 개념이 형성되어 있지 않고 덧셈과 뺄셈을 하기 어려워므로 숫자에 대한 학습이 필요함
	수학2-나	수 개념이 형성되고 있으며 새로운 학습에 대하여 흥미를 가지고 즐겁게 참여함
	바른생활	윗사람에 대한 예절을 지키려고 노력하며 물건을 아껴 쓰려는 태도가 엿보임
	슬기로운생활	어릴 적 사진을 보고 현재의 모습과 비교할 수 있으며 사진에 대해 잘 설명할 수 있음
	즐거운생활	노래 부르기와 공놀이 활동을 좋아하고 학습에 적극적으로 참여하며 그림을 그리고 꼼꼼하게 색칠하는 능력이 우수함
3	국어	주어진 글을 잘 읽으며 인물이 한 일을 간단하게 정리할 수 있음. 자신의 생각을 짧은 글로 표현함
	도덕	도움을 받으면 감사할 줄 알며 겸손한 태도를 가짐
	사회	사회 현상에 대한 이해와 분석 능력이 양호함
	수학3-가	1~50까지의 수를 읽고 쓸 수 있으며 100이하 수의 덧셈 뺄셈을 할 수 있음

봉식이 생활기록부의 교과학습 발달상황 (계속)

학년	과목	세부능력 특기사항
3	수학3-나	일, 십, 백의 자리를 알고 세 자릿수와 관련된 문제를 해결할 수 있음 받아 올림이 있는; '몇 십 몇 + 몇 십 몇'을 계산할 수 있음
	과학	주변 현상에 대한 탐구적 태도가 바람직하나 탐구한 내용을 분석, 종합하여 정리하는 능력이 부족함
	체육	굴렁쇠 굴리는 방법을 알고 굴렁쇠 굴리기를 함
	음악	음정이 정확하진 않으나, 열심히 노래를 부르며, 리코더 연습을 꾸준히 해야겠음
	미술	주변 사물을 관찰하여 미적으로 표현하는 능력이 양호함
	영어	영어학습에 적극적으로 참여하며 개인연습을 꾸준히 하는 모습을 보임

생활기록부의 행동특성 및 종합의견

학년	행동특성 및 종합의견
1	학교생활을 매우 즐겁게 하며 자기 의사 표시를 분명히 하나, 국어교과의 읽기, 쓰기 기능이 부족하고 학습태도가 산만한 편이어서 집중력 향상에 관심이 필요함
2	꾸미기를 꼼꼼하게 잘 하고 체육과 수업을 좋아하며, 밝고 쾌활한 성품을 가졌으며 주어진 역할에 최선을 다하고 글씨를 바르고 예쁘게 씀
3	늘 밝은 표정으로 즐겁게 학교생활을 하며, 심성이 곱고 착하여 교우 관계가 원만함. 자신의 생각을 드러내서 말하는 데 자신감이 부족하므로 자신감을 더 길러야겠음

봉식이의 학습부진이 누적된 데는 여러 가지 이유가 있겠지만, 먼저 지원과 도움이 부족했다는 것이 크다. 봉식이가 유치원에 다닐 때 혹은 1학년 때라도 적극적인 도움의 손길이 있었다면 봉식이의 상황은 달라졌을 것이다. 다른 하나는 학교에서의 봉식이 태도에서 찾을 수 있다. 조용하고, 내성적이며, 자신감이 부족한 봉식이는 입학할 때부터 자신이 열등하다고 느끼며 생활해 왔다. 다른 아이들은 거의 모두 읽고 쓸 수 있었지만 자신은 그럴 수 없었고, 다른 친구들은 2학년, 3학년 과정의 교과서로 공부하지만 자신은 1학년 책으로 공부해야 했다. 이 과정이 지속적으로 반복되면서 봉식이는 그나마 있던 자신감도 잃어갔다.

학급에서 얼마나 적극적으로 수업에 참여하는지를 알기 위해 봉식이에게 물어 보았다.

"봉식아 모르는 것이 있으면 선생님께 여쭈어 보고 싶어? 손을 들고 '질문 있어요' 라고 하면서 선생님께 물어본 적 있니?"

봉식이는 다른 질문에 대답을 할 때와는 달리 매우 확실하게 대답했다.

"한 번도 없어요."
"선생님께 여쭈어 보고 싶다는 생각은 했었어?"
"네."
"그런데 왜 못 물어 봤지?"

"……."

봉식이는 또 말이 없다.

"부끄러워서?"

"아니."

작은 목소리로 대답한다.

"그럼 친구들이 놀릴까 봐?"

봉식이는 이제야 생각난 듯이 고개를 들고 말하였다.

"3학년 때 말이에요. 선생님한테 모르는 거 물어 봤는데요. 친구들이 그거 모른다고 놀렸어요."

"그때 이후로는 모르는 것이 있어도 물어 보기 싫어졌어?"

"네."

봉식이는 지금도 학급에서 모르는 것을 물어 보는 일이 거의 없다. 자신이 이해한 만큼 하고 모르면 하지 않고 있다가 담임선생님이 챙기면 그제서야 한다. 봉식이는 1학년 때의 일을 또렷이 기억하고 있었다. 그때 담임선생님은 나이가 많은 여선생님이었다. 봉식이는 그 선생님이 좋지 않았다고 단호하게 말하였다.

"음악시간 때요. 아! 트라이앵글을 치고 있었는데요. 친구가! 아! 트라이앵글이 없어갖고 빌려주라고 했는데. 제가요 친구 아 트라이앵글 가져갔다고 아 차 차 차각 착각해가지고 혼 혼났어요."

봉식이는 자신이 악기를 가지고 가지 않았는데 가지고 갔다는 누명을 쓰고 선생님께 혼이 났다. 나중에 자초지종을 들은 선생님이 봉식이에게 이야기를 하였는데 봉식이는 이렇게 기억하고 있었다.

"내가 착각해 아. 봉식이가 친구 아 트라이앵글 아 가져간 거 아 가져간 줄 알았 아 알았는데 봉식이가 친구 아 트라이앵글 빌려준 거 아 친구한테 트라이앵글을 빌려주는 아"

봉식이가 말을 많이 더듬어 말하는 데 시간이 한참 걸렸다.

"봉식아 천천히 얘기해도 돼. 서두르지 말고. 마음이 급하니까 말이 잘 안 나오지."

봉식이는 다시 말을 이었다.

"봉식이가 친구 트라이앵글 뺏을 줄 알았는데. 친구 트라이앵글 빌려주는 거 빌려주는 거"

봉식이는 이 사건으로 선생님이 싫어졌다. 봉식이는 그 사건만 또렷이 기억할 뿐 선생님이 봉식이에게 잘 해 주신 것은 없는지 묻는 질문에는 단호하게 그렇다고 대답했다.

선생님에 대한 좋지 않았던 경험은 2학년 때도 다르지 않았다. 봉식이는 2학년 담임선생님도 좋은 점이 없었으며 좋지 않은 점만 있었다고 하였다. 그 이유에 대해서는 이렇게 말하였다.

"맨날 남으라 해가지고 싫었어요."

"수업 마치고 남으라고 하셨어?"

"네."

"왜 남으라고 하셨어?"

"음~ 매일 남겼는데요. 선생님이요 무슨 학습지~ 주는데 그 한글하고 그 제가 2학년 때 한글을 몰랐는데요. 그 선생님이 한 글을 가르쳐 주신다 했는데 그 다운 다운이라는 친구하고 같이 공부했는데요. 아 같이 남았는데 그 한국말도 같이 하고 그 아 아……."

"아~ 그게 힘들었구나? 아니면 부끄러웠어? 왜 그렇게 싫었 지?"

"머리에 쏙쏙 안 들어 와가꼬"

"하하하. 머리에 쏙쏙 안 들어오니까 답답했지?"

"네."

"맞아요. 그럼 갑갑하지. 머리에 쏙쏙 들어오지 않는데 자꾸만 하라고 해서 힘들었어?"

"네."

"지금은 머리에 쏙쏙 잘 들어와?"

"네."

봉식이는 2학년 때 담임선생님이 자신에게 무엇을 가르치려

했는지 알고 있었으나 잘 이해하지 못했고 배워지지가 않아 매우 답답해하였다. 봉식이는 그때와 비교해 지금은 공부가 더 잘 된다고 생각한다.

현재 봉식이는 4학년 2반 학생으로 생활하고 있다. 담임선생님의 배려와 지도로 학급 내에서는 큰 문제 없이 잘 지내고 있다. 잘 지내고 있다는 의미는 봉식이로 인하여 어떤 문제가 생기지 않는다는 의미다. 또한 2, 3년 전과 달리, 또래들과 대화를 통한 의사소통은 많이 하지 않지만 남학생들과 카드놀이나 축구 등을 하며 어울리며 잘 지내고 있다는 뜻이다. 봉식이가 도움반을 다니고 있으며 선생님의 세심한 관심을 받고 있다는 것을 아이들이 알기 때문에, 어떤 아이는 봉식이가 나쁜 아이가 아니어서, 어떤 아이는 선생님의 지도로 인해 별 문제없이 지내고 있다.

봉식이는 조심성이 많으며 예의바른 학생이다. 시계를 보지 못하는 것과는 대조적으로 어른들의 함자를 어떻게 이야기해야 하는지는 알고 있어 듣는 이를 놀라게 한다.

"할머니께서 외로우시겠다. 그지?"
"할아버지 성함도 아는데."
"어떻게 되시는데?"
"김자 정자 석자"
"너 제대로 배웠구나. 어른들의 성함을 이야기하는 방법도 잘 알고 있고,

누가 가르쳐 주었어?"

"......"

"선생님이?"

"......"

"아빠가?"

"그냥 배웠는데"

봉식이는 어디서 누구로부터 배웠는지는 모르지만 어른들의 이름을 어떻게 말해야 하는지 알고 있었다. 봉식이의 학습능력, 사회성 등 여러 측면을 종합해 보면 균형이 잡혀 있지 않다. 일반적인 아이들에 비해 이해력과 언어 사용 능력이 크게 떨어지지만 자신의 일은 스스로 모두 해결할 수 있다.

4학년 봉식이의 꿈은 소방관이 되는 것이다. 얼마 전까지는 화가가 되는 것이었지만 왠지 소방관이 더 되고 싶어졌다. 봉식이의 부모님은 봉식이를 아주 어릴 때부터 어린이집에 보냈고 아버지의 직장을 따라 이사를 다니면서 어린이집 세 곳, 유치원을 거쳐 초등학교에 입학시켰다.

봉식이가 가족 중에서 가장 좋아하는 사람은 할머니다. 할머니와 엄마 사이가 좋지 않은 것도 알지만 할머니를 가장 좋아한다. 봉식이 아버지가 장남이고 봉식이가 유일한 아들이기 때문에, 봉식이 할머니는 장손인 봉식이에 대한 애정이 각별할 수밖에 없다. 봉식이 할머니는 지난 봄 운동회 때 학교에 찾아와서 봉식이가 뛰어노는 모습을 보고 봉식이 가족에게 자장면과 탕수육을 사주기도 하였다.

학교에서 할 수 있는 활동 중 봉식이가 가장 좋아하는 것은 구름사다리를 타는 것이다.

"학교에서 제일 좋을 때가 언제야?"
"학교에서~ 구름사다리 탔을 때"
"구름사다리가 너무 좋아?"
"네. 보면 계속하고 싶은 생각이 들어요."
"봉식이는 구름사다리 탈 때가 제일 좋구나."
"네."

구름 위로 날고 싶은 봉식이의 마음이 은연중 나타난 것일까.

가장 검은 눈동자 — 한국 다문화 아동의 슬픈 자화상 -------------------------------

가장 검은 눈동자: 바람이 전하는 말

가장 검은 눈동자:
바람이 전하는 말

어느덧 초등학교를 졸업하고 15년이 넘게 흘렀다. 그동안 많은 것이 변했다. 경남의 시골 산청에서 고등학교를 졸업하고, 부산의 대학에 진학하였다. 여러 전공을 두고 고민하다가 어렸을 때부터 글을 읽고 쓰기를 좋아했던 기억으로 '국문학'을 선택하였다. 다행히 우리 군에 있는 고등학교에서 공부를 잘하여 농어촌 장학생으로 선발되었다. 교직과목을 이수해서 교사 자격증을 따면 중학교나 고등학교에서 선생님까지 할 수 있다는 생각이 들었다. 많지는 않지만 장학금을 받았고 부족한 것은 아르바이트를 하여 충당하였다.

조상 대대로 농사만 지었던 우리 집에서 그리고 친척들 중에서 나는 4년제 종합대학에 들어간 첫 번째 학생이었다. 집안 종손이 처음으로 대학물을 마시게 되었다고 부모님들은 무척 좋아하셨다. 아버지가 그런 나를 무척 대견해하셨지만 가장 좋아하였던 사람은 바로 어머니였다.

어머니는 평소에 밖으로 나다니기를 꺼렸지만 우리 아들이 부산에 있는 대학교에 들어갔다고 자랑을 하시며 이 동네, 저 동네로 나를 데리고 다니셨다. 그 날은 마치 우리 집의 잔칫날 같았다. 아버지는 몸이 불편하였지만 동네 주민들을 모두 음식점에 불러 술잔치를 벌이셨다.

내가 중학생일 때 농사를 짓다 몸을 다친 아버지는 그 후 가벼운 농사일이나 소일거리로 나날을 보내셨다. 가끔 집에 딸려 있는 밭일을 하지만 그날 저녁에는 어김없이 끙끙 앓으셨다. 그런 아버지가 늦은 밤까지 동네 주민들과 술을 드시고 노래를 부르는 것을 본 것은 참으로 오랜만의 일이었다. 나 역시 부모님을 기쁘게 해드린 것 같아서 무척 기뻤다. 효도란 이런 것이구나 하고 생전 처음 느꼈다.

어머니는 산청에서 버스로 약 50분 거리에 있는 거창시의 큰 횟집에서 평생을 종업원으로 일하셨다. 베트남에서 결혼하여 한국으로 이주하고서 몇 해 동안은 아버지와 함께 농사를 지었다.

그러나 비가 안 오고 태풍으로 농사가 여러 해에 걸쳐 잘 안되자 빚이 늘었고 이내 농사를 단념하셨다. 대신에 어머니가 거창에 있는 음식점에 나가서 일을 하였고 아버지는 가족들이 먹을 만큼만 농사를 지었다. 아버지는 몸이 아파서 일을 많이 할 수가 없어서 집안 경제를 어머니가 모두 맡게 되었다.

거창의 횟집에서 오전에 어머니가 하셨던 일은 찬거리 다듬기, 설거지, 식당 청소였다. 점심과 저녁에는 손님들이 몰려오면 주문을 받아서 음식을 가져다주는 일이었다. 때문에 어머니는 아침 8시경에 집을 나서 하루 종일 일하다가 밤 11시가 되어서야 돌아오셨다.

어머니는 외모나 말투가 달라서 손님들 대부분이 어머니가 남아시아에서 온 외국인이라는 사실과 시골 청년에게 시집 왔다는 사실을 지레 짐작으로 알았다. 그렇지만 어머니는 그런 사실에 개의치 않고 즐겁게 일하며 상냥하게 손님을 맞이하였기 때문에 손님과 금세 친해졌다. 어머니의 밝은 성격에 손님들은 어머니가 어느 나라에서 왔는지, 남편은 무엇을 하는지, 그리고 자식은 몇 명인지 등을 많이 물었다. 그런 어머니 성격에 매료되어 오는 손님들은 농담을 하기도 하고 아들은 공부를 잘하는지, 그리고 고향 베트남에는 갔다 왔는지를 물으셨다. 어머니의 친절한 태도 때문에 손님들은 어머니에게 고생한다며 팁을 주기도 하였다.

그런 어머니는 내가 군대를 제대하고 학교에 3학년으로 복학하던 해 3월에 돌아가셨다. 어머니 나이 51세였다. 갑자기 찾아온 췌장암으로 치료조차 시도해 보지 못하고 어머니는 부산의 종합대학교 병원에서 한 달간 입원하였다가 집에서 조용히 임종을 맞이하였다. 어머니가 임종한 후 마지막으로 어머니를 보던 날, 나는 처음으로 어머니의 얼굴을 자세히 볼 수 있었다. 중학교 이후로 어머니는 나를 그리고 나는 어머니를 서로 잘 쳐다보지 않았기 때문에 어머니의 얼굴을 가깝게 본 적이 없었다. 어름 뙤약볕에 평생 농사를 지어서 그런지, 그리고 일만 하여서 그런지 눈과 입 주위에 굵은 주름이 여러 군데 짙게 파여 있었다. 어머니는 다른 여자들보다도 10년 이상 늙어 있었다.

아버지보다 아들을 더 사랑한 것 같았던 어머니는 내 손을 잡은 채 숨을 거두셨다. 까맣게 타버린 검은 피부와 희끗희끗한 머리칼, 그리고 눈에는 눈물이 가득 고여 있었다.

어머니의 장례식은 아버지, 친가쪽 어른들, 그리고 동네 주민들 몇 분만 모이셔서 단촐하게 이루어졌다. 묘소는 집 뒤쪽에 있는 동산에 마련하였다. 아버지는 볕이 잘 들어서 따뜻한 이곳에 어머니를 모시는 것이 가장 낫겠다고 생각하였다.

어머니의 장례식에 여동생은 오지 않았다. 생사를 알 수 없는 여동생. 고등학생일 때 집이 싫다고 몰래 집을 떠나 서울로 도망을 간 동생은 아직까지 소식이 없다. 어머니가 어렵게 모아 둔 금부치들을 가지고서 야밤 도주한 동생은 어디에 가 있을까. 성공해서 다시 집에 오겠다던 동생은 여태까지 소식이 없다.

모델이나 영화배우 되는 것이 꿈이었던 동생은 어렸을 때부터 모델이나 연예방송을 보는 것이 낙이었다. 여배우들의 예쁜 얼굴, 날씬한 몸매 등을 좋아하였고 그들보다 자신이 더 예쁘다고 생각하였다. 사실 동생은 어머니를 많이 닮아서 잘록한 허리, 조그마한 얼굴, 긴 다리와 예쁜 엉덩이를 가졌다. 그리고 눈이 매우 컸다.

그래서 그런지 어렸을 때부터 동네 아저씨들이 이 아이 처녀 되면 총각들 많이 애태우겠다고 입맛을 다시고는 하였다. 고등학교에서도 많은 남학생들이 쫓아 다니고 집으로 찾아왔다. 동생 역시 그런 남학생들과 놀러 다니느라고 집에 늦게 들어왔다.

그런 동생에게 어머니는 화가 잔뜩 났고 집을 못 나가게 하곤 하였다. 머리카락을 모조리 깎아 버린 일까지 있었다. 그러나 소용이 없었다. 동생은 어머니의 구박을 참지 못하였는지, 아니면 시골 생활이 싫었는지, 어쩌면 서울에 가면 유명 배우가 될 줄 알았는지 가출해 버렸다. 딸이 없어진 것을 안 어머니는 다음 날 아침부터 저녁까지 산청을 헤매고 다녔다.

산청 시외버스 터미널의 어떤 아주머니로부터 딸아이가 웬 남학생과 서울 가는 버스를 타고 가는 것 같았다는 이야기를 들은 어머니는 힘없이 집으로 돌아왔다. 며칠간 아무 일도 안 하고 우시던 어머니는 모든 것을 체념하였는지 일을 다시 나가기 시작하셨다. 그리고 집에 있으면서 딸아이 간수 못한 아버지를 괴롭혔다.

딸이 없어지고 난 후 어머니는 하나 남은 아들에게 더 매달리는 것 같았다. 아버지에 대한 애절한 감정은 없어진 지 이미 오래, 대신 어머니는 나를 의지하면서 살았다. 밥을 먹을 때면 어머니는 나를 몰래 자주 쳐다보았다. 그리고 그냥 웃었다. 왜 그런지는 모르지만 어머니는 나를 볼 때 얼굴을 보지 않고 눈을 보는 것 같았다. 그리고 살짝 웃었다. 우리 아들은 눈이 제일 마음에 든다고 하였다.

그러나 사실 나는 눈보다는 코, 다부진 어깨 그리고 가무잡잡한 피부가 더 매력적이었다. 부산의 학교 기숙사에서 고향에 전화를 걸면 어머니는 항상 저녁밥을 먹었는지 물었다. 밥 잘 챙겨먹으라고 신신당부하였고 나쁜 사람들이 많이 있으니 사람들을 잘 믿지 말라고 하였다. 집에 가면 어머니는 횟집 식당에서 팁으로 받은 꼬깃꼬깃한 만 원짜리 몇 장을 내 손에 쥐어 주었다. 그것역시 아버지 몰래 살짝.

그런 어머니에게 아무런 효도를 해 주지 못한 나는 어머니 묘소에 '복수초'를 한아름 캐어다가 심어 드렸다. 노란색의 복수초는 추운 3월 나무 사이 또는 바위 사이의 음지에서 가까스로 움을 트고서 봄을 알려주는 야생 영춘화다. 눈 속을 헤치며 핀그 꽃은 며칠 피지도 못하고 바로 저버려서 아쉬운 꽃이다. 복수초는 머나먼 이국 땅에 오셔서 고생만 하고 돌아가신 어머니 같았다.

어머니가 돌아가시고 난 다음부터는 고향에 갈 일이 별로 없었다. 대신에 아버지에게는 가끔 전화를 하였다. 혼자 밥을 해드시는 아버지가 안타깝기는 하지만, 서울에 홀로 올라와 고시원에서 생활하는 내 몸 하나 지탱하기도 힘들다. 그리고 그런 지친 삶 속에서 어머니에 대한 기억 역시 희미해졌고 고향에 대한 모든 것을 잊은 채 하루살이처럼 살아갔다.

어렸을 때부터 어머니 덕분에 베트남어를 약간 할 줄 알았던 나는 베트남어를 잘한다는 과장된 이력서 덕분에 베트남에서 수산물을 수입하는 무역회사에 취직할 수 있었다. 회사 사장의 기대와 달리 나의 베트남어 실력은 거의 형편없었다. 회사 사람들이 왜 어머니가 베트남 사람인데 베트남 말을 모르냐고 물었을 때는 할 말이 없었다. 왜냐하면 어머니는 내가 베트남에 대하여 그리고 베트남 말을 따라하는 것을 싫어했기 때문이다.

내가 집에서 어머니 나라 말에 대하여 물어 보면 어머니는 역정을 내시고 그런 말 하지 말고 배울 필요도 없다고 잘라 말씀하셨다. 그러나 가끔씩 기분이 좋을 때나 아니면 약간 술기운이 있을 때는 베트남 말을 하든지 아니면 노래를 불렀던 것 같다. 그렇게 귀동냥을 해서 간단한 베트남 말을 배운 것이 전부다.

내가 일했던 회사는 우리나라 사람들이 많이 먹는 쭈꾸미를 냉동하여 수입하는 무역업체였다. 때문에 특별히 어려운 일이 없었고 대부분 영어로 이메일을 통해 의사소통하고 아니면 한두 달에 한 번씩 베트남에 가서 시장조사를 하는 일이 고작이었다. 지방대학 졸업장을 가지고 서울의 중소기업에 취직해서 월급을 받고 생활할 수가 있어서 감사했고, 베트남 말을 배우면서 하는 일이라 재미있기까지 하였다.

그러나 그 즐거움은 잠깐이었고, 3년이 지나자 일이 재미없어졌다. 그리고 지난달에 회사를 그만두어 버렸다. 사람을 자주 만나고 저녁까지 회식을 하고 때로는 거짓말을 하는 직업이 나의 적성에 맞지 않았다.

그러나 대책 없이 회사를 그만둔 것은 아니었다. 지난달에 작은 출판사에서 출간한 내 책이 잘 팔려서 글을 써볼 생각을 하였기 때문이다. 지난 3년간 베트남을 오가면서 베트남에 대하여 우리나라 사람들이 모르는 내용이 많아서 그것들을 모아 관광책자 형식으로 소개하였는데 의외로 독자들의 반응이 좋았다. 출판사에서 아예 작가가 되는 것이 어떠냐고 격려까지 해 주었다. 몇 달치 월급에 해당하는 인세를 받자 자신감이 생겼다.

내가 어려서부터 책 읽기를 좋아하고 상까지 받았던 기억이 났다. 아버지는 안정된 직장을 그만둔다고 화를 내셨지만 나는 사직서를 제출해 버렸다. 그리고 서울 신림동 근처에 있는 조그마한 고시원으로 들어갔다. 절약하면 한 9개월 정도는 돈을 빌리지 않고 글을 쓸 수 있으리라.

지금 쓰고 있는 책은 나의 두 번째 책이다. 그러나 작가로서는 첫 데뷔작이 될 것이다. 아직 제목은 정하지 않았고 내용 역시 알지 못한다. 다만 주제는 나의 어머니에 대한 것이다. 어머니에 대하여 무엇을 써야 할지 알지만 구체적으로 새롭게 알아야 하고 찾아야 하는 내용이 많아서 할 일이 많을 것 같다.

가장 가까이 있었지만 우리는 서로 대화를 많이 하지 않았기 때문에 나는 어머니의 삶에 대하여 알고 있는 것이 별로 없다.

어머니는 한국말을 잘 못하였기 때문에 나에게 말을 많이 하지 않았고 나 역시 그런 어머니에게 다른 집의 아들처럼 말을 많이 한 것은 아니었다. 때문에 막상 어머니에 대하여 쓰려고 하니 아는 것이 별로 없는 것 같았다.

어머니에 대한 책을 작가의 데뷔작으로 정한 것은 참으로 우연이었다. 회사를 그만둔 지난달에 어머니의 제사가 있었다. 그래서 산청으로 가는 버스를 타고 고향에 갔다. 제사를 끝내고 피곤하여 아버지 방에 잠깐 누워 있었다.

그런데 아버지 방에는 전에 보지 못한 여러 가지 물건이 많이 있었다. 궁금하여 이것저것 만지다가 특이한 상자를 발견하였다. 아버지에게 물었더니 잘은 모르겠고 어머니 상자라고 말씀하셨다.

나는 궁금하여 그 종이 상자를 열어 보았다. 먼지가 수북한 종이 상자 안에는 여러 가지 물건이 있었다. 통장, 나 어렸을 때 백일 사진, 대학교 합격 통지서, 배우다만 한국어 공부책, 그리고 고향에서 찍은 어머니 가족들 사진.

그중 가장 눈에 띄는 물건이 하나 있었는데 제목이 없는 공책이었다. 어머니의 베트남 이름이 쓰여 있는 그 공책이 무슨 공책일까 궁금하였다.

그러나 아버지가 옆에 있어서 읽지는 못하고 가지고 나왔다. 추운 3월의 날씨지만 외투를 입고 뒷동산으로 올라갔다. 어머니는 이 공책에 무엇을 쓰셨을까? 어서 읽고 싶었다.

어머니 무덤 옆에 앉아서 첫 페이지를 넘겼다. 어머니의 처녀 사진과 베트남 가족들 사진. 어머니는 처녀 때 정말로 예뻤다. 수수하고 촌스럽지만 총명해 보였고 자태가 우아하였다. 바람에 흣날리는 어머니의 처녀적 앞머리 모습이 웬지 나를 슬프게 만들었다.

다음 장에는 아버지와의 첫 만남을 기록한 글과 사진들이 있었다. 어떤 페이지에는 사진이 없고 대신에 그림을 그렸다.

어머니의 공책에는 내가 그동안 알지 못하고 지냈던 어머니의 삶이 고스란히 담겨 있었다. 처음 몇 장은 한국말로 쓰여 있는데 두세 장을 넘기자 한국말을 포기하였는지 베트남 말로 글을 적어 나갔다. 고향에 대한 기억, 들판, 그리고 한국의 동네들을 그림으로 그렸다.

특히 겨울이 너무 추워서 겨울에 고향이 가장 그리웠다고 적혀 있었다. 그리고 여러 형제들과 부모님이 보고 싶은 마음, 베트남에서 온 편지들, 특별한 날에는 날짜와 함께 무슨 일이 있었는지를 적어 놓았다. 그리고 어머니는 내가 태어난 날에 대해서도 글을 적었다.

병원에서 아들을 낳았다. 아들이라고 소리치는 시어머니와 남편 소리. 너무 기뻤다. 그리고 나는 가장 먼저 아들의 눈동자를 쳐다보았다. 까만 검은 눈동자. 예쁘다. 마음이 놓인다. 그리고 하

느님께 감사드렸다. 그리고 행복해서 눈물이 났다. 나하고 달리
정말로 눈동자가 까맣구나. 이제 우리 아들을 다른 사람들이 외
국 사람으로 생각하지는 않겠구나.

어머니는 왜 내가 아들인 것보다 검은 눈동자를 가진 것이 더
마음에 들었을까? 일기를 읽어 내려가면서 그 이유를 알 수 있
었다.

베트남이 프랑스 식민지였을 때 먼 조상 할머니가 프랑스 남
자의 아기를 가지게 되었단다. 그래서 낳은 아이가 할머니였는
데, 할머니는 혼혈이어도 다른 데는 차이가 없었지만 프랑스 남
자의 눈동자를 닮아서 약간 노란색이 맴도는 갈색이었다.

그래서 다른 베트남 아이들과 달리, 어머니도 피부는 까무잡
잡하였지만 유독 눈만 노란색에 가까운 갈색이었다. 그래서 어
머니는 산청에 장이 서서 시내를 나올 때나 길을 걸을 때 사람들
이 자신을 쳐다보는 것이 신경 쓰였다.

그리고 "저 처녀 눈이 왜 그래?", "어디 병이 들었나?", "그
명수 총각이 처녀 잘못 데리고 온 것 아냐?", "혹 황달 걸린 거
아닌가?"라는 말을 들었단다.

그 이후로 어머니는 사람 많은 곳에는 자주 안 나가셨다. 특히
나와 여동생을 데리고 학교에나 시내에는 가지 않으셨다. 어머
니의 눈동자 색깔 때문에 아이들이 남들의 입방아에 오르는 것
이 싫었던 게다. 그래서 그랬을까. 중학교와 고등학교 시절 친구

들이 집에 놀러 왔을 때에도 어머니는 과일만 준비해 둔 채 그냥 밖에 나가 버리셨다. 그래서 어머니는 항상 내 눈동자를 바라보고 있었을까? 그리고 아무도 없을 때 어머니는 나를 보며 그렇게 흐뭇해하셨을까?

그러나 나를 낳고 동생을 낳았을 때의 행복만큼, 어머니는 험난할 앞날에 대한 많은 절망을 구구절절 써 놓았다. 어머니의 계획은 아기를 가지지 않고 있다고 2년이 지나면 한국인으로 호적을 바꾸고 식당에서 일을 하다가 돈을 벌어서 베트남으로 떠나는 것이었다.

한 2년 정도 일하면 베트남의 부모님에게 좋은 집을 지어드리고 몇 년은 편안하게 살 수 있다고 하였다. 특히 베트남의 할머니가 어머니를 포함하여 세 딸을 낳자 아버지는 다른 여자에게 장가를 가버렸단다. 그래서 어머니는 할머니와 함께 어려운 생활을 해야 했고 할머니는 무척 아프셨단다. 쌀이 없어서 밥을 굶은 적이 많았고 산에 올라가 코코넛을 따 끼니를 때운 적도 많았다.

어머니는 고향의 할머니가 더 보고 싶었던 것 같다. 그래서 어머니는 한국에서 낳은 우리들(아들이나 딸)보다는 고향을 더 그리워하고 더 가고 싶어하였다. 그러나 한국에서의 새로운 삶이 그러한 계획을 바꿀 만큼 좋지는 못하였다. 특히 산청의 할머니와 아버지가 어머니를 많이 힘들게 하였기 때문에 아무 친척이 없는 이곳에서 살기가 더 힘들어 고향에 가고 싶었을 것이다.

어머니와 나이 차이가 20년 이상 났던 아버지는 술만 마시면 말을 잘 알아듣지 못하는 어머니를 때렸다. 그리고 시어머니 역시 어머니를 구박하고 잘못할 때마다 나무랐다. 심지어는 어머니가 도망을 못 가도록 할머니가 어머니를 단속하기까지 하였다.

그리고 몸을 다쳐 농사일을 그만 두고 누워 계셨던 아버지는 집에 있게 되자 밤마다 피곤에 지친 어머니를 괴롭히는 일이 잦아졌다. 어머니는 그러한 괴롭힘을 참기 힘들어하였다. 어머니는 공책에 아버지와의 첫 만남을 다음과 같이 적어 놓았다.

어느 날 우리 오지 마을에 차를 타고 온 베트남 아저씨는 한국에 가면 잘 살 수 있다고 하면서 한국에 시집 가면 큰돈을 벌 수 있다고 하였다. 그 아저씨는 베트남의 농촌 처녀와 한국의 농촌 총각을 결혼시켜 주는 '오빠' 라 불리는 결혼 브로커였다. 그 브로커는 한국으로 시집 가면 아픈 어머니를 병원에서 치료할 수 있다고 설득하였다. 마음이 흔들렸다. 어머니가 나을 수만 있다면. 마음을 정하고 난 후에 그 오빠가 시키는 대로 오빠가 주는 책 한 권을 하노이의 셋집에 살면서 공부하였다. 주로 간단한 한국말과 예절이었다.

두 달 정도 지났을 때 드디어 다른 농촌 지역에서 뽑혀 온 시골 처녀들과 함께 처음으로 한국 오빠들(농촌 총각들과 아저씨들)과 선을 보았다. 여러 번의 여흥과 식사를 하면서 어머니는 명수 씨(아버지)가 자신을 좋아한다는 사실을 알게 되었다. 나는 약간 늙었지만 착해 보이는 그 아저씨가 싫지 않았다. 그리고 그 아저씨는 내게 다른 베트남 여자들에 비하여 약간 노란색을 띤 눈동자가 예쁘다고 하였다. 다른 모든 베트남 여자들은 눈동자가 거의 검은색이었기 때문에 더 마음에 들었단다.

더 다행스러운 것은 어떤 베트남 처녀는 나이가 60이 넘은 할아버지와 결혼을 하였다. 나중에 들은 이야기로는 그 할아버지의 자식들(며느리들)이 할아버지 식사와 빨래를 해 주기가 귀찮아서 돈을 모아서 결혼을 시킨 것이란다. 그래도 명수 씨는 총각이고 젊어서 다행이었다. 결혼 예식을 하노이에서 끝내고 나서 명수 씨와 함께 고향으로 와서 약 3일간 지냈다. 일종의 결혼식이었다. 그리고 명수씨의 도움으로 어머니를 병원으로 보내드렸다.

그러나 베트남에서 본 한국 드라마나 광고에서 소개된 것과 달리, 어머니가 정착한 산청의 시골집은 너무나 초라했다. 산청은 베트남의 시골과 거의 비슷하였다. 물론 집과 도로 건물이 더 잘 만들어진 것을 제외하고는. 그래서 어머니는 얌전히 2년을 살다가 한국 국적을 가진 다음 도망가야겠다고 생각하였다. 한편 마음에 들지는 않지만 자신에게 잘해 주는 늙은 남편이 고맙기도 하였다. 그래서 시어머니와 남편을 잘 모셨다. 그리고 베트남에서처럼 밭에 나가 일도 하였다. 일하는 것은 어렵지 않았다.

그러나 결혼할 때는 알지 못하였던 아버지의 주사가 고약하다는 사실과 며느리에 대한 시어머니의 애정이 깊지 않다는 사실이 어머니를 힘들게 하였다. 아버지는 술만 먹고 오면 어머니를 때렸고 그 다음 날은 아무 일이 없었다는 듯 행동하였다. 그리고 시어머니가 시키는 일이 베트남에서 했던 일보다 더 많았다. 그래서 텔레비전에 나오는 국제결혼 부부의 행복한 삶을 소개하는 프로그램을 보면서 자신이 비참하다고 생각한 듯하다. 시어머니는 어머니가 도망갈까 봐서 다른 외국 처녀들을 못 만나게 하였다.

2년만 참자. 그런 생각으로 산청에서 생활하였다. 고향의 맛있는 음식들이 생각났지만 참을 수밖에 없었다. 음식은 항상 할머니와 남편이 먹고 싶은 종류를 택하였다.

그러던 어느 날 갑자기 어머니는 임신을 하였단다. 기쁜 생각보다는 앞날이 막막하였단다. 고향에 가야 하는데 어떡하지. 그러나 임신을 하자 갑자가 잘 해주는 남편과 시어머니 태도에 잠시 동안은 행복하였단다. 헷갈렸다. 그냥 여기에 머무를까 아니면 어머니가 있는 고향으로 갈까. 나를 낳고 바로 그 이듬해에 동생을 낳았다. 처음으로 미역국을 먹어 보았다. 이상하였다.

그러나 아들과 딸을 낳은 후에도 어머니는 산청에 있고 싶지 않았다. 어머니와 동생들 그리고 고향이 있는 베트남으로 가고 싶었다. 딸을 낳고 난 뒤 몇 달 후 어머니는 새벽녘에 우리 둘을 놓고 도시로 탈출하기로 마음먹었다. 그리고 모두가 잠든 새벽 5시경. 조용히 짐을 챙겨서 가방 하나를 들고 집을 나오려고 하였다. 그때를 어머니는 다음과 같이 적었다.

어젯밤 산청을 떠나려고 하였다. 떠나려고 방문을 열자 아들이 잠에서 깼다. 이제 11개월. 평소 같으면 잠을 깨면 울 텐데 오늘 따라 울지 않는다. 대신에 나를 쳐다보고 웃는다. 까만 눈이 참 으로 귀엽구나. 무어라고 나를 보며 웅얼거린다. 조용히 전등불 을 켰다. 다행히 남편과 할머니는 아이들 소리 듣기 싫다고 옆방 에서 자고 있다. 나를 보더니 무어라고 한다. 들리지 않는다. 또 무어라고 그런다. (어). (마). (어어마). 처음으로 내 아들이 나를 엄마라고 불렀다. 온 몸에 전기가 오는 것 같았다. 아기 옆으로 갔다. 그리고 아기를 안으며 "다시 불러봐, 아가야. 엄마라고." 그리고 나는 손에 들었던 가방을 방에 내려놓은 채 베트남 가는 것을 포기하였다. 그리고 내가 베트남의 처녀가 아니라 이 아이 의 한국 엄마라는 생각이 처음으로 들었다.

나는 어머니의 숨겨진 공책을 읽으면서 그동안 내가 왜 그렇 게 삶에 대하여 자신감이 없었는지 그리고 왜 내 가슴 속에 텅 빈 자리가 컸는지를 알 수 있었다. 그것은 바로 어느 누구도 말 해 주지 않았고 나 역시 알고 싶지 않았던, 그러나 내가 알아야 만 했던, 나를 이 세상에 태어나게 해 주신 어머니를 의식적으로 또는 무의식적으로 모르는 체하며 살려고 했던 잘못된 자존심 때문이었다. 그리고 그 알량한 자존심이 내 삶을 불안하고 불만 족스러운 것으로 그리고 정상적이지 못한 것으로 생각하게 만들 었던 것이다.

그러나 어머니의 그 슬픈 공책에 적혀 있는 나는 그러한 아이가 아니었다. 먼 바다를 건너와 새로운 가정을 이루고 열심히 살다간 한 외국 여성의 자랑스러운 아들이었다. 어느 누구도 가르쳐 주지 않았지만 그리고 나 역시 알기를 두려워하였던 그 사실들을 알게 되자 오히려 나는 마음의 빈 구석이 채워지는 느낌이었고 이제 완전한 내가 되었다는 생각이 들었다.

그리고 나 자신이 누구인지를 끊임없이 부정하려고 하였던 어린 시절의 내가 생각났다. 고등학교 때였던가. 산청읍에 친구들과 놀러 나갔다가 버스를 탔다. 차 안에서 어머니를 발견한 나는 어머니가 나를 못 보도록 고개를 돌려버린 기억이 난다.

버스 뒷자석에 옆집 아주머니와 함께 앉아 있었던 어머니를 본 친구가 "야, 너희 어머니 아니야?"라고 나에게 물었을 때, 나는 그 말을 못 들은 체하였다. 그리고 어머니 역시 나를 위하여 그랬는지 아무도 보이지 않게 고개를 의자 아래로 숙여 버리고 말았다. 나와 어머니 그 누구도 아무런 말을 하지 않았지만 나는 어머니가 부끄러웠을 것이고 어머니는 나를 위하여 친구들이 모르게 자신을 숨겼을 것이다. 그 기억을 떠올리자 후회의 눈물이 흐른다.

어머니의 공책에는 2009년 겨울에 자신을 찾아온 어떤 교수 이야기도 있었다. 교육대학교 교수라고 소개한 그 선생님이 아들에 대하여 알고 싶다고 하여서 집으로 들었다. 그러나 집안의 방에는 남편이 누워 있었기 때문에 방에 들이지는 못하고 마당에서 이런저런 이야기를 하였다.

그 선생님은 어머니에게 여러 가지 질문을 하였고 어머니는 생각나는 대로 이야기를 해 주었단다. 한국말이 서툴었던 어머니는 더 잘 대답해 주고 싶었지만 대부분 말을 이해할 수가 없었단다. 그리고 베트남 말로 물어 보면 더 잘 대답해 줄 텐데 하는 생각이 들었단다.

나중에 몇 번 더 만나야 한다고 연락이 왔지만 집안 일, 음식점 일이 바빠서 답장을 주지 못하였고 대신 그 선생님은 아들을 몇 번 만났다고 회상하였다. 다만 아들이 야구를 좋아하는 것을 알고 야구 배트와 공을 사 오신 그 선생님이 참으로 고마웠다고 적어 놓았다.

그 글을 읽으니 어렴풋이 초등학교 시절에 나를 찾아온 앞머리가 많이 빠진 한 아저씨가 생각났다. 그 아저씨는 학교생활과 가정생활에 대하여 물으셨다. 우리의 이야기를 책으로 쓴다고 하였는데 책은 쓰셨을까? 어떻게 쓰셨을까? 그리고 그 분은 어디 계실까? 궁금하였다. 나는 그 책에서 나와 어머니 그리고 나의 가족이 어떻게 그려졌는지 궁금하였다.

서울로 올라온 나는 그 학교의 홈페이지에 들어가서 그 선생님을 찾았다. 그러나 그 분의 사진과 홈페이지는 사라진 지 오래였다. 학과에 연락한 결과 오래전에 학교를 그만두고 한국을 떠낳다고 한다. 미국의 휴스턴이 있는 텍사스로 가 버리셨단다.

네이버 검색창에 그 분의 이름을 입력하니 여러 권의 책들이 나왔다. 혹시나 하고 책 이름을 차례로 읽으니 다문화가정 아동에 대한 책이 있었다. 너무나 반가웠다. 책 이름은 <가장 검은 눈동자: 다문화 아동의 슬픈 자화상>이었다.

어떻게 적었을까? 잘 적었을까? 슬프게 적었을까? 아니면 좋은 이야기만 적었을까? 책이 이미 절판되어 있어서 국회 도서관을 통하여 그 책이 어디에 있는지 알아보았다. 전국의 몇몇 대학 도서관에 보관되어 있었다.

며칠이 지나서 내가 국회 도서관을 통하여 신청한 책이 제본되어 집으로 배달되었다. 다문화가정 아동 삶의 이야기들이 재미있게 쓰여 있었다. 하지만 내 이야기와 비슷한 이야기는 없었다. 아마 내 이야기가 재미가 없어서 마지막 원고에 들어가지 않았나 하고 생각하였다. 대신에 다른 아이들 이야기를 읽어 보았다. 모두 나와 비슷한 배경에서 다른 행로를 거치면서 살아간 아이들의 이야기였다.

그러나 대학교수인 그 선생님이 쓴 글은 다소 미흡하다는 생각이 들었다. 조금 더 복잡하게 이야기를 전개해 나갔으면 좋았을 텐데. 그리고 좀 더 재미있게 이 아이들과 어머니들의 이야기를 썼으면 좋으련만 하는 안타까움이 들었다. 그 선생님은 구차한 여러 이야기들을 알고 있었지만 일부러 쓰지 않았을지 모른다.

2030년 11월, 나의 첫 데뷔작 '잊혀진 여행: 어떤 베트남 처녀 이야기'를 쓰기 위하여 베트남에 갈 것이다. 어머니가 태어난 곳을 찾아가 보고, 그곳에 살았던 어머니에 대한 기억을 더듬고, 친척들을 만나볼 것이다. 아마도 내가 그 처녀의 아들이었느냐고 반갑게 맞이해 줄 사람들이 있을 것이다.

몹시 설렌다. 많은 사람들을 만나서 어머니가 베트남에서 떠난 이야기를 듣고 산청에 다시 들러 어머니를 알고 있는 동네 주민들도 만나 볼 계획이다. 어떤 이야기들을 해 주실까? 어머니의 삶을 기록한다는 점에서 이번 이야기는 소설/문학작품 이전에 나의 가족사를 추적하는 뿌리를 찾는 작업이다.

이 일이 쉽지는 않을 것이다. 그래서 잠을 이루지 못하겠다. 시작을 어떻게 해야 할까?

확실한 것은 하늘나라에 계신 어머니가 나의 어머니 고향 방문을 위하여 뱃길의 파도를 잔잔히 해 줄 것이며 들판에는 산들바람이 부드럽게 불게 해 줄 것이다. 그리고 어머니의 고향으로 다가갈수록 맑은 하늘에 푸른 뭉개구름으로 반겨 주실 것이다.

어머니의 고향에 도착하면 어머니가 가장 좋아하였던 한국 노래를 불러 드릴 것이다. 어머니가 공책에 또박또박 한국어로 써 놓은 노랫말.

그때는 몰랐지만 내가 어렸을 때 나를 업고서, 그리고 부엌에서 일을 하시면서, 마당에서 일하실 때, 가끔씩 늦은 밤 마루에 앉아 먼 산을 바라보면서 불렀던 그 노래를.

내 영혼이 떠나간 뒤에 행복한 너는 나를 잊어도

어느 순간 홀로인 듯한 쓸쓸함이 찾아 올 거야

바람이 불어오면 귀 기울여 봐

작은 일에 행복하고 괴로워하며

고독한 순간들을 그렇게들 살다 갔느니

착한 당신 외로워도 바람소리라 생각하지 마

너의 시선 머무는 곳에 꽃씨 하나 심어 놓으니

그 꽃나무 자라나서 바람에 꽃잎 날리면

쓸쓸한 너의 저녁 아름다울까

그 꽃잎 지고 나면

낙엽의 연기 타버린 그 재 속에 숨어 있는 불씨의 추억

착한 당신 속상해도 인생이란 따뜻한 거야

조용필 노래

에필로그

2010년 7월 장맛비가 한창이고 그 장맛비는 기어코 한 칸짜리 방이 있는 셋방의 방 안으로 빗물을 떨어뜨린다. 그 빗물을 모으고 그릇을 방바닥에 놓아 둔 채로 우리의 면담은 그렇게 시작되었다. 그 한 칸짜리 방 안에는 오랫동안 아파 있는 아이의 아버지가 누워 있다.

지난 1년 동안 우리의 연구는 쉽지 않았으며 면담은 취소되기도 하고 연락이 두절되기도 하였다. 그들에게 이 연구는 사치처럼 간주되었을 것이다. 약속을 한 11월의 추운 밤 9시가 넘은 어둠 속에서 몇 시간을 기다리다 아이의 어머니를 만났지만, 아이의 어머니는 면담을 하기 싫다며 집으로 들어어가 버렸다.

면담 역시 힘들고 만족스럽지 못하였다. 아이 어머니의 그 나라 언어를 하지 못했기 때문에 중요한 질문을 할 수 없었고, 그 나라의 문화와 풍속을 잘 몰라서 대화를 잘 이어나가지 못하였다. 또한 아이들은 어려서 한국어로 자신들의 감정과 생각을 표현하지 못했다.

내가 지금까지 해 온 그 어떤 연구보다도 어렵고 좌절적인 작업이었다. 무엇보다 연구를 더 어렵게 한 일은 그들의 삶에 대한 세밀한 묘사가 우리나라에 거의 없는 상태에서 써야 할 것과 쓰지 말아야 할 것, 쓰고 싶으나 써서는 안 되는 것들, 하고 싶은 말은 많으나 원고에 기록하지 못한 내용을 구별하는 일이었다.

이렇게 맛있는 피자는 처음이라면서, 내가 사 준 미국 브랜드의 피자를 맛있게 먹고 가게를 나서면서 아이들이 하는 말, "우리들은 한국인이 아니라 다문화가정인".

그 아이들과 헤어지고 난 지 6개월이 지났지만 그들의 모습이 아직까지 생생하다. 그들이 어떤 한국인으로 성장할지 예측하기에는 이르지만, 그들의 삶이 다른 한국 아이들에 비하여 현저히 뒤처져 있다는 사실을 인정하지 않을 수 없다. 그러나 그들이 그러한 어려운 상황을 극복하고 우리 사회의 깊은 배려를 통하여 훌륭한 한국인들로 자라기를 간절히 기대한다.

가장 검은 눈동자

한국 다문화 아동의 슬픈 자화상

발행일 | 2011년 2월 15일 초판 발행
       2012년 4월 25일 2 쇄 발행
저 자 | 김영천
발행인 | 홍진기
발행처 | 아카데미프레스
주 소 | 413-756 경기도 파주시 문발동 출판정보산업단지 507-9
전 화 | 031-947-7389
팩 스 | 031-947-7698
웹사이트 | www.academypress.co.kr
등록일 | 2003. 6. 18 제406-2011-000131호
ISBN | 978-89-91517-86-8 93370

값 12,000원